JOSÉ ANDRÉS

CON RICHARD WOLFFE

ALIMENTAMOS UNA ISLA

JOSÉ ANDRÉS es el fundador y presidente de World Central Kitchen, la ONG detrás de #ChefsForPuertoRico, y cofundador de ThinkFoodGroup, su grupo de más de treinta restaurantes alrededor del mundo. Como chef, Andrés ha sido galardonado con el James Beard Award y con una estrella Michelin, y fue nombrado entre las "100 personas más influyentes" de la revista *Time*. Es también autor de varios libros de cocina.

RICHARD WOLFFE es el coautor de los libros de cocina de Andrés y de sus dos series de PBS sobre la cocina regional de España. Wolffe es también columnista de *The Guardian* y autor de tres libros bestsellers sobre Barack Obama. Anteriormente, trabajó en el *Financial Times*, *Newsweek* y *NBC News*.

ALIMENTAMOS
UNA
ISLA

VINTAGE ESPAÑOL

Una división de Penguin Random House LLC

Nueva York

ALIMENTAMOS UNA ISLA

UNA HISTORIA VERDADERA SOBRE LA RECONSTRUCCIÓN DE PUERTO RICO

POR

JOSÉ ANDRÉS

CON RICHARD WOLFFE

PRÓLOGO POR

LIN-MANUEL MIRANDA Y
LUIS A. MIRANDA, JR.

TRADUCCIÓN DE

MARÍA LAURA PAZ ABASOLO

PRIMERA EDICIÓN VINTAGE ESPAÑOL, SEPTIEMBRE 2018

Información de catalogación de publicaciones disponible en la Biblioteca del Congreso de los Estados Unidos.

Vintage Español en tapa blanda ISBN: 978-0-525-56562-8
eBook ISBN: 978-0-525-56563-5

Fotografía en paginas 3-4 por Felix Lipov/shutterstock
Fotografía en pagina 8 por MaxyM/shutterstock

www.vintageespanol.com

Impreso en los Estados Unidos de América
10 9 8 7 6 5 4 3 2 1

A los héroes desconocidos: chefs, voluntarios, militares, personal de primeros auxilios y a toda la gente olvidada alrededor del mundo, quienes dejan a un lado su vida para alimentar a los necesitados.

CONTENIDO

PRÓLOGO

TRES DÍAS. ESE FUE EL TIEMPO QUE PASÓ DESDE QUE EL HURAcán María golpeó Puerto Rico hasta que supimos que nuestra familia seguía viva, gracias a la foto que un primo colgó en Facebook. *Cinco días* hasta saber si nuestra familia estaba bien (sí, lo estaba) y si la casa que nuestra familia había construido hacía años había sobrevivido (no, no sobrevivió).

Es una sensación horrible estar esperando y no saber. Te sientes inútil. Estás preocupado. Imaginas lo peor. Sientes que no tienes ninguna capacidad para ayudar a tus seres queridos que están tan lejos. Nosotros superamos esa preocupación en sólo cinco días. Fuimos afortunados. Para otras personas, pasó mucho más tiempo.

Ahora imagina otra clase de espera, y de no saber. Esperar sin electricidad. Esperar a que llegue comida. Esperar a que haya agua corriente. No saber si tu familia, a un pueblo de distancia, está viva. No saber si los caminos están despejados o si es seguro ir en busca de provisiones. No saber si los hospitales siguen funcionando. No saber si alguien del continente viene en camino con ayuda o si ya existe una estrategia en marcha para ayudarte. No saber si ya olvidaron tu isla.

Lo que está a punto de leer es la historia de alguien que ayudó a la gente en tiempo de crisis. Alguien que no se detuvo en trámites ni permisos mientras la gente pasaba hambre. Alguien que vio que, sin alimento, nadie puede sacar las fuerzas para recuperarse y reconstruir en los largos días, meses y años por venir.

El chef José Andrés fue una de las primeras personas en llegar a la isla con un propósito humanitario después de que María tocó tierra. Enfrentó obstáculo tras obstáculo en su intento —y su éxito— de establecer lo que se convertiría, en los dos meses posteriores a la tormenta, en la cocina más grande de alimentos "reales" para los puertorriqueños. En su primer día de operaciones, el chef José Andrés y los Chefs For Puerto Rico, una comunidad de chefs voluntarios en la isla, prepararon mil comidas para alimentar a la gente. En su segundo día, duplicaron su producción. Tres meses después, estaban preparando y repartiendo 3 millones de comidas por toda la isla.

La misión de José Andrés en Puerto Rico parecía simple: desarrollar un programa de alimentación para los puertorriqueños necesitados con alimentos deliciosos, preparados y entregados el mismo día, usando productos locales para impulsar la economía de la isla. La claridad de su propósito lo enfrentó a casi todas las instituciones involucradas en los esfuerzos de asistencia en Puerto Rico. Él no quería escuchar de licitaciones, reuniones ni excusas de por qué no podían crecer más. Y no aceptó un *no* por respuesta. Estábamos sorprendidos por lo que había logrado después de la tormenta y estábamos deseando ir para echarle una mano.

Al llegar a Puerto Rico, lo primero que notamos fue que ese país, antes de una inmensa espesura verde, parecía como si hubiera pasado por un incendio: toda la vegetación había desaparecido o estaba muerta. Podíamos ver la devastación, las lonas azules de FEMA como techos improvisados por todas partes, la oscuridad que descendía con la puesta del sol. La alcaldesa de San Juan resumió perfectamente ese mar de desesperación y necesidad cuando dijo: "Nos estamos muriendo", suplicando al gobierno federal. En medio de todo esto, el chef José Andrés había creado un faro de asistencia, un oasis en cada lugar donde cocinaban, incluyendo el Choliseo.

Cuando llegamos a Puerto Rico, nuestra primera parada fue para unirnos a la línea de ensamblado en la cocina del chef José Andrés. Cuando entramos, nos conmovió la alegría de los voluntarios, el aroma de la gastronomía puertorriqueña, la enormidad del esfuerzo. Como principiantes en la preparación de sándwiches, las instrucciones que recibimos fueron simples: mucha mayonesa, queso y jamón. Aunque esos sándwiches les parecieron sencillos a muchos, para el chef José Andrés eran mágicos: "Había creado muchos platillos *avant-garde* como chef, pero había pocas comidas de las que me sentía tan orgulloso como los cientos de miles de sándwiches que preparamos en Puerto Rico".

Para los más experimentados, el menú se había ampliado más allá de los sándwiches e incluía sancocho, un cocido que se prepara con una variedad de carnes, maíz y verduras. Era difícil superar al sancocho como alimento para llevar grandes cantidades de calorías, nutrientes y consuelo a tantos sobrevivientes al mismo tiempo. Como dice José, "Cuando comes sancocho, piensas en tu abuela y eso deja una sonrisa en tu rostro". Y por supuesto, el arroz con habichuelas, el arroz con pollo y la paella se unían a ese menú que, a pesar de haberse creado en tiempos de crisis, sabía y se veía como si hubiera salido de la cocina de tu madre.

Lo que el chef José Andrés y su equipo lograron en tan poco tiempo parece increíble: produjeron decenas de miles de comidas frescas cada día para los puertorriqueños necesitados. Pero lo que necesitamos recordar es que fue *posible*. A pesar de las dificultades, el chef Andrés hizo que sucediera. Hay tanto más que podríamos estar haciendo juntos, y debemos esperar algo mejor de nuestro gobierno. Es una vergüenza nacional que, un año después, todavía haya zonas de Puerto Rico sin electricidad y grandes extensiones con apagones intermitentes. No podemos olvidar a los puertorriqueños en este momento de crisis permanente.

Estamos muy agradecidos con el chef José Andrés por todo lo que ha hecho y todo lo que sigue haciendo. Estamos muy orgullosos de toda la gente que se ofreció como voluntaria, donó y alzó su voz. Siempre estaremos en deuda con quienes, como el chef José Andrés, pusieron en pausa su vida para ayudar a Puerto Rico.

Este libro es la historia del chef; una historia magnífica. Dejaremos que él la cuente.

Siempre,

Lin-Manuel Miranda y Luis A. Miranda, Jr.

INTRODUCCIÓN

LA PRIMERA VEZ QUE VIAJÉ AL CARIBE FUE EN BARCO. JUSTO como los primeros colonos exploradores, navegué hasta San Juan y me maravillé ante su belleza y geografía. Miré hacia arriba, al fuerte El Morro, el imponente legado de tantos siglos de batallas navales, y pensé que no podía imaginar ningún lugar mejor que ése. Era un hombre muy joven, sirviendo brevemente en la armada española, a bordo del *Juan Sebastián de Elcano*, un majestuoso buque de cuatro mástiles. El tercer velero más grande del mundo, nombrado en honor al explorador español que capitaneó la flota de Magallanes, el primer hombre en circunnavegar el mundo. Aunque no lo sabía entonces, era el principio de mi romance con América.

Así que, años más tarde, después de pasar algunos meses desempleado, no pude más que aceptar la oportunidad de volver a esta isla. Era un chef joven, estaba en el proceso de aprender mi oficio poco antes de establecerme en

Washington, D.C., para poner mi restaurante y formar una familia. Pero nunca olvidaré las imágenes y los sonidos de esos meses trabajando en La Casona, en el barrio Santurce de San Juan: el espíritu de la salsa, el canto nocturno de las ranas coquí, el verde brillante de las hojas tropicales.

Varias décadas después, como chef consolidado, propietario ya de muchos restaurantes, regresé a Puerto Rico para revivir el glamoroso esplendor de una de las joyas que tuvo la isla en las décadas de los cincuenta y sesenta: la playa mágica de Dorado. El restaurante Mi Casa, del cual soy propietario, es parte del antiguo hogar de la visionaria estadounidense que conservó la belleza natural de esta costa norteña: Clara Livingston. Vendió su plantación a Laurance Rockefeller, el medioambientalista, quien la desarrolló cuidadosamente como uno de sus *resorts*, convirtiéndola en refugio de artistas de Hollywood y presidentes estadounidenses. Fue un honor ser parte de esta recuperación, y gracias a ese trabajo forjé amistades para toda la vida con muchos de los chefs de la isla, sus emprendedores y los puertorriqueños comunes que encarnan su espíritu creativo y hospitalario.

Es así que, cuando el huracán María devastó Puerto Rico a finales de septiembre de 2017, sentí como si el destino me trajera de vuelta al lugar donde todo empezó para mí. Fue como si dos líneas del tiempo se encontraran en el mismo punto del cálido mar Caribe: mi pasado y mi presente, las raíces españolas de esta isla y su identidad estadounidense. Los ecos de esta historia surgieron con las voces apremiantes de la crisis de hoy. Sentí que pertenecía aquí porque mis ancestros no eran tan distintos de los colonos que pelearon, cultivaron y cocinaron aquí durante tantos siglos antes de que yo llegara. Puerto Rico es la mezcla perfecta de España y Estados Unidos. Es la mezcla perfecta de mi cultura. Aquí hay afroamericanos. Tienen la sangre de mi pueblo y la sangre de los africanos obligados a venir.

¿Cómo podría no estar aquí?

MIENTRAS LA GENTE CANTABA "DESPACITO" DURANTE EL verano de 2017, ¿cuántas personas comprendían que el éxito de Luis Fonsi había nacido en este rincón hispanoestadounidense del Caribe? Si fueras a componer una canción que representara la mezcla perfecta de culturas para romper con la barrera del lenguaje, una canción que tuviera la mayor cantidad de visualizaciones en toda la historia de YouTube, sería justo aquí, en Puerto Rico. Y cuando los huracanes llegaron, sólo unas semanas después del final de las vacaciones de verano, ¿cuántos de esos fanáticos estadounidenses de "Despacito" tenían idea de que los isleños eran ciudadanos como ellos?

Estas islas no son sólo destinos turísticos ni blancos para huracanes. Fueron los primeros lugares que los colonos explotaron y recrearon a su propia imagen. Al día de hoy conservan las cicatrices de su abuso y abandono. No podemos valorar a Puerto Rico por sus cosechas o por las ventajas de seguridad nacional que ofrece y luego ignorar a sus habitantes cuando necesitan nuestras inversiones para romper un ciclo de pobreza o recuperarse de la furia de la naturaleza.

Para comprender nuestras responsabilidades, primero necesitamos comprender cuál es nuestra historia aquí. Eso incluye la sola contribución que esta parte del mundo le ha dado a nuestro éxito como país. Después de todo, fue un huracán de 1772 lo que llevó a Alexander Hamilton de St. Croix hasta Nueva York, donde cambiaría el curso de esta nación y del mundo. Con sólo diecisiete años, empleado de un negocio en la isla que comerciaba con Estados Unidos, Hamilton envió una carta tan bien escrita a su padre, que un grupo de isleños acaudalados recaudaron dinero para enviarlo lejos a que recibiera una educación.[1] Su carta era una súplica por compasión y ayuda. "A usted que se deleita en afluencia", escribió, "le ruego que vea las aflicciones de la humanidad y otorgue su abundancia para calmarlas. No diga que ha sufrido igual que nosotros y, por ende, reserve su compasión. ¿Qué son sus sufrimientos comparados con aquellos? Usted tiene todavía más que suficiente y de sobra. Actúe sabiamente. Socorra a los miserables y acumule un tesoro en el Cielo".[2]

Era claro para todos en Puerto Rico que el presidente mismo no sabía nada de la historia de Estados Unidos en esta isla antes de que golpeara el huracán. Cuando Donald Trump se burló de la pronunciación del nombre de esta isla, rememoró un tiempo en que los estadounidenses gobernaban sin considerar su identidad. "Amamos a *Puerto* Rico", le dijo a una multitud de simpatizantes en la Casa Blanca para el Mes Nacional de la Herencia Hispana, casi dos semanas después del huracán. "*Puerto* Rico", repitió, enfatizando el acento español otra vez. "Y también amamos a *Porto* Rico", añadió, riéndose de su broma.[3]

Nuestra respuesta a un desastre natural nunca ha dependido del acento de una persona o de la política. Podemos ser republicanos o demócratas —hasta apolíticos en todo caso—, pero fundamentalmente, todos somos estadounidenses. Este país tiene una larga y digna tradición de cuidar de los suyos, y de quienes no lo son, en sus momentos de necesidad.

HAY ALGO FUNDAMENTAL SOBRE LA COMIDA, SOBRE PREPARAR, cocinar y comer juntos. Es lo que nos une. Es como creamos comunidades. Comer no es algo funcional. La asistencia alimentaria tampoco debería serlo. Ya sea que esté cocinando para washingtonianos o refugiados, mi trabajo como chef es el mismo: alimentar a la multitud. Ya sea que esté creando un platillo *avant-garde* que deconstruya tu idea de una comida familiar o una inmensa olla de arroz con pollo para llenar tu estómago, creo en el poder transformador de la cocina.

Un plato de comida es mucho más que sólo comida. Envía el mensaje de que alguien en la distancia se preocupa por ti, que no estás solo. Es un faro de esperanza diciendo que quizás, en alguna parte, algo bueno está sucediendo. Es la esperanza de que Estados Unidos volverá a ser Estados Unidos. Eso es lo que es un plato de comida. Es un mensaje para cada hombre y cada mujer de mi equipo, demostrando que nos importa, que no hemos olvidado, y eso permite que las personas angustiadas tengan un poco más de paciencia, sólo un día más.

Conforme desarrollé mi idea de un nuevo modelo de asistencia alimentaria, aprendí una profunda lección de mi mentor, Robert Egger, el principal defensor de los problemas alimentarios en Estados Unidos. "Muchas veces", dijo, "la caridad se trata de redimir a quien da, no de liberar a quien recibe". Sí, creo que la asistencia alimentaria debería liberar a quien la recibe, y que muchas veces también se ha definido y entregado para redimir a quien la da. Necesitamos construir un nuevo modelo de ayuda en caso de desastre y asistencia alimentaria que comprenda las necesidades y los deseos de quien la recibe, y necesitamos hacerlo de inmediato.

Logramos algo extraordinario en Puerto Rico: mientras que el gobierno federal y las gigantescas instituciones benéficas luchaban por hacer algo, nosotros preparamos más de 3 millones de comidas como una organización pequeña sin fines de lucro. Sobrepasamos caminos bloqueados y puentes derrumbados, resistencia política y trabas burocráticas, los cuellos de botella de las provisiones y la falta de liquidez. Fue un trabajo caluroso, sudoroso y agotador. Pero también fue inspirador; cambió nuestras vidas y canalizó nuestro amor para hacer algo tan simple como esto: alimentar a la gente.

Aunque cada desastre es diferente y muy complejo a su manera, las prioridades son simples. No se puede manejar la recuperación ni gobernar a los ciudadanos si no podemos llevar agua y comida a la gente. Sin embargo, si preguntas —y créeme, yo lo hice—, no hay nadie, ninguna organización encargada de alimentar a la gente. Los expertos me dicen que todos estamos a cargo, pero por lo que he visto, eso significa que nadie lo está. La asistencia alimentaria en los desastres humanitarios no es sólo una cuestión de resultados y responsabilidad. Es una necesidad moral. Como dijo Tom Joad en el clásico de Steinbeck sobre la gran depresión, *Las uvas de la ira*: "Donde haya una pelea para que los hambrientos puedan comer, ahí estaré".

Ésta es la historia de nuestra lucha para que los hambrientos pudieran comer. No los alimentamos tanto como hubiéramos querido, pero estuvimos ahí, aun cuando nunca debimos estar.

CAPÍTULO 1

CUANDO MARÍA TOCÓ TIERRA

MARÍA EXPLOTÓ DOS DÍAS ANTES DE LLEGAR A PUERTO RICO.

En el transcurso de apenas 24 horas, los vientos duplicaron su velocidad, de 80 a 160 millas por hora. Al día siguiente, arrasó con la isla de Dominica como un huracán categoría 5. Se debilitó un poco mientras arrancaba los techos de casi todos los edificios, se llevaba por delante casi todos los postes de luz y teléfono, deshojaba casi todos los árboles, aplastaba las cosechas de plátano y mataba al ganado. Nadie se libró, ni siquiera el primer ministro de la isla, Roosevelt Skerrit. "Mi techo desapareció. Estoy completamente a merced del huracán. La casa se está inundando", publicó en Facebook, justo antes de que lo rescataran de su residencia oficial.[1]

Poco antes del amanecer del día siguiente, María tocó tierra como un huracán categoría 4 en la costa sudeste de Puerto Rico. Su ojo medía entre 50 y 60 millas de diámetro, o casi la mitad del tamaño de la isla principal, con vientos que soplaban a una velocidad de 155 millas por hora. Golpeó y destrozó en dirección oeste, en un trayecto diagonal sobre las playas y montañas, los pueblos y las ciudades, las granjas y los departamentos lujosos. María se tomó el tiempo para devastar todo lo que estuviera expuesto a los elementos, moviéndose pesadamente a sólo 10 millas por hora. Despedazó enormes turbinas eólicas, arrancó todo el cableado eléctrico y lanzó los paneles solares. Silenció las torres de telefonía celular, desenterró los postes de teléfono y se movió sobre los radares meteorológicos y las antenas satelitales. Desgarró los bosques en las laderas y sólo dejó troncos desnudos en los árboles que perdonó. Empujó el mar hasta las casas próximas a la costa y forzó grandes inundaciones rugientes a través de barrancos montañosos. Destrozó las granjas de café, diezmó al ganado lechero y demolió los invernaderos. Dejó a oscuras los hospitales e inundó los pabellones con lluvia. Lo que su hermana Irma había debilitado menos de dos semanas antes, María remató con un golpe directo.

Durante los siguientes dos días, los puertorriqueños estupefactos lucharon por sobrevivir la embestida de la lluvia catastrófica y la inundación. Rescataron a sus vecinos y juntaron su comida y agua potable. Buscaron una manera de salir: apilaron los escombros de las casas en la calle, cortaron caminos entre los árboles caídos para la gente y los coches, moviendo o cortando cuidadosamente los cables que ahora yacían en el suelo. Al ir abriéndose camino, las morgues se empezaron a llenar. Al principio se trataba de los cuerpos de las víctimas directas de los vientos y las inundaciones, pero pronto, con la mayoría de los hospitales inundados y sin electricidad, se trataba de los viejos y los enfermos que morían en casa, en asilos o en los centros médicos damnificados. Los medios informativos estimaban que el número de víctimas superaba las mil personas, pero nadie estaba seguro. En el Instituto de Ciencias Forenses de San Juan, necesitaron siete tráileres refrigerados para guardar todos los cuerpos.[2]

El día después de María, Donald Trump estaba plenamente consciente de lo catastrófico del daño. "Puerto Rico fue completamente destruido", les dijo a los reporteros después de una reunión en las Naciones Unidas. "Lo golpearon los vientos. Dicen que no han visto vientos como esos en ninguna parte. Lo golpeó como un 5 —una tormenta categoría 5— lo que literalmente nunca sucede. Así que Puerto Rico está muy, muy, muy mal. Su red eléctrica está destruida. No es que estuviera muy bien, pero ahora está totalmente destruida. Y muchas otras cosas. Así que estamos empezando el proceso ahora y trabajaremos con el gobernador y la gente de Puerto Rico.

"Entonces, comenzaremos a trabajar con Puerto Rico... Lo haremos con gran gusto. Pero está muy, muy, muy mal", concluyó. "Es muy triste lo que le pasó a Puerto Rico".[3]

Esa noche, Trump voló a Nueva Jersey para pasar el fin de semana largo en su club de golf. Ni él ni sus asistentes volvieron a mencionar a Puerto Rico en público, pero encontraron tiempo para hacer un viaje de campaña a Alabama. Mientras estaba en su club de golf, Trump se reunió con varios funcionarios de su gabinete, incluyendo su secretario de Seguridad Nacional. Pero el tema de discusión giró en torno a las prohibiciones de viaje a los musulmanes, no al huracán. El personal de Trump no dijo si el presidente habló con alguien sobre Puerto Rico en algún momento durante el fin de semana de cuatro días, pero quedó claro, por su actividad en Twitter, que estaba enfocado en al menos cuatro asuntos: atacar a los jugadores de la NFL por sus protestas durante el himno nacional, atacar al senador John McCain por su voto en contra de eliminar Obamacare, atacar al líder norcoreano Kim Jong-Un y atacar a los medios informativos.[4]

LAS NOTICIAS SOBRE PUERTO RICO ERAN FRUSTRANTEMENTE imprecisas. Sabía que había una crisis, pero era difícil dimensionarla sin estar ahí. Cayeron prácticamente todas las torres de telefonía celular de la isla —alrededor del 85 por ciento de las 1.600 torres en Puerto Rico.[5] Nadie podía encontrar conexión a internet ni línea telefónica. Después de dos días intentando comprender la situación, supe que tenía que tomar el primer vuelo hacia allá. Para el sábado, tres días después de que María arrasara la isla, el aeropuerto de San Juan sólo recibía vuelos militares. Reservé vuelos, pero nada se movía. Intenté obtener un teléfono satelital, tuiteando al mundo para ver si alguien podía prestarme uno, pero no era fácil en fin de semana, ni siquiera en Washington, D.C. Llamé a mi amigo Nate Mook, cuya labor documental lo había llevado por todo el mundo y quien sabía mucho más sobre teléfonos satelitales que yo. Nate produjo mi programa de PBS, *Undiscovered Haiti*, y entendía perfectamente lo que yo quería decir con el poder de la comida para reconstruir vidas. Como en muchas otras ocasiones, no tenía un plan claro en mente, pero quería ver qué estaba pasando.

—Voy a llevar un poco de efectivo y lámparas solares —le dije a Nate—. ¿Qué estás haciendo? ¿Quieres venir?

—¡Sí! —me contestó.

Sabíamos que sin comunicaciones ni electricidad sería difícil, pero Puerto Rico seguía siendo Estados Unidos. No podía ser que estuviera tan mal como Haití. Pensamos que estaríamos de regreso en una semana.

Estábamos equivocados.

Al día siguiente, el domingo, la Casa Blanca logró comunicarse por primera vez con un líder puertorriqueño. El vicepresidente Mike Pence llamó a Jenniffer González-Colón, miembro de la Cámara de Representantes en la isla, sin derecho a voto. Durante tres días, Donald Trump no dijo nada en público, ni siquiera un tuit sobre el huracán o su impacto en la isla. De hecho, la primera líder en hacer una declaración pública fue Hillary Clinton, el domingo, cuando tuiteó a Trump y al secretario de Defensa, James Mattis, para que enviaran el buque hospital *USNS Comfort* a Puerto Rico. "Son ciudadanos estadounidenses", les imploró, publicando una liga de fotos de los isleños moviéndose por las calles con el agua hasta la cintura. Su tuit recibió más de 300 mil 'me gusta'.

Fue el primer día que un vuelo comercial aterrizó en San Juan: un solo vuelo de Delta. Todos los demás vuelos que lo intentaban desistían y se regresaban.

Yo seguía las noticas nervioso y sabía que necesitaba estar ahí. Al ver CNN, sólo tenía que mirar a mi esposa, Patricia, para saber lo que estaba pensando. Fuimos a la tienda REI para comprar lámparas solares, pastillas para purificar agua y equipo de salvamento para las víctimas del huracán, pero realmente no sabíamos qué esperar. Sólo quería evitar convertirme en otro problema donde la gente ya estaba sufriendo. Una de nuestras mayores prioridades era reunir dinero para el viaje, para comprar provisiones. Entre la tarjeta de débito de mi esposa y la mía logramos juntar 2.000 dólares. Mi asistente ejecutivo, Daniel Serrano, me trajo otros 1.500 dólares.

Logré comunicarme con mi amigo José Enrique Montes, cuyo pequeño restaurante en Santurce albergaba mucha de la mejor comida de Puerto Rico. Su negocio estaba deshecho, sin electricidad y con el techo agujereado. Con un refrigerador lleno de comida que se echaría a perder, en un vecindario lleno de personas hambrientas, hizo lo que hacen los chefs: empezó a cocinar. Fiel a sus raíces y talento, preparó la deliciosa y nutritiva sopa llamada sancocho.

Entre un guiso y una sopa espesa, el sancocho es la versión caribeña del cocido español, llevado a la región por los primeros colonizadores que pasaron por las islas Canarias. En Canarias, la última parada en territorio europeo antes de que los vientos del comercio llevaran los barcos al Caribe, el sancocho se hacía con pescado. Para cuando se convirtió en uno de los platos favoritos del Caribe y Latinoamérica, el pescado ya se había cambiado por carne, incluyendo a menudo distintos tipos de carne, y se preparaba con maíz y una mezcla de verduras. Para darles calorías y consuelo en grandes cantidades a los sobrevivientes de la tormenta, no había nada mejor que el sancocho. "Cuando comes sancocho piensas en tu abuela y eso deja una sonrisa en tu rostro", dice José Enrique.

Reservamos dos opciones de vuelos para el lunes, sólo en caso de que uno se cancelara. Nate y yo teníamos asientos en un vuelo de Delta que salía a las 8:00 a.m. del aeropuerto JFK en Nueva York, directo a San Juan, y también en un vuelo de Spirit Airlines desde Baltimore que pasaba por Fort Lauderdale. Pensamos en tomar un Uber desde D.C. hacia Nueva York, pero preferimos ir a Baltimore para tomar el vuelo que pasaba por la Florida. Consideramos que, si se cancelaba el vuelo, siempre podíamos viajar a Miami, donde tenía dos restaurantes.

En el aeropuerto de Fort Lauderdale hicimos fila para el cajero. Las noticias decían que los bancos de Puerto Rico no abrirían por un tiempo, así que necesitaba más dinero. Pero no lograba recordar mis contraseñas y mis tarjetas no servían. Llamé a Patricia para que me ayudara. Afortunadamente, ella es la organizada y prudente de la familia. Con su ayuda pude sacar otros 2.000 dólares, los cuales retiré en cuatro transacciones de 500 dólares. Los cajeros no estaban preparados para nuestras necesidades.

En la terminal vimos las noticias en las pantallas del aeropuerto. Nuestro viaje no era prometedor, se había ido la luz en el aeropuerto. Los viajeros estaban varados en San Juan, en el calor abrasador, durmiendo en el piso mientras esperaban que volviera la luz y se reactivaran los vuelos. La situación parecía desesperada: sin comida, sin agua, sin aire acondicionado, sin vuelos. La gente estaba lista para soportar todo eso con la esperanza de obtener un asiento en el primer vuelo fuera de la isla. ¿Qué tan mal estaban las condiciones para que estuvieran dispuestos a aguantar tanto?

Intenté llamar a José Enrique, pero no entraban las llamadas. En cambio, contacté a uno de mis socios en Puerto Rico para ver si podía ayudarme a arreglar todo para mi llegada. Kenny Blatt fue uno de los inversionistas que ayudó a revivir el gran *resort* Dorado Beach, transformándolo en el oasis que es hoy, después de décadas en decadencia. El restaurante que tengo ahí, Mi Casa, es una de las joyas de mis negocios ThinkFoodGroup. Kenny estaba en contacto con Alberto de la Cruz, el inteligente emprendedor que dirige la embotelladora de Coca-Cola en Puerto Rico. Alberto nos dijo que el gobernador de Puerto Rico había puesto a Ramón Leal, jefe de la Asociación de Restaurantes (ASORE), a cargo de todas las cocinas de la isla. Leal había estado trabajando con el gobernador en un plan de alimentación para la isla desde el huracán Irma, dos semanas antes.

Nuestro avión estaba lleno de familias preocupadas intentando regresar para saber si sus seres queridos o sus propiedades, o ambos, estaban a salvo. Con los sistemas de comunicación dañados, prácticamente no había forma de saber si los miembros de su familia estaban vivos y bien, o si llegarían para encontrar su casa todavía bajo el agua. A pesar de la enorme incertidumbre de viajar en avión hacia una isla sin electricidad, la preocupación superaba los riesgos. La única forma de saber la verdad era yendo en persona.

Para mí era el comienzo del mayor reto de mi vida. Nuestro avión fue uno de los primeros vuelos comerciales que logró llegar hasta San Juan después del huracán. No teníamos idea de qué esperar y parecía que el piloto tampoco. Estábamos todavía sobre la pista de despegue en Fort Lauderdale cuando salió de su cabina y preguntó si alguien tenía un teléfono satelital que pudiera prestarle. El pasajero sentado atrás de nosotros dijo que sí, pero lo había facturado con su maleta. Realmente deseé haber encontrado un teléfono satelital en Washington.

—Creo que necesitaremos sacar su maleta —dijo el piloto—. Una vez en tierra, quizá necesitemos llamar a la torre de control de tráfico aéreo con el teléfono satelital para rodar por la pista.

No había manera de saber si los controladores del aeropuerto de San Juan tendrían electricidad cuando llegáramos. Esperamos otros 45 minutos mientras el piloto localizaba otro teléfono satelital en otro vuelo de Spirit.

Entre el estrés de lo inesperado y de quedarnos hasta tarde empacando y haciendo preparativos, antes de que despegara el vuelo ya estábamos exhaustos. Pero eso no nos impidió comenzar a trazar nuestros planes. Hablamos sobre el estado actual de las operaciones alimentarias de mi organización sin fines de lucro, World Central Kitchen, en Haití, la cual había filmado Nate, así como de mi reciente experiencia en Houston, después de Harvey, donde pude comprobar en persona cómo la asistencia alimentaria se vio obstaculizada por maneras anticuadas de pensar y por la ineficacia. Vislumbramos una operación de toda la isla en Puerto Rico que era mucho más ambiciosa. Necesitábamos una robusta plataforma tecnológica que pudiera manejar múltiples órdenes de comida y manejara nuestro abastecimiento. Necesitábamos ser capaces de rastrear las órdenes y las entregas, así como manejar las donaciones que esperábamos. Queríamos a un sistema donde la gente pudiera escribir en una página web su orden de comida: quizás un albergue necesitaba 400 comidas, entonces el sistema localizaría la cocina más cercana que pudiera ayudar a prepararlas. Iba a ser un acercamiento localizado, con la World Central Kitchen en el centro, con la mejor tecnología. Soñábamos en grande porque la operación parecía abrumadora. Nunca debes sentirte culpable por tener ambiciones cuando intentas ayudar a otros. Si no sueñas, la realidad nunca cambia.

Conforme nuestro avión se acercaba a San Juan, todo lo que veíamos era devastación. Las viviendas ya no tenían techo: hogares abiertos como si fueran latas. Había millas de árboles derribados o sin una sola hoja. Los troncos y las ramas estaban tan desnudos, que Puerto Rico parecía más un paisaje invernal en mi querido estado de Maryland que una isla tropical.

Le mandé un mensaje a Ramón tan pronto aterrizamos. La señal telefónica no parecía funcionar, pero aparecían algunos datos. "¡Los recibimos con los brazos abiertos!", me contestó, pidiéndome que acudiera directamente al centro de convenciones de San Juan, donde estaba reunido el gobierno, antes de recorrer un par de cocinas.

El silencio del aeropuerto era espeluznante. No había aviones despegando ni aterrizando, no había camiones de suministro circulando por la pista. Dentro de la terminal no había luces ni ruido. La gente parecía sufrir en silencio, sin comida ni agua. Inmediatamente tomé mi teléfono para tuitear a mis contactos, diciéndoles que enviaran camiones de comida al aeropuerto.

Reservamos un auto con Europcar, pero descubrimos que su local estaba en otra parte. Así que caminamos al mostrador de Avis y esperamos lo mejor. Tuve suerte. Uno de los empleados de Avis me reconoció de mi programa de cocina en Spanish TV. Eso ayudó a convencerlo de que nos alquilara un preciado Jeep que podía recorrer los caminos destrozados.

—Si necesita algo, vuelva y yo le ayudo —dijo mi amigo de Avis.

—Si se me acaba la gasolina, no creo que pueda hacerlo —le contesté medio en broma.

Al salir del aeropuerto nos quedó claro que necesitábamos el Jeep. Las calles principales seguían sembradas de peligrosos escombros: había postes de luz y teléfono en el suelo, con los cables serpenteando junto a los troncos y las ramas de los árboles. Manejar en ese camino de obstáculos impredecibles requería pericia y valor, con carriles que de pronto aparecían bloqueados e intersecciones donde no había semáforos para controlar el tránsito.

Nos fuimos directo al centro de convenciones y nos estacionamos a un costado del edificio, junto a los automóviles Jeep de Seguridad Nacional. Había una puerta lateral abierta, con cables de televisión que se dirigían a los camiones satelitales. Entramos directamente y fuimos al segundo piso, donde se suponía que estaba trabajando el gobierno en el tema de asistencia, en varias salas de reuniones. Nadie nos detuvo para preguntar qué hacíamos ahí.

Mi amigo Ramón Leal me había contado sobre la reunión más importante, donde se trataba el problema más apremiante: la gasolina. Entramos a la sesión y nos acomodamos. El lugar daba hacia uno de los pasillos que habían convertido en un inmenso módulo para los suministros y los catres donde dormían los funcionarios.

En nuestra reunión, un grupo de líderes empresariales estaba haciendo lo que el sector privado sabe hacer tan bien: resolver los problemas del mercado. Los puertorriqueños hacían fila durante varias horas todos los días para obtener unos cuantos galones de gasolina para sus autos y obstruían los caminos. Los gasoductos eran la señal más visible de una economía que se había parado por completo. Por el bien de las personas y los negocios, estos líderes necesitaban restaurar la cadena de suministro de combustible tan rápido como fuera posible. Afortunadamente, había varios de los mejores cerebros en cuanto a logística de la isla en ese recinto, incluyendo a Ramón González Cordero, de Empire Gas; ejecutivos de Puma Energy, y Alberto, de Coca-Cola. Si alguien sabía de las necesidades de los camiones era una persona como él, al frente de Coca-Cola. Había funcionarios de todas las agencias gubernamentales importantes, incluyendo la inteligente y sagaz procuradora de Estados Unidos en Puerto Rico, Rosa Emilia Rodríguez, y el secretario de Estado de la isla, Luis Rivera Marín. Tenían dos problemas que resolver: más camiones cisterna para distribuir el combustible en las gasolineras y más seguridad en éstas para lidiar con las inmensas filas. Necesitaban alrededor de mil efectivos de seguridad para proteger los camiones cisterna y las gasolineras, y la guardia nacional sólo podía ofrecer 700. Se contaban historias de gente que llegaba armada a las gasolineras, pero como sucede con todas las historias similares, nadie había visto realmente ningún problema ni armas. Después de cuarenta y cinco minutos, el grupo ya tenía un plan y la discusión había terminado.

Pasamos a otra reunión que trataba nuestro verdadero objetivo: la asistencia alimentaria. Ahí, el contraste no podía ser mayor. El combustible para autos y camiones era una prioridad que atrajo a los mejores cerebros empresariales y gubernamentales, pero el combustible para las personas parecía ser una prioridad menos urgente, como dejó claro la reunión. Se hablaba mucho, pero se hacía poco. Incluso había personas que querían tomarse fotos conmigo y entrevistarme en Facebook Live. Afortunadamente, la conexión a internet no era lo suficientemente buena para eso. No estaba interesado en la publicidad; quería ver la asistencia alimentaria en acción. Después de una hora de palabras vacías, creció mi frustración y me salí.

Nos fuimos al coliseo de San Juan, la arena techada más grande de la ciudad que normalmente se utilizaba para conciertos, pero ahora estaba transformada en otro centro de distribución. Sabía que la arena tenía una cocina grande, pero mi experiencia en Houston me había enseñado que no era fácil activar cocinas así, incluso cuando la emergencia pública era clara. El coliseo, conocido como El Choli, estaba temporalmente bajo el control de la primera dama de Puerto Rico, la esposa del gobernador. La arena estaba en problemas: no había suministro de luz, sólo unos cuantos generadores. Pero la cocina era ideal para lo que necesitábamos, así que tenía que buscar la manera de abrirla.

Me reuní con Leila Santiago, de la oficina de la primera dama, pero no tenía buenas noticias: no podíamos usar la cocina del coliseo porque la estaban utilizando para alimentar a las 150 personas que se encargaban del centro de distribución. Era una cocina que podía alimentar a decenas de miles de puertorriqueños, pero sólo estaba ayudando a 150 personas. Hablamos sobre el cambio de contrato de los operadores de la cocina y cómo la habían cerrado durante la transición. Fuera cual fuera la razón, no podía creer la falta de urgencia y comprensión. ¡Alguien tenía que entender lo importante que era la comida! Las cocinas eran el recurso más grande de la isla, y la necesidad de encenderlas era obvia. Esto no era resultado de malas intenciones; la gente quería ayudar, pero no tenía experiencia. Sin embargo, hay un mundo de diferencia entre querer hacer el bien y saber cómo lograrlo.

Ramón Leal, de la Asociación de Restaurantes, me prometió encontrar otra cocina en una antigua oficina gubernamental. Conducir el camino desde el coliseo para ir a verla fue difícil: nuestra ruta estaba completamente bloqueada por un árbol atravesado en la calle principal. Para cuando llegamos finalmente, la cocina era un desastre. Siendo generoso, diría que se trataba de la pequeña cocina de un café; honestamente, diría que era la bodega de un sótano debajo de una cocina. No tenía electricidad ni generador: en el garaje de mi casa había más fuego para cocinar que el que había ahí. Para colmo, el piso estaba cubierto por dos pulgadas de agua, ya que se había derretido todo lo que había en los refrigeradores. Era asqueroso, y sólo limpiar nos tomaría una semana.

No obstante, esta locación sí reveló una pieza clave de información: en un cuarto lateral encontramos una enorme provisión de botellas de agua. Nos habían dicho que no había suficiente agua en la isla, pero claramente había suministros guardados. Nuestro reto era encontrarlos, junto con una cocina funcional y de buen tamaño.

Apenas era nuestro primer día y ya estaba frustrado. Sentía que la gente no estaba tomando en serio la crisis alimentaria ni le daba un verdadero sentido de urgencia. Estaba preocupado de que Puerto Rico se convirtiera en otro Houston: un desastre natural agravado por la política humana.

—Al diablo —dije—. Vámonos con José Enrique a beber ron.

Estaba desesperado por estar con un chef, en un restaurante, donde la gente se dedicara a la comida y a cocinar.

Estaba por atardecer cuando llegamos a mi restaurante favorito de San Juan. No había electricidad en el histórico barrio de Santurce, donde se yergue el restaurante rosa de José Enrique en lo que normalmente es un barrio de fiesta, lleno de bares y restaurantes, rodeado de un mercado colonial. La Placita, la plaza del mercado, más allá de un letrero publicitario gigante que brillaba por su cuenta, promoviendo un concierto que nunca se daría, estaba sumido en el silencio y la oscuridad más absolutos. Pensé que el encargado de ese letrero debería estar a cargo de toda la red de electricidad de la isla.

El pequeño generador de José Enrique estaba trabajando tanto como podía, pero necesitábamos más luz, así que usamos los faros de nuestro Jeep y algunas lámparas solares. “Bienvenido”, me dijo, ofreciéndome un gran abrazo y una inmensa sonrisa. Después de algunos rones, José Enrique me dijo que Santurce estaba luchando contra la crisis y lo popular que era su sancocho. Las filas para comer el guiso eran inmensas, y la sopa se acababa diario. Más y más personas aparecían conforme se corría la voz. Me trajo un plato con algunas sobras y estaba delicioso. Se acabó el combustible del generador, se apagaron las lámparas solares y acabamos con la batería de nuestros teléfonos por usar las linternas. San Juan estaba a oscuras, pero ese plato de sopa me llenó de amor y esperanza.

Este restaurante es un lugar que me hace feliz. Es donde a mis hijas les encanta comer cuando vamos a San Juan y cuando estaba abriendo mi restaurante en Dorado solíamos comer ahí. José Enrique es un gran chef y su familia tiene un gran corazón, igual que él. Tal vez parezca serio con su cabeza y barbilla bien rasuradas, pero su gran sonrisa lo delata. En estas situaciones de crisis, necesitas encontrar un fuerte, la base donde está tu fortaleza. Yo sabía que el restaurante de José Enrique sería mi fuerte.

Su plan era tratar de recaudar fondos con un evento musical.

—A la gente le iría bien divertirse un poco porque esto es abrumador —dijo. Pero también sabía que el papel que él iba a jugar sería crucial—. Necesitas a un cocinero que pueda alimentarte —dijo—. Y creo que tienen que apoyarse en nosotros. Nadie más lo puede hacer.

El problema de José Enrique era que estaba haciendo todo desde cero. Aunque sus cocineros y él preparaban sancocho fresco todos los días, la lista de ingredientes que me dio era tan larga y detallada, que era como leer código Morse. Cuando cocinas con urgencia, necesitas hacerlo rápidamente.

—Hagamos más —le dije.

José Enrique me dijo que no tenía más ingredientes para aumentar la cantidad exponencialmente. Estaban cocinando con todo lo que tenían porque no había electricidad ni refrigeradores, el generador no alcanzaba y las provisiones se iban a echar a perder. Los cocineros sólo abrían brevemente el refrigerador cuando era estrictamente necesario. Sin mucho combustible, sólo podían tener el generador encendido unas cuantas horas al día.

Mientras hablábamos, el plan empezó a tomar forma.

"Empecemos aquí", dije. Ampliaríamos la operación de José Enrique tan rápido como fuera posible usando su cocina, sirviendo sancocho afuera y preparando sándwiches en el comedor para cuarenta y cinco personas, donde normalmente se sentaban los clientes . Por mi experiencia en Haití y Houston sabía que los sándwiches eran una forma rápida y efectiva de alimentar a la gente: suficientes calorías en una comida que era fácil de guardar y transportar.

Se supone que había toque de queda en San Juan, así como una orden que prohibía el alcohol, pero ahí estábamos, planeando alimentar a la gente mientras tomábamos cocteles en la noche, en medio de la ciudad. Decidimos llamarnos como lo que éramos: Chefs para Puerto Rico. El nombre y su *hashtag* lo decían todo.

NO ÉRAMOS MÁS QUE UN PAR DE CHEFS QUE SABÍAN COCINAR, intentando alimentar a muchos. Por todo San Juan, y también en Washington, individuos con muchos más recursos, y supuestamente mucho más inteligentes, apenas se estaban organizando.

El mismo día que luché para llegar a San Juan en uno de los primeros vuelos comerciales, dos funcionarios de la administración de Trump visitaron Puerto Rico por primera vez desde la tormenta. Entre ellos estaban Brock Long, administrador de la Agencia Federal para el Manejo de Emergencias (Federal Emergency Management Agency, FEMA), y Tom Bossert, el antiguo asesor de Seguridad Nacional del presidente. La secretaria de Prensa de la Casa Blanca, Sarah Sanders, les dijo a los reporteros: "Hemos hecho esfuerzos sin precedentes en términos de fondos federales para abastecer a la gente de Puerto Rico y otros afectados por estas tormentas. Lo seguiremos haciendo y seguiremos haciendo todo lo posible bajo el gobierno federal para ayudar".

Eso era una fantasía. Brock y Bossert regresaron a D.C. el mismo día. Según el Pentágono, 2.600 empleados del Departamento de Defensa estaban diseminados en tierra por todo el Caribe, incluyendo Puerto Rico y las Islas Vírgenes de Estados Unidos.[6] En un día cualquiera hay varias veces esa cantidad de personal militar en tierra, sumando el personal del ejército de Estados Unidos en el acuartelamiento de Fort Buchanan y de la guardia nacional aérea y del ejército de Puerto Rico.

El Pentágono había enviado al *USS Kearsarge*, un barco de asalto anfibio, y su grupo de buques hermanos antes de que golpeara María, para estar listos y entregar suministros esenciales inmediatamente después de que pasara la tormenta. Para cuando nosotros llegamos, cinco días después de que la tormenta tocara tierra, habían entregado por aire sólo 22.000 libras de provisiones a Puerto Rico y las Islas Vírgenes. Eso es el equivalente de más o menos 30.000 botellas de agua para una isla tropical con 3,4 millones de personas.

Para ponerlo en contexto: dos días después del catastrófico terremoto cerca de Haití en 2008, cerca de 8.000 militares estadounidenses estaban en camino para llevar ayuda. Dos semanas después ya habían llegado 33 barcos y 22.000 militares.

La necesidad de liderazgo y acción inmediata no era un secreto. "Necesitamos prevenir una crisis humanitaria en Estados Unidos", dijo el gobernador Ricardo Rosselló a

CNN ese día, advirtiendo que habría un "éxodo masivo" de puertorriqueños hacia el continente si la isla no se recuperaba. "Puerto Rico es parte de Estados Unidos. Necesitamos tomar medidas inmediatas".[7]

De vuelta a la Casa Blanca esa noche, el liderazgo estadounidense tomó la forma de algunos tuits del presidente Trump, los primeros desde que María devastara la isla. "Texas y Florida están bien, pero Puerto Rico, ya que carecía de infraestructura y tenía una deuda masiva, está en graves problemas", compartió después de cenar con algunos miembros conservadores del Congreso. "Su vieja red eléctrica, que ya estaba en pésimas condiciones, quedó devastada. Gran parte de la isla está destruida, con una deuda de miles de millones de dólares a Wall Street y a los bancos, con la que tristemente se debe lidiar. Comida, agua y medicinas son prioridad, y eso va bien".[8]

De acuerdo con un funcionario de Trump, el tuit fue en respuesta a la cobertura de Puerto Rico que vio en televisión, no porque tuvieran alguna reunión sobre el desastre ese día. No había tenido lugar *ninguna* reunión que involucrara al presidente de Estados Unidos. En la cena esa noche, Trump hizo algunos comentarios breves sobre la tragedia en Puerto Rico, pero pasó la mayor parte de su tiempo atacando al senador John McCain por votar en contra de su esfuerzo por eliminar Obamacare.[9]

Trump tenía razón sobre los problemas históricos de la isla en términos de economía e infraestructura. Tenía razón sobre la destrucción de la red eléctrica. Pero no estaba del todo claro qué iba a hacer sobre cualquiera de esos problemas. Y no había forma humana de que alguien pudiera afirmar con toda honestidad que "iba bien" el abastecimiento de comida, agua y medicinas en la isla. Para mí era obvio después de haber pasado tan sólo un día en Puerto Rico.

NATE Y YO NO TENÍAMOS UN EJÉRCITO. NI SIQUIERA TENÍAMOS teléfonos satelitales. Pero sí teníamos un par de cuartos de hotel reservados en el AC Hotel, cerca de Santurce, y el Hyatt cerca del centro de convenciones, gracias a Javier García, miembro de mi mesa directiva, y a Federico Stubbe, mi inversionista en Puerto Rico. A veces necesitas reservar cuartos extra porque puede haber huéspedes inesperados que ayudar o pueden extraviarse misteriosamente las reservaciones. Ya eran las 10:00 p.m. y quería conocer el AC Hotel primero porque era parte de una cadena española que me gustaba. Pero con el refuerzo en la seguridad y el toque de queda, cuando llegamos la entrada estaba bloqueada.

—¿Se va a quedar aquí? —preguntó el guardia de seguridad.

—No, voy a ver a alguien —contesté, sin querer explicar por qué teníamos habitaciones en dos hoteles.

—Estamos cerrados —me contestó.

Me tomó mucho tiempo convencerlo de que teníamos una reservación. La atmósfera de miedo estaba en todas partes y quizá fuera irracional, pero no por eso menos real. En todo caso, la falta de información precisa sólo aumentaba el miedo.

Finalmente, logramos llegar al mostrador del hotel —exhaustos, pero inspirados— después de nuestro primer día en la isla.

—No tenemos habitaciones —dijo el hombre detrás del mostrador—. Ninguna.

Nate me dijo que fuéramos al Hyatt, donde teníamos otra reservación de dos habitaciones, pero no me iba a ir así. Cuando la gente me dice que algo no se puede hacer, sólo alimenta mi determinación por lograr que suceda. Incluso si se trata de un cuarto de hotel.

Mi amigo Bernardo Medina, experto en medios y comunicaciones, se estaba quedando en el AC y nos encontró en el lobby. Intentó llamar al gerente general, quien estaba en el hotel, pero no pudo localizarlo. Después de media hora alegando, el personal del mostrador insistió en que nos fuéramos. El personal de seguridad empezó a moverse cuando apareció el gerente general. Se disculpó por el retraso, se estaba duchando.

Le expliqué pacientemente que conocía al hombre que había construido el hotel, Antonio Catalán Díaz, fundador de esa cadena de hoteles y también del Grupo NH. Antonio es un emprendedor español y hemos estado hablando durante años sobre hacer negocios juntos. Esta parecía una buena oportunidad para mencionar su nombre en la conversación. Funcionó. De alguna manera, el gerente nos encontró dos habitaciones vacías donde pudimos descansar agradecidamente. Nate y yo no teníamos idea de que esos cuartos serían nuestro hogar durante semanas, ni cómo nuestros huesos anhelarían esas camas cada día.

NOS LEVANTAMOS TEMPRANO EN NUESTRO PRIMER DÍA COMpleto en Puerto Rico, con una misión en mente: conseguir muchos alimentos. Sabía, gracias a la operación de mi restaurante en la isla, que el proveedor más grande de comida era José Santiago, así que fuimos en el Jeep hasta su almacén, 20 minutos al sur de San Juan. Estaba ansioso por saber si el negocio había sobrevivido al huracán y si tendría electricidad. Quizá no estaba abierto porque los empleados todavía estaban cuidando a sus familias.

En ese trayecto vimos por primera vez, con nuestros propios ojos, las extraordinarias filas para repostar gasolina. Había cientos de autos estacionados, la gente esperando por un preciado galón de combustible durante 10 horas. Sólo podías poner 20 dólares de gasolina a la vez, así que la gente se formaba cada día o cada dos días, e incluso pasaba la noche ahí para seguir en la fila. Parecía que asistíamos al desplome de toda una economía a la orilla de la carretera. Y no pude dejar de preguntarme: si la gente estaba esperando todo ese tiempo para obtener energía para sus autos, ¿qué clase de energía estaban consiguiendo para su cuerpo?

En la oficina central de José Santiago había otra larga fila de autos mientras las personas esperaban pacientemente la oportunidad de entrar en el centro de distribución de alimentos. Vi movimiento en la puerta y me di cuenta de que el lugar estaba operando, pero saturado. Nate y yo no podíamos esperar a que la fila se moviera, así que nos adelantamos. Una vez dentro, me presenté al nieto del fundador español del negocio, quien comparte el nombre de Santiago y funge como director de Finanzas. Mientras caminábamos hacia las oficinas, noté un cuadro en la pared de mi histórico buque, el *Juan Sebastián de Elcano*. Podría reconocer sus cuatro mástiles a una milla de distancia, y no tomó mucho tiempo en despertar los recuerdos de mi año navegando por el mundo en ese velero majestuoso. Empezamos a hablar sobre el barco y José me contó de las raíces de su familia en la misma región norteña donde yo había nacido, Asturias, famosa por sus campos verdes, sus lácteos y su cidra. Sentí como si fuéramos familia y le pedí una línea de crédito ahí mismo.

—Yo soy de Asturias. Tú eres de Asturias —le dije—. No te defraudaré. Te pagaremos por la comida, no te preocupes.

Nos entregaron un catálogo completo de provisiones, impreso en un largo papel matricial doblado que tenía entre tres y cuatro pulgadas de grosor. Representaba un mundo de comida en una isla que luchaba contra el hambre. Luego, ahí mismo, José y yo nos dimos la mano y acordamos una línea de crédito de 50.000 dólares. Además del papeleo, teníamos otra condición: no podíamos decir públicamente dónde obteníamos la comida. Nada de fotos ni redes sociales, y nada de hablar con la prensa. Él también estaba asustado con los rumores del hambre y la ilegalidad, y temía que cayera una turba sobre su almacén para saquear sus provisiones.

—No queremos que se sepa —me dijo José. En su situación yo habría hecho lo mismo.

Antes de llegar, pensamos que sólo compraríamos unas cuantas cosas para la comida de ese día. En cambio, caminamos por todo el lugar, veinte filas de ancho y seis anaqueles de alto, juntando toda clase de ingredientes y las cantidades que necesitábamos para poder comenzar a funcionar en el restaurante de José Enrique. Llevamos enormes bandejas de pan para sándwiches y suficiente sofrito ya preparado para la sopa. Llenamos el Jeep hasta el techo y gastamos felizmente alrededor de 5.000 dólares en nuestra primera compra. Al final, eso terminaría siendo una cuenta relativamente pequeña. Llevábamos tanta comida que no se podía ver a través de las ventanas del lado derecho, así que Nate necesitaba que yo le dijera si estaba libre el paso.

Manejamos despacio hasta el restaurante. Lo último que queríamos era provocar un accidente, generando más problemas para los hospitales de la isla. Le pedí a José Enrique que juntara a las mejores personas que pudieran ayudarnos a poner en acción la operación de asistencia alimentaria. Habíamos llegado tarde, pero nuestro Jeep estaba lleno de ingredientes para las comidas, así que la gente se alegró de vernos. Sentados alrededor del comedor de José Enrique estaban algunas de las más grandes figuras restauranteras de San Juan: Wilo Benet, el chef cuyo restaurante, Pikayo, había ayudado a reinventar la gastronomía puertorriqueña; Ricardo Rivera Badía, de El Churry; y Manolo Martínez, de Paella y Algo Más. Nuestra directora sería Ginny Piñero, una abogada retirada que conocía al hijo de Manolo en Washington, D.C. Ella no tenía idea de lo que nos esperaba, y tampoco ninguno de los chefs.

Entré y comencé a diseñar un plan, asignando tareas a todos. Apoyé un rotafolio debajo de una pintura de una inmensa flor verde, mientras el equipo se sentaba en algunas mesas vacías, exponiendo sus ideas. Quería que sintieran este plan como suyo; yo no quería imponerme, y menos porque planeaba irme el fin de semana siguiente. Era un plan que necesitaban hacer suyo, y lo hicieron inmediatamente.

Arriba de la gran hoja de papel escribí nuestro reto más grande en enormes letras moradas: ENERGÍA. La gasolina, el gas natural y el diésel; necesitábamos de todo. No podíamos hacer nada sin eso. Asignamos este reto a Piñero, quien quedó en shock.

A continuación, estaba la energía que necesitábamos como personas: ALIMENTOS. Necesitábamos alimentos secos y frescos, y particularmente agua. Le asignamos esto a Ricardo, cuya experiencia en la industria alimentaria en Puerto Rico era inigualable.

Esos dos elementos llenaron el lado izquierdo de nuestro papel rotafolio. A la derecha, escribí nuestra siguiente necesidad: VOLUNTARIADO. Necesitábamos voluntarios desesperadamente: cocineros, limpiadores, gente que ayudara a preparar la comida y comprar ingredientes. Necesitábamos coordinadores para esos voluntarios y gente que ayudara con la distribución. Le asigné esta tarea a la hermana de José, Karla.

Eso dejó nuestra última necesidad, aunque relacionada con todo: COMUNICACIÓN. ¿Cómo correr la voz para que la gente supiera de nuestra operación? En una isla como Puerto Rico había una fuerte combinación de viejos y nuevos medios de comunicación. La gente escuchaba la radio, sobre todo considerando el tiempo que pasaban en sus autos. No había suficiente electricidad para encender la televisión, pero también estaban ocupados con las redes sociales en sus teléfonos, como en cualquier otra parte de Estados Unidos, si podían encontrar señal. Necesitábamos estar en ambos medios. Le di esa tarea a mi amigo Nate y a Yareli Manning, una de las dueñas de camiones de comida que llegaron desde el principio.

El equipo se quedó ahí sentado, enfocado en el ambicioso plan frente a nosotros. Habían pasado poco más de 24 horas desde que Nate y yo aterrizáramos en Puerto Rico, sin nada más que una modesta cantidad de dinero y el deseo de alimentar a los hambrientos, pero ya estábamos movilizando una operación mucho más grande de lo que habíamos esperado y planeando los pasos necesarios para ampliarla aún más, y rápidamente. No intentábamos alimentar a la isla; eso habría sido un reto abrumador. No queríamos generar ansiedad en nadie porque ya tenían todos suficientes problemas cuidando de sus familias, sus casas y sus negocios. Sólo intentábamos duplicar las comidas que se preparaban y luego duplicar esa cantidad. Necesitábamos crecer y crecer hasta que estuviéramos alimentando a más personas de las que podíamos imaginar en ese momento. Era como abrir un restaurante nuevo: podíamos alcanzar nuestra máxima capacidad con el tiempo, escalando lento pero seguro. Esa visión del día a día hacia un crecimiento exponencial parecía mucho más realista que apuntar hacia la luna.

Ginny Piñero se ofreció a ser la persona encargada de tomar las órdenes y empezamos a recibir órdenes ese día. Parecía conocer a todos en la isla y estaba conectada en redes sociales con una amplia red de puertorriqueños. Dimos el paso organizacional más importante de todos al establecer un grupo de WhatsApp esa noche, usando nuestro nuevo nombre: Chefs For Puerto Rico. Ese grupo de chat se convertiría en nuestra agencia central de inteligencia durante las siguientes semanas, un flujo constante de información, preguntas, peticiones y buen humor. Se convirtió en nuestro salvavidas y en el espíritu del equipo, activo en teléfonos provenientes de las partes más recónditas de la isla y de los rincones más oscuros de las cocinas. También servía con la señal celular más débil, mientras las llamadas y los correos entraban y salían impredeciblemente.

Conseguir provisiones en una isla arrasada por un huracán no sería fácil, pero Ricardo conocía el funcionamiento interno de las redes de restaurantes en Puerto Rico y podía encontrar gente y productos que nadie más sabía que existían. Ricardo es como un gran oso, con un estilo tranquilo, pero sin contemplaciones. A muchos niveles representaba el tipo de puertorriqueño que formó la columna vertebral de nuestra asistencia alimentaria en la isla. Fue consultor de franquicias durante muchos años, ayudando a otros a expandir sus negocios por toda la isla. Más recientemente empezó su propia franquicia, El Churry, extendiendo una operación de camiones de comida a restaurantes enteros. Sobrevivió el huracán en su casa, en Caguas, con su esposa, Luz, y dos perros, refugiándose en su cuarto mientras escuchaban cómo la tormenta arrancaba los árboles y los lanzaba hacia la casa de sus vecinos. Salieron al día siguiente, junto con sus vecinos, para evaluar el daño y quitar las ramas que habían caído en su techo. Estuvieron tres días estancados en su vecindario porque los caminos estaban bloqueados con cables eléctricos y árboles. Ricardo fue uno de los afortunados: su conexión a internet sobrevivió la tormenta. Así que, cuando su esposa compartió un mensaje de Facebook de la oficina del gobernador de Puerto Rico en Washington, D.C., puso atención. Estaban buscando camiones de comida para ir al aeropuerto, donde había turistas varados sin comida, y Ricardo dijo que ayudaría.

De inmediato nos pusimos a trabajar con una cocina móvil estacionada afuera del restaurante afectado de José

Enrique. Descargamos el Jeep y empezamos nuestro primer día oficial de operaciones. Preparamos 500 sándwiches y 2.000 comidas calientes, y consideramos un triunfo alimentar a tanta gente desde una cocina dañada en una isla tratando de ponerse en pie. Pensamos que eran grandes cifras, pero sabíamos que podíamos hacer mucho más. Sólo que no teníamos idea de lo que nos esperaba.

Esa tarde serví sancocho desde una olla inmensa en la entrada del hermoso restaurante rosa de José Enrique. Normalmente no hay un nombre o un letrero afuera del restaurante porque es muy famoso, pero ahora, detrás de mí había un sencillo letrero escrito a mano por José Enrique: “Hay sancocho”, que informaba a todo el vecindario que teníamos sopa para ellos. Las calles estaban llenas de gente comiendo, hablando, conectándose. Era como si en este pequeño rincón de San Juan estuviéramos devolviendo lentamente la vida a la isla, una cucharada a la vez.

Tenía otro amigo chef del otro lado de Santurce que también quería ayudar, pero estaba fuera del país, visitando Marruecos, cuando cayó el huracán. José Santaella es uno de los mejores chefs de Puerto Rico, quien al igual que José Enrique está reinventando las tradiciones culinarias de la isla. Cuando lo contacté para pedirle ayuda, me dijo: “Ve a mi cocina. Ve al congelador, encuentra tu comida y úsala”. El congelador no tenía electricidad y estaba lleno de mucha comida de buena calidad.

Esa tarde volvimos con nuestros proveedores de comida, José Santiago, para recoger los ingredientes del día siguiente. Gastamos más de cinco veces lo que desembolsamos el día anterior: 26.000 dólares. Estábamos creciendo, y rápidamente.

No fuimos los únicos que aumentaron sus operaciones ese día. En Washington, D.C., el presidente Trump tuvo su primera reunión para coordinar la respuesta en Puerto Rico en la Sala de Crisis, en el sótano del Ala Oeste. Los informes desde la isla eran tan malos, que al terminar ese día la Casa Blanca añadió una reunión a nivel de gabinete sobre el desastre. El Pentágono aumentó sus esfuerzos, enviando el buque hospital *USNS Comfort*, así como varios aviones de carga llenos de camiones todoterreno para ayudar con la recuperación. Tal vez los recursos más importantes fueron los aviones que llevaban equipo para ayudar a restaurar las operaciones del aeropuerto y establecer comunicaciones satelitales.[10] Ambos senadores de Florida, el republicano Marco Rubio y el demócrata Bill Nelson, escribieron al presidente pidiéndole "movilizar todos los recursos disponibles" para responder al huracán, particularmente al ejército. "Nuestros valientes hombres y mujeres uniformados están bien equipados, entrenados y preparados para manejar la terrible situación en Puerto Rico y las Islas Vírgenes", escribieron.[11] Su carta era prueba —si es que se necesitaba alguna— de que el ejército no estaba, de hecho, desplegando todos sus recursos para responder a este tremendo desastre en territorio estadounidense.

Ya habían pasado seis días desde que María tocara tierra, y Trump llamó al gobernador de Puerto Rico por segunda vez nada más, desde el huracán.[12]

La situación en tierra seguía siendo grave. De acuerdo con el Pentágono, el 44 por ciento de la isla, bajo el calor tropical, no tenía agua potable. Sólo 11 de los 69 hospitales de la isla tenían alguna clase de combustible o electricidad. En cuanto a la red eléctrica, casi no existía: el 80 por ciento de la red transmisora y el 100 por ciento de la red de distribución estaban dañadas. La isla estaba agonizando.[13]

Esa noche, de camino de regreso al hotel, recogimos algunos aguacates para nosotros. Un solo restaurante en el barrio tenía las luces prendidas: un lugar de cervezas y hamburguesas del otro lado de la calle, llamado The Place. El gerente del restaurante había sido lo suficientemente listo para hacer un trato especial con Sam's Club antes de que cayera el huracán, pues el supermercado estaba preocupado de que su carne molida se echara a perder cuando pensaron que sería un apagón muy largo. Así que le vendieron a The Place su vasto suministro de carne de res con un gran descuento. Todos en la isla estaban desesperados por comer carne cocida en ese momento, así que las filas para sus hamburguesas eran desquiciadamente largas.

Llevé mis aguacates a la cocina del hotel en el penthouse, pero estaba cerrada y la cocinera intentó sacarme a patadas. Yo hubiese hecho lo mismo si un extraño entrase a mi cocina. Le pregunté si podía preparar mi ensalada, pero ella estaba preocupada de que me cortara con el cuchillo. Siempre respeto las cocinas de los chefs, pero le aseguré que tenía algo de experiencia con los cuchillos de cocina. Me comí mis aguacates en el bar y les serví muchos más a los trabajadores de alivio y al personal del hotel que estaba con nosotros. Las mejores amistades muchas veces comienzan con un simple plato de comida, acompañado de una copa o dos, como mi coctel caribeño favorito, ron con limón y azúcar, el dulce sabor del cielo que probé en Haití.

En el bar había varios funcionarios de la policía federal, cuyas iniciales no reconocía, HSI. Homeland Security Investigations (Investigación de Seguridad Nacional) era una fuerza de seguridad relativamente nueva que unió varios grupos cuando se creó el Departamento de Seguridad Nacional después de los ataques del 9/11. HSI era parte de la Fuerza de Migración y Aduanas, conocida por deportar migrantes indocumentados. En contraste, HSI normalmente perseguía a traficantes de personas, traficantes de niños, narcotraficantes y traficantes de armas. Pero aquí estaban, encargados de la seguridad de los funcionarios del gobierno en medio del desastre. Cuando todo lo demás se descompone, los agentes especiales de HSI viajan a los lugares más difíciles para asegurarse de que los empleados del gobierno federal y sus familias estén a salvo y puedan volver al trabajo.

Parecían preparados para una zona de guerra. Incluso en el bar del penthouse de un lujoso hotel, vestían chalecos antibalas y portaban rifles automáticos M16. Quizás he visto demasiadas películas, pero siempre me ha encantado la idea de los agentes especiales, y en esta crisis, ver una fuerza bien entrenada en uniforme me parecía un consuelo esperado después de prácticamente no detectar respuesta organizada en tierra. Empecé a hablar con los agentes para comprender su misión y ver si había alguna forma de que trabajáramos juntos.

Mi esposa me pidió antes de salir hacia Puerto Rico que buscara a un pariente de sus mejores amigos, de ochenta años. Estaba en algún lugar al oeste de la isla, en Añasco, donde no había comunicación. Intenté manejar hasta allá, pero todos me dijeron que era una locura considerar un viaje así. Los agentes de HSI dijeron que era el tipo de trabajo que ellos estaban haciendo por toda la isla. Anotaron el nombre de este pariente y su dirección —y su número de teléfono, en caso de que esto funcionase— y me prometieron pedirle a una de sus patrullas que ayudaran conforme recorrieran Puerto Rico.

Estas zonas de desastre crean algunas conexiones extrañas cuando personas talentosas y creativas se reúnen para recomenzar sus vidas. Esa noche me detuvo en el lobby del hotel un chef que me reconoció. Estaba juntando provisiones para ayudar con la labor de reconstrucción en ciertas partes de las Islas Vírgenes. Después comprendí que estaba trabajando para Larry Page, de Google, quien tiene toda una isla llamada Eustatia. Su vecino más cercano es Richard Branson, de Virgin, quien vive en la isla Necker. El huracán golpeó esos lugares, bendecidos con dueños tan ricos, con mucha más fuerza que en Puerto Rico, y sin ninguna forma de restablecer sus cadenas de suministro.

AL DÍA SIGUIENTE, NOS VIMOS TEMPRANO EN EL RESTAURANTE de José Enrique para acelerar la operación. Mi equipo ya estaba buscando combustible y alimentos, y teníamos más éxito con la comida que otra cosa. Era claro que el acceso a alimentos no era el reto en Puerto Rico, a pesar de la creencia popular de que la isla era demasiado remota o estaba demasiado afectada para alimentarse a sí misma. El verdadero problema era la distribución, y la comunicación estaba en el centro de todo. Ricardo y Ginny ya estaban acercándose a los medios, sobre todo a los programas de radio, para decirle a la gente lo que estábamos haciendo. Pero yo era cauteloso. Sin importar cuánto me gusten los medios, era importante ser realista.

—Ten cuidado —le dije a Ginny—. No queremos hablar

de más y crear falsas esperanzas. Hagámoslo un día a la vez en cuanto a la cantidad de personas que podemos atender.

Nate y Ricardo condujeron dos Jeeps hasta nuestro proveedor de alimentos para llenarlo con los ingredientes del día, además de mil platos de aluminio, pero me llamaron desde allí y sonaban frustrados.

—Nos van a obligar a cerrar —dijo Ricardo.

—¿Por qué? —le pregunté.

—Porque ya gastamos los 50.000 dólares de la línea de crédito.

Llamé a Santiago para comérmelo vivo.

—Quiero 31 días —dije—. Soy un hombre de negocios.

Se arrepintió porque sabía que nos volveríamos su mayor cliente en cualquier momento, además de que todos —incluyendo a Santiago— estábamos ayudando a alimentar al pueblo de Puerto Rico. Hay un viejo dicho muy cierto: donde hay dinero, siempre habrá comida.

Empecé a buscar las áreas más necesitadas. A través de una amiga puertorriqueña que vivía en París, Daya Fernández, conseguí el teléfono de su tío, un médico del centro médico más grande de la isla, el hospital de la Universidad de Puerto Rico, conocido como el Carolina.

La crisis de los hospitales de la isla era severa, como es de imaginarse. En el Carolina, así como en el centro médico principal, el huracán había dañado tanto los techos que los pisos de abajo estaban inundados. Los generadores eran viejos y poco confiables, así que la poca electricidad que tenían iba y venía. El aire acondicionado, los ventiladores y los quirófanos estaban cojeando también. El resultado era predecible para la gente enferma en un calor tropical. Ya fuera que se hubieran lastimado con las inundaciones o que estuvieran enfermos antes del huracán, su posibilidad de sobrevivir ahora era mucho, mucho menor. En el centro médico no funcionaba uno de los tres generadores. Cuando le pidieron al gobierno federal que lo remplazara, les dijeron que no porque el Cuerpo de Ingenieros del Ejército dijo que no se consideraban "una necesidad crítica". A fin de cuentas, ya tenían otros dos generadores.[14] Los alcaldes locales les decían a los medios que la gente moría por falta de electricidad y advertía que los hospitales ya no tenían capacidad. Algunos médicos sólo les decían a las personas que dejaran Puerto Rico. "Si estás enfermo en Puerto Rico", dijo un cirujano en el centro cardiovascular de San Juan, "lo mejor que puedes hacer es subirte a un avión y abandonar la isla".[15] En este punto, el conteo oficial de sólo dieciséis muertos parecía una ficción. Había informes confiables de que las morgues de los hospitales estaban llenas, incluyendo los que estaban cerrados (70 por ciento) y los que estaban incomunicados.[16]

El estrés del personal médico, así como de los pacientes, era inmenso. ¿Cómo podías mantener un hospital limpio en estas condiciones si la temperatura sube con el calor húmedo? Con todos los problemas que enfrentaban —el daño del huracán y la falta de electricidad—, el personal no tenía tiempo ni recursos para alimentarse. Era difícil de creer que nadie estuviera pensando en cuidar a estas personas tan esenciales y que estaban cuidando a su vez de los estadounidenses más necesitados. Era difícil que desaparecieran una hora para buscar algo de comer en su vecindario. Incluso, de haber podido, no había restaurantes abiertos ni camiones de comida en las calles.

—Tenemos 400 empleados y no han comido aquí en toda

la semana —me dijo el doctor Carlos Fernández Sifre—. Están trabajando todo el tiempo y nadie tiene dinero ni electricidad. Los cajeros automáticos no funcionan y los mercados están vacíos.

De inmediato me di cuenta de que debíamos identificar a los grupos que debíamos alimentar con más urgencia. Ellos necesitaban saber que estábamos listos para ayudar. Prometí enviar al hospital 200 comidas esa tarde y me aseguré de que compartiéramos en redes sociales lo que estábamos haciendo.

Nuestra operación de prensa y redes sociales no era un proyecto de vanidad. Era vital para decirles a los puertorriqueños que podíamos ayudar y que eran importantes para el mundo. Y uno nunca sabe cómo pueden recibir ese mensaje. Después de todo, yo sólo escuché sobre el hospital a través de una amiga en París. Los medios locales —Univision, Telemundo y las estaciones de radio locales— se acercaron a nosotros y estábamos felices de darles información. Estábamos desesperados por que se corriera la voz. Le di mi teléfono a Nate con una sola indicación: "Tuitea". Estaba demasiado ocupado dirigiendo la operación alimentaria y haciéndola crecer para enfocarme en las redes sociales a lo largo del día, así que Nate se convirtió en nuestros ojos y oídos en el mundo. Frunció el ceño y parecía preocupado, pero sabía lo que yo quería decir y cuándo quería decirlo.

Esa mañana fue la primera vez que encendimos todas nuestras líneas de cocción. Manolo estaba preparando grandes cantidades de arroz con pollo en paellas inmensas. Adentro estábamos armando cientos de sándwiches de jamón y queso. Y nuestro favorito, el sancocho, era la piedra angular de nuestra cocina. El problema que ahora enfrentábamos era que rápidamente se nos agotaban las herramientas básicas: ollas grandes, cuchillos, tablas para picar y charolas de aluminio para transportar y servir la comida.

Utilizamos la mayoría de nuestras charolas para llevar la comida al hospital, llenando la parte de atrás del Jeep con comida caliente y botellas de agua, así como uvas y manzanas frescas, y una olla llena de sancocho. Encontrar el hospital fue todo un reto en sí mismo, con las calles bloqueadas y los postes en el suelo. Cuando llegamos, todos estaban tan agradecidos que nos preguntaron si necesitábamos algo a cambio. Les aseguramos que estaríamos de vuelta al día siguiente y durante el tiempo que necesitaran alimento. Nos dimos la mano y les dijimos que contaran con nosotros.

Mientras estábamos en el hospital, dimensioné el desastre luego del huracán. Vi cuatro cadáveres en mi breve visita, los únicos que había visto en toda mi vida. Mis padres eran enfermeros y yo creí que estaba acostumbrado a ver lo peor en cuidados intensivos y la sala de emergencias, pero esto nada tenía que ver con la versión oficial, que rezaba que el número de víctimas era de sólo una docena de puertorriqueños, más o menos. Si las cifras de las víctimas eran tan bajas, ¿cómo es posible que yo viera una cuarta parte de todos los cadáveres en un viaje al hospital principal? Las cifras simplemente no concordaban. Ya me había quedado claro que se trataba de una crisis humanitaria muy seria, de vida o muerte. También era un desastre incalculable que los funcionarios públicos ocultaban y sobre el que mentían. Mi misión era ayudar a mis conciudadanos y contar su historia al mundo que vivía ignorante de ella.

De vuelta en el restaurante, nuestra operación de cocina

estaba lo suficientemente ocupada para llenar nuestra primera ronda de camiones de comida, nuestra arma secreta. En lugar de pedirle a la gente que viniera a nosotros, los camiones podían llegar a las comunidades más necesitadas, hasta la gente que no tenía gasolina o autos para llegar, o que simplemente era muy mayor, estaba demasiado enferma o demasiado ocupada para trasladarse. Nadie piensa en los camiones de comida porque todavía se consideran informales o poco serios dentro del negocio de distribución alimentaria. Afortunadamente, eran ideales para nuestra misión: una cocina móvil, perfecta para guardar y distribuir comida a lo largo de grandes distancias. Aún más, los camiones estaban disponibles: después de la tormenta, no estaban haciendo sus rondas normales porque sus clientes ya no podían trabajar y nadie iba a quedarse en la calle, esperando una comida deliciosa a un gran precio.

Llenamos un camión de comida, el cual vendía normalmente comida china con el nombre de Yummy Dumplings, con 250 comidas para entregar en el barrio El Gandul, en Santurce. El barrio es pobre y famoso por sus problemas sociales, pero su nombre —como muchos otros en la isla— viene de una historia olvidada sobre su gastronomía. El gandul es el frijol guandú, que solía crecer ahí en grandes cantidades. Ahora había muchos informes de que todo el barrio carecía de comida y agua.

Una hora después estábamos sirviendo sancocho en el restaurante, en una calle que parecía llenarse con más personas cada día. Entre quienes sólo aparecían estaban los habitantes del municipio de Caguas, un pueblo en las montañas, alrededor de 30 minutos al sur de San Juan. Dijeron que necesitaban 650 comidas para un asilo y con gusto brindamos nuestras primeras ollas gigantescas de paella, llenas de arroz con pollo. Las noticias sobre nuestra asistencia alimentaria estaban llegando lejos, y con ellas también la comida.

Conforme nos expandíamos, necesitábamos más capacidad para apoyar la cocina que crecía rápidamente. Con la ayuda de la Asociación de Restaurantes, el secretario de Agricultura de la isla y la oficina de la primera dama, nos entregaron un camión refrigerador gigantesco que pudimos estacionar afuera del restaurante. El cuarto refrigerador de José Enrique tenía muy poca electricidad y espacio para lo que necesitábamos, y este inmenso tráiler era vital para lo que planeábamos construir. El reto era obtener suficiente combustible, pero José dijo que no teníamos de qué preocuparnos. Empezamos a alimentar a la estación de policía local y, a cambio, ellos nos dieron diésel. Por ahora, estábamos bien respecto al combustible.

Esa noche fuimos a la radio de Univision para hablar con el popular conductor Jay Fonseca. Incluso en tiempos de crisis, uno espera encontrar un puñado de organizaciones funcionales: un gobierno central, quizás un par de supermercados y medios informativos. Sin embargo, no podíamos creer lo que vimos en Univision: una gigantesca antena satelital torcida estaba en mitad de la calle como un juguete que hubiera sido arrojado desde un auto. No había ningún tipo de seguridad ni forma visible de entrar al edificio. Me tomó veinte minutos encontrar una puerta lateral que estuviera abierta.

La radio demostró ser nuestra mejor amiga. Entrevistaron a Ginny en la radio ese día y le hicieron una simple pregunta: ¿Cómo podía avisarnos la gente si necesitaba comida? No teníamos una buena respuesta a la pregunta, así que Ginny sólo contestó con honestidad.

—Llámenme —dijo, y dio su teléfono al aire. Después de eso, su teléfono nunca dejó de sonar para recibir pedidos.

Ese día preparamos 4.000 comidas. Duplicamos nuestros sándwiches del día anterior, de 500 a 1.000, y crecimos incluso más rápido con la cantidad de comidas calientes, de 2.000 a 3.000. Era un gran avance y un profundo contraste con lo que veíamos por parte del gobierno, cuyos funcionarios tenían muchos más recursos a su disposición.

HABÍAN PASADO OCHO DÍAS DESDE QUE MARÍA TOCARA TIERRA y tres días desde que yo llegara a Puerto Rico. Me pareció que sólo empezábamos a descubrir el verdadero impacto del huracán: quiénes necesitaban ayuda y dónde estaban. Había muchos lugares, como los hospitales, desesperadamente necesitados. Nuestra meta era cocinar 5.000 comidas al día, pero el sistema ya estaba llegando a su límite. Nuestros pedidos y entregas eran desiguales. Si teníamos suficiente pan, no teníamos suficiente queso para los sándwiches. Si teníamos suficiente arroz, no teníamos suficientes charolas de aluminio para entregar las comidas calientes. Había mucha actividad, pero hacía calor, sudábamos profusamente y era frustrante.

Dado que ya habíamos llegado a toda nuestra capacidad en el restaurante de José Enrique, sólo había una solución: abrir más cocinas. Eso hicimos en Mesa 364, un restaurante del otro lado de San Juan que dirigía el chef Enrique Piñeiro, un lugar íntimo y lujoso al frente de la gastronomía contemporánea puertorriqueña. Se asoció con un grupo de voluntarios llamado Mano a Mano, el cual intentó unir a las familias estableciendo contacto con los familiares desaparecidos. Lulú Puras estableció el grupo, quien también conocía a mi amiga parisina, Daya. Lulú normalmente dirigía una tienda de diseño de interiores, pero se dio cuenta muy pronto de que tenía una nueva misión. "La gente está sufriendo mucho", dijo. "¿Cómo van a pedir una lámpara o un tapete?" Así que cerró su tienda y dijo a sus clientes que era una emergencia. Ya que viajaban por toda la isla, Mano a Mano podía llevar comida y agua y al mismo tiempo reconfortar a la gente sobre sus seres queridos. Les enviamos provisiones de arroz con pollo para ayudar a alcanzar nuestros objetivos, que ahora incluían ambos hospitales principales —el centro médico y el Carolina—, así como varios asilos, conocidos como égidas.

Esa tarde nos encontramos con nuestros primeros medios de comunicación del continente: el intrépido Bill Weir, de CNN. Bill había llegado más lejos que nadie a través de Puerto Rico: alquiló un avión para viajar a la olvidada isla de Vieques, donde había muy poca presencia policial. El aeropuerto estaba sembrado de aviones destrozados por el huracán y los caminos a duras penas eran transitables con los cables colgantes. En el centro del pueblo principal de la pequeña isla, mostró a los puertorriqueños llorando mientras pedían, a través de un teléfono satelital, comida y agua a sus familiares. Antiguos políticos le dijeron que estaban viviendo en una zona de guerra y pedían que se implantara la ley marcial para que pudieran moverse en la oscuridad, en lugar de vivir en una zona prohibida.

Le enviamos un mensaje a Bill a través de Twitter para agradecerle su reportaje y decirle que nos encantaría ayudar a la gente de Vieques. Respondió preguntando si podía ir a ver nuestra operación en Santurce. Dados nuestros problemas operativos ese día, no estaba seguro de que fuera una buena idea: necesitábamos mostrarle al mundo una cocina totalmente funcional, pero poco después de empezar a servir nuestro sancocho diario, llegó de todas maneras. Las filas para la sopa eran inmensas ese día; se estaba corriendo la voz de lo que estábamos haciendo. Le mostré a Bill nuestra cocina móvil y el camión refrigerador, y le expliqué las inmensas hojas de rotafolio con nuestras órdenes diarias y la producción de comidas. Esa noche empezamos a planear nuestro primer viaje a Vieques para ver por nosotros mismos lo que Bill había mostrado brevemente en CNN.

No fue nuestra única visita sorpresa. Poco después de que Bill se fuera, el Ejército de Salvación llegó sin avisar. Estaba oscureciendo y empezaba a llover, y casi habíamos terminado de cocinar ese día.

—Estamos buscando la cocina que dirigen los chefs —dijo el capitán Don Sanderson.

—Pues es su día de suerte —le dije, fumando uno de mis puros Arturo Fuente.

Quería saber si teníamos comida que pudiéramos darles para un albergue lleno de ancianos.

—¿Cuántas personas? —pregunté.

—Doscientas —dijo.

—¿Quieren sándwiches?

—¡Sí!

—¿Qué tal fruta?

—¿Tienen fruta? ¡Claro! —dijo sonriendo.

—¿Necesitan agua?

—Sí, señor, y Dios lo bendiga —dijo Sanderson.

Sólo entonces nos dimos cuenta de que estábamos lejos de ser una instalación pequeña y rudimentaria. Sanderson mencionó algo sobre una reunión de FEMA al día siguiente, dirigida por un grupo enfocado en lo que se llamaba "atención masiva", sugiriendo que fuera. Sonaba como otro idioma para mí, pero si el Ejército de Salvación, una de las caridades más grandes del mundo, con 3,7 mil millones de dólares en recursos anuales, estaba tocando nuestra puerta, ¿qué quería decir de la asistencia alimentaria en Puerto Rico? Era impresionante pensar que no había nadie más a quien pudieran acudir. Tal vez no debimos sentirnos inferiores en presencia de Bill Weir sobre el tamaño de nuestra operación.

Se levantó la ley seca que prohibía el alcohol en Santurce, y los pequeños bares alrededor del restaurante de José Enrique empezaron a abrir. Fue maravilloso ver cómo el vecindario que amaba cobraba vida de nuevo. Pero los visitantes extra, junto con nuestras filas para el sancocho, estaban creando problemas. Nuestras operaciones estaban llenando el estacionamiento frente al restaurante, y las históricas calles estrechas estaban resistiendo la carga. Los enormes camiones de entrega no podían girar en las esquinas y debían retroceder cuadras. Había paellas burbujeando afuera, mientras el restaurante mismo se había convertido en una suerte de almacén. Claramente estábamos superando el tamaño del vecindario de Santurce. Teníamos que pensar en la siguiente fase si íbamos a alimentar una isla que lo necesitaba desesperadamente.

CAPÍTULO 2

ALIMENTAR AL MUNDO

SIETE AÑOS ANTES DE MARÍA TUVE MI PRIMERA EXPERIENCIA con la asistencia alimentaria en otra isla caribeña.

No sabía qué encontraría en mi primera visita a Haití. El terremoto de enero de 2010 derribó gran parte de Puerto Príncipe, incluyendo el palacio presidencial y el edificio de la asamblea nacional, así como 250.000 hogares. Cobró 158.000 vidas y generó más de 5.000 millones de dólares en ayuda internacional. El lugar estaba inundado de voluntarios, médicos y enfermeras. ¿Qué podía lograr un chef ahí?

Fui con un corresponsal de *El Mundo*, Carlos Fresneda, y con un amigo que había tenido una idea brillante: hornos con energía solar, parabólicas gigantescas de metal que reflejaban los rayos del sol para enfocar toda la energía natural en una olla de presión en el centro. Mi amigo Manolo Vílchez creía que podían ser la solución para la crisis alimentaria en las zonas de desastre y yo pensé que tenía razón. No sólo sobre los hornos solares, sino también sobre la misión: quizá la comida era la solución que necesitábamos.

Aterrizamos en República Dominicana y cruzamos la frontera con Haití tres meses después del terremoto, conectando con una organización española sin fines de lucro llamada CESAL. Era impresionante lo que se veía en Puerto Príncipe; Haití tuvo un efecto profundo en mí. Me di cuenta de que necesitaba hacer mucho más de lo que podía lograr un solo chef o en una sola visita. Necesitaría una organización, creada a partir de mi experiencia como voluntario para la extraordinaria organización sin fines de lucro llamada DC Central Kitchen, en Washington, D.C. Así que adapté el nombre y creé la World Central Kitchen ocho meses después del terremoto, pensando que se convertiría en el modelo de lo que podríamos lograr a través del poder transformador de la comida. Terminé viajando a Haití más de veinticuatro veces conforme desarrollamos soluciones inteligentes para el hambre en cinco comunidades distintas. Una de mis metas principales era educar a los isleños sobre tener los fogones limpios y el uso de energía solar y gas natural en lugar del carbón y la madera que llevaban tanto tiempo utilizando. Los fogones tradicionales llenan las casas de humo, y esto hace que las mujeres y los niños se enfermen. Las jovencitas pasan horas recolectando madera para cocinar, en lugar de estudiar para romper el ciclo de la pobreza. Al talar los bosques, los isleños dañan sus propias granjas, ya que las lluvias deslavan el preciado mantillo. Los deslaves destruyen granjas y hogares, y contaminan las aguas locales al grado de que los peces y los arrecifes de coral no pueden sobrevivir. Podrás comprender mi pasión: si les puedes dar a las mujeres el control sobre su cocina, puedes alimentar y sanar una isla.

Mi sueño era encontrar una forma de alimentar a las masas de forma que ayudara a la economía local. Crearíamos una red de chefs, como Médicos Sin Fronteras, para ayudar en una crisis. En lugar de sólo llevar la asistencia alimentaria a una economía que ya estaba en problemas, compraríamos nuestras provisiones localmente, donde fuera posible, y ayudaríamos a que los granjeros y proveedores recuperaran sus negocios. Finalmente, desarrollaríamos negocios de comida viables —desde granjas hasta restaurantes— que pudieran ayudar a llevar los servicios locales a la gente más necesitada.

Pero primero debíamos comprender a la gente y lo que esperaba de su comida. Ser chef no era suficiente, necesitaba aprender, y un grupo de mujeres haitianas fueron mis maestras. En mi primera visita trabajé durante horas en un cocido de frijoles en la estufa solar y planeaba servirlo con un poco de arroz en un campamento. Estas mujeres vieron mis frijoles y me dieron las gracias, pero así no era cómo les gustaban sus frijoles. Había hecho falta otra hora de cocción antes de molerlos en salsa como yo lo hice. Mi primera reacción fue frustrarme, pero luego lo entendí: si ésta iba a ser tu única comida del día y quizá tu única comida caliente en varios días, también querrías prepararla a tu gusto. A veces necesitas saber cuándo liderar y cuándo seguir a otros, cuándo enseñar y cuándo aprender. Estas mujeres me enseñaron una lección que jamás habría aprendido en una escuela o imaginado en la oficina de un grupo de ayuda internacional. Un plato de comida no sólo consiste de algunos ingredientes preparados y servidos juntos. Es la historia de quién eres, la fuente de tu orgullo, los cimientos de tu familia y tu comunidad. Cocinar no es sólo nutrir, es empoderar.

Haití también me enseñó lo que la gente, incluso en las situaciones más desesperadas, piensa de las comidas militares envueltas en plástico, que vienen en bolsas que pueden lanzar con paracaídas. Las CLC, comidas listas para consumo, de los militares pueden sobrevivir al calor, al frío y a las inundaciones. También saben como si pudieran hacerlo. Después de comer tres, no quieres volver a probar otra. En Haití vi a niños jugar fútbol con las comidas. Era evidente que las CLC podían sobrevivir patadas durante horas, pero nunca representarían un alimento real para nadie.

Cocinar alimentos es uno de los pocos aspectos de la vida humana que nos distingue de otros animales. Algunos biólogos evolucionistas creen que nuestro cerebro se desarrolló hace unos 1,8 millones de años precisamente porque descubrimos una nueva forma de consumir calorías sin usar mucha energía para masticar y digerir: cocer la carne.[1] A lo largo del camino, evolucionamos al comer alimentos cocidos y nuestras costumbres sociales empezaron a girar en torno a cocinar y comer juntos. Nos comunicábamos alrededor del fuego y la comida, desarrollábamos el lenguaje y el amor, contábamos historias de quiénes éramos y quiénes queríamos ser. Tal vez hemos cambiado mucho a lo largo de milenios, pero en un desastre retomamos las necesidades más básicas. Sí, necesitamos agua, comida y refugio. Pero también necesitamos alimentos que representen algo más que sólo comida si es que vamos a reconstruir nuestra forma de vida. Es necesario cocinar para que la comunidad se una de nuevo.

En Haití, nuestras ideas crecieron para crear comunidad a largo plazo mediante la comida, la cual se entregaba a través de los socios locales. En 2014, abrimos una panadería y un restaurante de pescados en Croix-des-Bouquets, en los jardines de una casa hogar para niños de Partners in Health. La panadería, Boulanjri Beni, hornea pan para la casa hogar y vende más al público. Dos reposteros de mis restaurantes ayudaron a entrenar a los cinco miembros del personal y donamos todo el equipo, desde las batidoras hasta los hornos. Dadas las discapacidades de algunos niños en la casa hogar, construimos una panadería accesible para todos. "Algunos nunca se irán", dice Loune Viaud, directora ejecutiva de Partners in Health en Haití. "Somos su familia". El restaurante, Pwason Beni, abrió poco después, y cocina pescados de su propia granja, creada por la impresionante fundación Operation Blessing. Pwason Beni empezó sólo sirviendo al personal, pero pronto se abrió para toda la comunidad. El ingreso de ambos negocios apoya a la casa hogar, lo que significa que la comida sirve a la comunidad de tres formas: alimenta a los clientes y a los niños, da trabajo al personal y a los proveedores, y financia la casa hogar.

Más allá de nuestras empresas sociales locales, sabíamos que era necesario ayudar a toda la isla. Transformamos más de 100 cocinas escolares para limpiar los fogones y entrenamos a más de 700 cocineros en seguridad e higiene alimentaria. También abrimos una escuela de gastronomía en Puerto Príncipe, en 2017, para entrenar a 40 estudiantes al año y hacer crecer la industria culinaria de la isla, después de ayudar a crear el plan de estudios tres años antes.

Llevamos nuestras labores como emprendedores sociales a República Dominicana con un negocio de miel de abeja llamado 21 Women Honey, apoyando a toda una comunidad de mujeres y sus familias. Nuestra ayuda duplicó la cantidad de colmenas existentes y superó el doble de la producción de miel de la comunidad. Viajamos a Nicaragua, donde invertimos en hornos de café y equipo de empaque para levantar Smart Roast, y ayudamos a elevar el ingreso de los cafetaleros un 400 por ciento. En dos escuelas —una en Haití y otra en Zambia— desarrollamos hortalizas, gallineros y una panadería para ayudar a alimentar a los niños y que pudieran vender el sobrante para tener un ingreso extra. Pronto estábamos operando en ocho países, incluyendo Brasil, Perú y Camboya.

LA FUENTE DE MI INSPIRACIÓN ESTABA EN WASHINGTON, D.C.

D.C. Central Kitchen es una idea impresionante que ha dado resultados increíbles. En esencia, la organización sin fines de lucro, fundada por mi amigo y mentor Robert Egger, es una gigantesca firma de reciclaje. Recoje las sobras de comida de hoteles y restaurantes, y las convierte en comida para los indigentes. El nombre de "Central Kitchen" proviene de su fundación en el sótano de lo que entonces era el albergue central de D.C. La cocina no sólo alimentaba a los indigentes en su propio albergue, sino que también entrenaba a algunos para ser cocineros y alimentar a su propia comunidad, permitiendo que después los pudieran contratar en un restaurante u hotel.

Egger comenzó como el gerente joven de un club nocturno, frustrado por la actitud tradicional hacia el hambre y la indigencia. Quería reinventar el concepto de un comedor de beneficencia al crear una empresa social que pudiera financiarse a sí misma. Al venir de Washington, creía que su visión tenía algo para las personas que se encuentran a ambos lados del pasillo del Congreso. Los demócratas podían apoyar el espíritu comunitario de atender a los necesitados, mientras que los republicamos podían apoyar la premisa de autoayuda inherente a la labor. Egger también era un gran evangelizador de su modelo, mediante el cual ayudó a empezar más de 60 cocinas comunitarias similares por todo el país, así como un programa de reciclaje de alimentos para los campus universitarios.

Egger me mostró el camino. Me uní como voluntario, pero rápidamente me llevó a la mesa directiva de DC Central Kitchen. Su ejemplo fue mi guía para crear una versión internacional de su idea original: una red de chefs y cocinas que pudieran servir a los hambrientos por todo el mundo.

POR MUCHAS RAZONES, HAITÍ ERA EL MEJOR LUGAR PARA DESArrollar World Central Kitchen, porque también era el peor lugar para la ayuda internacional. Si quieres aprender sobre el pésimo estado de la asistencia en desastres, no hay mejor escuela que Haití.

Haití ya estaba destrozado antes del terremoto de 2010. Durante un siglo de dominio francés, llevaron a un millón de esclavos a la parte occidental de La Española para que trabajaran en las plantaciones de azúcar y café. Cuando los antiguos esclavos se rebelaron en 1791, los franceses y los estadounidenses contraatacaron. Los esclavos derrotaron a las tropas napoleónicas, pero un embargo de Estados Unidos hizo mucho más daño. En 1915, Estados Unidos invadió y tomó el control de la economía del país, después de que Haití sufriera un siglo de deuda con Francia por la tierra y los esclavos que había perdido. Después de que los estadounidenses se fueron en 1934, Haití padeció décadas de dictaduras y malos gobiernos. La economía agrícola estaba destrozada por las importaciones a bajo precio de Estados Unidos, subsidiadas por el contribuyente estadounidense. Las cosechas, así como los bosques, empezaron a desaparecer. En los años antes del terremoto, hubo motines por la comida, inundaciones y huracanes. Si querías cambiar Haití, no trabajabas con el gobierno; te entendías con los voluntarios, quienes eran los nuevos extranjeros al mando.[2]

Después del terremoto, el mundo estaba genuinamente impresionado por la magnitud de la pérdida y el sufrimiento humano. Ciudadanos estadounidenses comunes y corrientes llevaron su dinero hacia donde los guiaba su corazón: las donaciones privadas a organizaciones como la Cruz Roja alcanzaron más de 1,4 mil millones de dólares. Los esfuerzos de rescate y asistencia estaban desorganizados debido a la ausencia de un gobierno funcional y el temor a las revueltas civiles. Los reportes de saqueos, incluyendo al almacén del Programa Mundial de Alimentos, resultaron ser falsos. En cambio, los haitianos muchas veces estaban en los edificios colapsados protegiendo sus pertenencias o buscando agua y comida. Muchas personas anticipaban violencia, pero esas expectativas estaban basadas en películas o en un mal periodismo, y no en experiencias. No hubo ilegalidad después del terremoto y el incendio de San Francisco en 1906, así como no la hubo después de los ataques del 9/11 o los bombardeos de Londres cuatro años después. Sin embargo, el miedo al caos y el pánico nubla el juicio de los voluntarios, llevándolos a dar órdenes, por toda su cadena de mando, que los alejan de la realidad.[3]

Los haitianos están muy familiarizados con el maltrato y la desinformación. Siempre se los ha vinculado con el VIH/SIDA desde que los Centros para el Control de Enfermedades (CDC) publicaron sus lineamientos de 1983, donde sugerían equívocamente que los haitianos eran portadores, junto con los adictos a drogas intravenosas y los hombres homosexuales.[4] Cuando hubo un brote de cólera en la isla por primera vez se asumió que procedía de los haitianos. De hecho, el cólera llegó a Haití con las tropas de paz de las Naciones Unidas provenientes de Nepal.[5]

Si la violencia no era real, el hambre definitivamente sí lo era. Entre los amplios escenarios de desesperación había letreros pidiendo comida y medicamentos. Pero era difícil saber la magnitud de la crisis alimentaria: las agencias de asistencia no tenían acceso a la agencia haitiana que coordinaba la seguridad alimentaria porque sus oficinas estaban destruidas. El resultado fue caótico e ineficiente. Se llevaron grandes cantidades de botellas de agua a un precio muy alto: hoy en día, la isla sigue llena de desechos plásticos que tapan las coladeras y los canales cuando llueve. Se intentó hacer lanzamientos aéreos de comida y agua, pero se abandonaron por ser ineficaces e inseguros. La distribución directa de alimentos provocaba escenas caóticas y largas filas para conseguir aceite para cocinar y arroz, atendida por militares asustados que disparaban tiros de advertencia o rociaban gas pimienta. La mayoría de los haitianos creía en ese entonces que la comida debía distribuirse a través de la iglesia y las redes comunitarias, por los isleños y para los isleños. En cambio, el volumen de comida gratuita mantenía sin trabajo a los vendedores y proveedores locales de alimentos.[6]

¿Qué pasó con todo el dinero para ayudar a Haití? En el año que siguió al terremoto se gastaron 2,3 mil millones de dólares, y la mayoría —el 93 por ciento— fue para pagar al personal y las provisiones de las Naciones Unidas y las organizaciones sin fines de lucro. De ese dinero, se perdieron 151 millones de dólares que no pudieron rastrearse. Del gasto del gobierno de Estados Unidos, mil millones fueron destinados a contratos, pero sólo 4,8 millones de esta cantidad se gastaron en proveedores haitianos. El Pentágono gastó 465 millones de dólares en sus propias operaciones, incluyendo un millón al día por un carguero anclado en Puerto Príncipe durante 18 días. Los ejemplos individuales del desperdicio contaron toda la historia: por alguna razón, la armada gastó 194.000 dólares en equipo para foto y video en Manhattan, y la guardia costera gastó 4.462 dólares en una freidora.[7] ¿Cuáles fueron los resultados de toda esa fuerza de trabajo y los recursos? El ejército de Estados Unidos distribuyó 2,6 millones de botellas de agua y 4,9 millones de comidas a lo largo de seis meses a una población de alrededor de 10 millones de personas.[8]

De los 3.000 millones de dólares estimados que donaron organizaciones sin fines de lucro, la Cruz Roja de Estados Unidos recaudó 486 millones de dólares por su cuenta. Con sólo dos docenas de personas en tierra, tuvo problemas para gastar ese dinero. Seis meses después del terremoto, logró firmar contratos por menos de un tercio del dinero recaudado (pero no logró gastarlo). La mayoría de los grupos de ayuda se rehusaron a decir cómo habían gastado el dinero que recaudaron o si lo gastaron en absoluto. Médicos Sin Fronteras rara vez pedía donativos a la gente para sus fondos generales porque admitía que no había podido gastar los 30 millones de euros recaudados para Haití.[9] Casi todo el dinero que se pidió al gobierno nunca llegó y gran parte del dinero donado nunca se gastó. Los dólares que lograron llegar a Haití se gastaron en personal internacional que tuvo un mínimo impacto en el desastre real experimentado por los haitianos.

Cuando alguien se tomaba la molestia de preguntar a los haitianos qué querían para la reconstrucción, las respuestas se relacionaban sobre todo con independencia y autoayuda. "Para que podamos ser adultos, debemos poder alimentarnos a nosotros mismos", dijo un haitiano que participó en un grupo de enfoque para buscar soluciones adecuadas. "Si realmente quieren ayudarnos, necesitan invertir en agricultura".[10]

LA CUESTIÓN DE CÓMO E INCLUSO SI SE DEBE AYUDAR A LA gente en un desastre no es cualquier cosa en la política estadounidense. Estados Unidos tiene una larga y digna tradición de ayudar a ciudadanos estadounidenses y extranjeros con fondos de crisis. De hecho, Haití mismo fue uno de los primeros casos donde el Congreso intervino al inicio de la República. Esos primeros ejemplos de asistencia en desastres eventualmente servirían como el fundamento legal del New Deal y de la asistencia social como la conocemos ahora.

En sus primeros días, el Congreso fungió a la vez como legislatura y corte, decidiendo sobre las demandas individuales de ayuda. En el principio de la rebelión de esclavos en Haití, en 1791, el gobierno federal ayudó a financiar la guerra de los dueños blancos en contra de los esclavos rebeldes. Tres años después, el Congreso estaba financiando la ayuda para los refugiados blancos que vivían en Estados Unidos. Una vez que empezó a ayudar a extranjeros, no podía rehusarse a ayudar a sus propios ciudadanos. El Congreso dio fondos más adelante para la gente que sufrió con la guerra de 1812, así como en el incendio de Alexandria, Virginia, en 1827. Pronto cubría terremotos, inundaciones e incluso pestes.[11] Esa tradición allanó el camino para que los miembros del New Deal extendieran la asistencia del gobierno a los pobres y desempleados que sufrían de los desastres de las tormentas de polvo en los años treinta y la gran depresión. Los conservadores insistían en lo opuesto, argumentando que tal asistencia llevaba al socialismo, e intentaron en vano que la Cruz Roja se encargara de los pobres. El esfuerzo por inclinar la opinión pública hacia la nueva red de seguridad social era determinada y creativa. El libro *Las uvas de la ira*, de John Steinbeck, fue un intento concentrado y conmovedor de ganar el apoyo general para la asistencia federal —como las fotos de Dorothea Lange de madres alimentando a sus bebés hambrientos.[12] No pasó mucho tiempo antes de que el movimiento que iniciara con cocinas comunitarias llevara a la creación de la Seguridad Social.

Una generación después, la asistencia en desastres era tan grande y tan dispersa, que necesitaba reorganizarse. Hacia los años sesenta, la asistencia en desastres se había extendido a lo largo de muchos departamentos federales y esa superposición llevó a la creación del Acta de Asistencia en Desastres de 1974 y de la Agencia Federal para el Manejo de Emergencias (Federal Emergency Management Agency, FEMA) cinco años después. Una década más tarde, el Acta Stafford intentó plantear mayor orden y disciplina económica dentro de la asistencia en desastres, pero también añadió capas y capas de trámites burocráticos a un sistema que ya de por sí era confuso y estaba confundido.

Todavía hoy existen debates políticos en torno a la asistencia en caso de desastre. ¿Qué tanto debería hacer el gobierno federal y qué tanto debería encargarse a los funcionarios locales o a las caridades privadas? ¿Dónde se debe pintar la raya entre las víctimas de un desastre natural y quienes sufren de pobreza crónica? ¿Debería haber fondos ilimitados para la asistencia en desastres o debería compensarse ese gasto haciendo recortes difíciles en otros presupuestos? ¿Todos esos trámites burocráticos son una excusa para la falta de acción o una necesidad para resguardarnos del abuso? En Puerto Rico, estas preguntas sin respuesta hicieron que fuera mucho más difícil lidiar con el desastre natural más grande que asolara a ciudadanos estadounidenses desde las devastadoras tormentas de polvo de los años treinta.

MI PRIMERA EXPERIENCIA CON UN DESASTRE NATURAL EN ESTAdos Unidos vino después del huracán Sandy, en 2012. Llegué a Nueva York el día después de la tormenta y pasé el tiempo observando y aprendiendo. Oficialmente era socio de la Cruz Roja y llevaba orgullosamente un gafete, pero conforme veía la asistencia alimentaria en la golpeada península de Rockaway, Long Island, pronto aprendí que la Cruz Roja no preparaba la comida. Ése era el trabajo de un grupo muy bien organizado de voluntarios de una iglesia, quienes llegaban con grandes provisiones, cocinas móviles y vehículos de apoyo. Los vi cocinar una comida sencilla de puré de papa con dedos de pollo y *gravy*, y quedé fascinado con el proceso. No podía creer que nunca hubiera escuchado del trabajo de asistencia alimentaria de la Convención de Bautistas del Sur.

Los Bautistas del Sur son clave para alimentar a Estados Unidos en una crisis: proveen el 90 por ciento de las comidas calientes que entregan la Cruz Roja y el Ejército de Salvación en cualquier desastre natural en el país.[13] Lo hacen sin obtener ninguna clase de fondos federales directamente, apoyándose sólo en los fondos vinculados a la iglesia. También evitan tener que pagar por los ingredientes, pues la Cruz Roja se los da. Los Bautistas del Sur han estado llegando a zonas de desastre durante los últimos cincuenta años, empezando con el huracán Beulah, en Texas. Esto también incluye desastres internacionales, como el terremoto de Nicaragua en 1973 y el huracán de Honduras en 1974. El huracán Katrina, en Nueva Orleans, demostró lo efectivos que ya eran: 21.000 voluntarios sirvieron 14,6 millones de comidas durante siete meses y purificaron 21.600 galones de agua. Esto resultó en un aumento de la cantidad de voluntarios entrenados para el siguiente desastre.[14]

Las operaciones de desastre son esenciales en la misión de los Bautistas del Sur: a través de la asistencia en desastres, dicen, pueden ser "las manos y los pies de Jesús para la gente que busca esperanza durante un momento de crisis".[15] El resultado ha sido realmente impresionante: una fuerza de voluntarios entrenados de más de 60 mil personas. Pero la tendencia no es alentadora; ese número bajó de los 90 mil que eran en 2008, y la mayoría de los voluntarios son jubilados con agendas flexibles. No está claro si la generación más joven está interesada o dispuesta a hacer la misma clase de voluntariado. Así que los Bautistas del Sur bajaron sus requerimientos de entrenamiento, permitiendo registros por internet y que los voluntarios sólo vieran videos muy cortos sobre medidas de seguridad. Esto está bien para un trabajo físico sencillo, como limpiar escombros, pero no para utilizar grandes equipos de cocina.

A los Bautistas del Sur les gusta llamarse el secreto mejor guardado de la asistencia en desastres, y cualquiera que los haya visto en acción, cualquiera con experiencia en desastres naturales en Estados Unidos, sabe que son vitales para proveer esa asistencia. Sin estos misioneros de edad avanzada y sus cocinas móviles, la Cruz Roja y otros no tendrían comida que entregar. Tal vez no sean expertos en gastronomía, pero su experiencia trabajando en zonas de desastre es de clase mundial.

Cinco años después de Sandy, cuando el huracán Harvey golpeó Texas, yo seguía observando cuidadosamente. Cuatro días después de que el huracán tocara tierra en Texas, volé a Dallas, donde la tormenta se había detenido, vertiendo billones de galones de lluvia. Viajé con otros dos chefs, Víctor Albisu, de Del Campo, en D.C., y Charisse Dickens, de ThinkFoodGroup. Nos encontramos con algunos amigos, chefs locales, y fuimos a Houston. En el camino nos detuvimos en un Target para comprar cajas de pasta y frascos de salsa de tomate para dar de cenar a 500 personas que vivían en un albergue del que me había enterado por la Cruz Roja. Me dijeron que necesitaban mucho apoyo. Después de más de ocho horas dando vueltas en el auto, nunca pudimos llegar al albergue porque estaba bloqueado por la inundación, así que nos dimos por vencidos. De hecho, casi nos quedamos varados nosotros mismos cuando subió el nivel del agua. Aun así, el agua no nos iba a impedir entregar la pasta y la salsa. Terminamos regalando nuestra comida a una iglesia en Houston. Ahí me di cuenta de que necesitábamos preparar vehículos todo terreno para lidiar con estos desastres y que no había nada más pesado en mi mundo que un camión de comida. Había puesto algunos en acción un año antes en Haití, después del huracán Matthew, y sabía que estos fuertes camiones podían resistir de todo.

Tan pronto como llegamos a Houston me comuniqué con Edward de la Garza, el chef ejecutivo del Centro de Convenciones George R. Brown, quien tenía suficiente experiencia en la asistencia en desastres, incluso después del huracán Katrina. Al mismo tiempo me enteré de qué compañía estaba a cargo de las instalaciones: Aramark. Llamé a un ejecutivo de Aramark en D.C. y le dije: "¿Puedes ponerme en contacto con la gente de Aramark en Houston? Sólo para obtener información porque voy a llevar a algunos cocineros conmigo". Quería saber si podía activar una cocina en el centro de convenciones. Pasaron tres o cuatro días antes de que me contactaran. Ya estaba cocinando en el centro de convenciones para cuando llegó el mensaje de mi amigo de Aramark en D.C.: no habían podido localizar a sus compañeros en Houston.

Tal vez el manejo de espacios como el centro de convenciones sea privado, pero en una emergencia casi siempre es temporal; el gobierno puede apoderarse del lugar. En Houston había una mujer de la Cruz Roja que no estaba contenta con nuestra comida y tuvo mucho poder en las decisiones alimentarias. Nosotros teníamos una idea clara de lo que debía ser la asistencia alimentaria; ella tenía una idea muy clara de qué clase de asistencia alimentaria quería ver. Así que cerraron la cocina del centro de convenciones por razones que todavía no comprendo.

Pudimos haber servido comida a tantas personas, pero los Bautistas del Sur estaban por llegar y quizá pensaron que podían remplazar fácilmente la cocina de Edward. Mi equipo se movió a un hospital infantil, así como a un restaurante llamado Reef, el cual estaba cerrado por daños después del huracán. Ahí trabajamos de cerca con el chef y dueño, Bryan Caswell, y su esposa, Jennifer, y desarrollamos el modelo que pronto usaríamos en el restaurante de José Enrique: preparar sándwiches en el comedor y comida caliente en la cocina. Cocinamos durante tres días, preparando 10.000 comidas diarias, y la experiencia fue invaluable para nuestras operaciones en Puerto Rico.

Mientras tanto, volví al centro de convenciones para lidiar con una entrega de pollo que había acordado, y de pronto llegó un enorme camión de McDonald's. Fue un momento muy intenso para mí. La Cruz Roja usaba donaciones de hamburguesas para alimentar a 12.000 refugiados hambrientos.

—¿Cuántas hamburguesas pueden producir en una hora? —pregunté.

—Quinientas —me contestó el personal de McDonald's.

—No está mal —dije, impresionado con la magnitud de su eficiencia.

Pero alimentar a 12.000 refugiados provocó que la gente tuviera que hacer una fila de dos o tres horas para poder recibir una hamburguesa. El personal de McDonald's no tenía idea de cómo servir a tantas personas. No era un reto sencillo, pero el centro de convenciones ya lo había resuelto con una cocina diseñada para alimentar a una gran cantidad de gente.

Más adelante vi a los Bautistas del Sur establecer una cocina bajo la carretera, justo detrás del centro de convenciones. Me sorprendió que utilizaran una unidad de cocina móvil porque durante Katrina habían usado la cocina en el centro de convenciones. También me preocupó lo que se estaba haciendo por las personas en la periferia de Houston. ¿Por qué las agencias de asistencia no estaban activando a los Bautistas del Sur y sus cocinas móviles en las áreas más remotas? También los vi establecerse en el estacionamiento, haciendo un magnífico trabajo, y a los camiones de la Cruz Roja entregando los alimentos. Pero teníamos Twitter y Facebook ahora, y podíamos comunicarnos fácilmente con las personas necesitadas. Ahí mismo me di cuenta de que los camiones de comida podían entregar la comida caliente de los Bautistas del Sur siempre y cuando supieran dónde se necesitaba.

La cabeza me daba vueltas: si tan sólo pudiéramos empatar la inteligencia alimentaria de un grupo de chefs con la inteligencia en desastres de los Bautistas del Sur.

CAPÍTULO 3

DESCUBRIMIENTO

¿POR QUÉ PUERTO RICO? ¿QUÉ PASA CON ESTE RINCÓN DE ESTAdos Unidos que conspiró en contra de sus ciudadanos para convertir un desastre natural en uno hecho por el hombre? Para responder estas preguntas necesitas comprender la historia viva de estas islas. El pasado nunca muere, ni siquiera es pasado, como dijo Faulkner, y está lejos de ser pasado en un lugar como Puerto Rico.

El pueblo originario que vivió en estas islas era el taíno, cuyo nombre significa "bueno" o "noble" en arahuaca, y que sirvió como modelo original para la caricatura del "noble salvaje". Su legado vive en la organización de los municipios de la isla, así como en nombres indígenas como Mayagüez, Humacao y Loíza. Su lengua nos dio la palabra para describir la fuerza más destructiva que enfrentaron: el huracán. La mayor parte de la población indígena murió a causa de la enfermedad y la violencia, por la esclavitud y los conflictos armados que diezmaron a la población de hasta 100 mil a sólo 1.500 personas en las primeras cuatro décadas después de que Cristóbal Colón llegara a la isla en su segundo viaje a América. Aun así, estudios genéticos sugieren que dos tercios de los puertorriqueños en la actualidad tiene sangre nativa. La gastronomía puertorriqueña de hoy refleja esta historia, particularmente en el cultivo taíno de la yuca, el camote amarillo y el maíz.[1]

Los primeros conquistadores españoles moldearon el futuro de la isla en formas que todavía reconocemos hoy, más de 500 años después. El primer gobernador fue Ponce de León, quien dio su nombre a la segunda ciudad de la isla y también colonizó y nombró a la Florida. Ponce de León forzó a los taínos a la esclavitud para trabajar en las minas de oro, la construcción y la agricultura. Cuando la población autóctona murió, los españoles trajeron esclavos africanos a Puerto Rico para trabajar en las minas y la industria azucarera. Durante los siguientes tres siglos, los españoles esclavizaron hasta 75 mil africanos en la isla. Al mismo tiempo llegaron inmigrantes españoles, primero del sur de España y después de las islas Canarias y Mallorca, atraídos por las plantaciones de azúcar y café. Pero para la corona española, el valor más grande de Puerto Rico era estratégico: el gobernador era un líder militar y San Juan era un cuartel fuertemente fortificado que defendía al territorio español por toda América.[2] El castillo del Morro ahora es patrimonio mundial de las Naciones Unidas y sigue siendo el símbolo de la isla, mostrado orgullosamente en las placas de los automóviles que transitan por sus calles.

Puerto Rico fue la clásica colonia: un territorio distante, apoyado en trabajadores esclavos y baratos, con un valor militar estratégico y ningún derecho democrático. Hacia finales del siglo XIX, era el segundo exportador más grande de azúcar, después de Cuba, y atraía inmigrantes de otras islas del Caribe, así como de países mediterráneos. Los esclavos seguían siendo la base de los negocios de plantíos azucareros y sus descendientes todavía vivían en las plantaciones en Loíza, cerca de San Juan, y en Guayama, cerca de Ponce. El auge del café llevó más puertorriqueños a las montañas de Utuado y Adjuntas, y también cambió la dieta de la isla, pues el café eliminó otras cosechas, como el arroz y el camote amarillo. Al igual que ahora, hace más de un siglo, los puertorriqueños eran en su mayoría pobres, racialmente diversos y se extendían ampliamente por toda la isla.[3]

Los españoles mantuvieron el control de la isla, aplastando cualquier levantamiento o movimiento separatista, pues temían otra revolución como la de Haití. Aunque la élite criolla quería más libertad y prosperidad, también estaba orgullosa de sus raíces españolas y temía un levantamiento de los esclavos. España finalmente concedió a Puerto Rico cierta medida de autogobierno seis meses antes de ceder la isla a Estados Unidos, junto con Guam y Filipinas, después de perder la Guerra Hispanoestadounidense.[4]

Estados Unidos quería Puerto Rico por la misma razón colonial que España: la isla era una gran base naval y productora barata de azúcar. Las tropas invadieron la isla en julio de 1898, y el tratado de París, en diciembre de ese año, le dejó al Congreso la decisión de su estatus político. A diferencia de Hawái y Alaska, la Constitución de Estados Unidos no aplicaba enteramente en Puerto Rico y la Corte Suprema creó toda una nueva categoría de tierra controlada por Estados Unidos conocida como "territorios no incorporados".[5]

Estados Unidos quería ser dueño y gobernar Puerto Rico como lo habían hecho los españoles desde Colón.

¿Por qué el lenguaje ajeno y los giros legales? Porque la historia fundacional de Estados Unidos se trata de derrocar el poder colonial. ¿Cómo podía una nación construida sobre la libertad admitir alguna vez que ahora era un poder colonial? Esta mentira fundamental sigue siendo el meollo de los problemas en Puerto Rico, y tuvo un papel inmenso en el sufrimiento de la isla después de María.

Como colonia con otro nombre, Puerto Rico no tenía voz política y vivió bajo un gobernador estadounidense hasta 1952. Durante la primera mitad del siglo de control estadounidense, los puertorriqueños tenían menos poder que en los últimos meses de dominio español. Bajo el Acta Jones de 1917, los puertorriqueños se convirtieron en ciudadanos de Estados Unidos, pero no tenían los derechos de dicha ciudadanía: no tenían voto en el Congreso ni derecho a un juicio con jurado mientras vivieran en la isla. Si se mudaban al continente, mágicamente ganaban sus derechos constitucionales. Sin embargo, sí podían reclutarlos para el ejército, y así fue; tan sólo un mes después de que el Acta Jones se volviera ley, reclutaron a muchos puertorriqueños para cuidar el Canal de Panamá en la Primera Guerra Mundial.[6] El dominio estadounidense implicó un control estadounidense de la isla con la enseñanza del inglés, una prohibición de la bandera de Puerto Rico y el cambio oficial del nombre de la isla a Porto Rico.

Bajo el régimen estadounidense, colapsaron las exportaciones de café de Puerto Rico a Europa cuando las cosechas se incorporaron a las tarifas de Estados Unidos. Pero su industria azucarera prosperó gracias al acceso especial de la isla al continente. Aun así, ese flujo iba en ambos sentidos: la producción de puros de la isla quedó aplastada por los cigarrillos estadounidenses. Pronto, la gran depresión le dio un golpe tremendo a la industria azucarera y ésta nunca se recuperó.

Después de la guerra, la isla atrajo inversiones industriales gracias a su fuerza laboral barata y el acceso especial al continente, dándoles a los negocios estadounidenses los márgenes de ganancia más elevados de todo el hemisferio. Hacia principios de los años setenta, Puerto Rico era el mayor productor de ropa para el continente, pero cuando se elevaron los sueldos, la producción se mudó a otros países con menos paga, y el Tratado de Libre Comercio de América del Norte (TLCAN) se inclinó a favor de México en 1994 y para siempre. ¿Quién necesitaba el acceso de la colonia al continente cuando México tenía un acceso más fácil y una fuerza laboral más barata? En 2006, el fin de las generosas exenciones fiscales para las subsidiarias puertorriqueñas de los negocios estadounidenses provocó una recesión que continúa hasta hoy, conforme fueron cerrando las fábricas. La economía sólo empeoró después de la crisis financiera y la recesión de 2008.[7]

Puerto Rico no ganó su versión actual de derechos políticos limitados hasta después de la Segunda Guerra Mundial, con la directa elección de Luis Muñoz Marín como gobernador en 1948. Primero fue defensor de la independencia, pero después hizo campaña para la autonomía bajo el llamado estatus de mancomunidad. Cuando los nacionalistas apoyaron la revuelta armada e incluso el terrorismo, Muñoz Marín cambió su posición política al nacionalismo cultural.[8] La revolución cubana ayudó a cimentar ese cambio, pues los exiliados cubanos se mudaron a Puerto Rico y la isla adquirió una nueva relevancia nacional en cuanto a seguridad en la Guerra Fría contra el comunismo. El turismo estadounidense se mudó de Cuba a Puerto Rico, junto con la producción de ron.[9] Había poco deseo de seguir el camino de Cuba hacia la independencia.

Hoy en día, la mayoría de los puertorriqueños no son felices con su estatus político actual, y la alternativa más popular es la condición de estado, aunque una minoría prefiere más la autonomía. La encuesta más reciente, hecha sólo tres meses antes del huracán, mostró una mayoría del 97 por ciento a favor de la condición de estado, aunque sus oponentes dijeron que manipularon la votación y se rehusaron a tomar parte en la encuesta. Cinco años antes, la condición de estado obtuvo el 61 por ciento de los votos.[10] Sin embargo, el Congreso no le otorgará la condición de estado a la isla en un futuro próximo porque, como sucedió con el Distrito de Columbia, los republicanos se oponen ante lo que ven como la creación de dos nuevos votos en el Senado firmemente alineados con el partido demócrata. En cambio, algunos puertorriqueños dicen que lo más probable es que se les dé el carácter de estado si Florida se anexa la isla. Ese tipo de cambio político sólo podría darse si las políticas del país se modificaran junto con la afluencia de los puertorriqueños hacia el continente después del huracán.

Suceda lo que suceda, no se puede matener el *status quo*. Mucho antes de María, la crisis financiera de la isla expuso la insostenibilidad del sistema colonial para Puerto Rico. Sus gobiernos han adquirido deudas aplastantes que no pudieron pagar a lo largo de dos décadas de recesión. Sin el pago de impuestos federales por parte de los isleños, el gobierno no tiene el mismo poder económico que otras partes de Estados Unidos. Al mismo tiempo, el 43 por ciento de la isla vive en la pobreza y el ingreso medio por hogar es de tan sólo 19.600 dólares.[11] Desde 2016, la economía de la isla —y con ella su gobierno— está en manos de una junta de supervisión designada por el presidente.

Esa dificultad económica antes de María ya estaba impactando a la población de la isla cada año. Pero el huracán y las repercusiones provocadas por el hombre rápidamente han alterado al pueblo puertorriqueño, quizás en el primer gran cambio poblacional ocasionado por el cambio climático. Los funcionarios de Florida dicen que más de 200.000 puertorriqueños llegaron a su estado dos meses después del huracán.[12] Esa cifra es más que suficiente para inclinar la balanza de las elecciones presidenciales: Donald Trump venció a Hillary Clinton por poco más de la mitad de esa cifra en Florida en 2016, y la última candidatura al gobierno del estado se decidió por un margen incluso más pequeño. Otra información de FEMA y del servicio postal de Estados Unidos muestra que han emigrado puertorriqueños a todos los 50 estados.[13] Eso significa que María sacó a más gente de Puerto Rico que cualquiera de sus dos grandes migraciones entre 1945 y 1965, o que el largo declive económico desde el año 2000.[14] En dos meses, María cambió a Puerto Rico tanto como dos décadas de problemas económicos.

Históricamente, a los migrantes puertorriqueños no se les ha tratado bien en Estados Unidos. La gran migración llevó a grandes concentraciones de puertorriqueños hacia vecindarios pobres de la ciudad de Nueva York, asociados con altos índices de criminalidad. Esto a su vez provocó caricaturas grotescas en películas y programas de televisión, perpetuando el prejuicio que se desarrolló inicialmente bajo el dominio español. De acuerdo con esa visión racista, los puertorriqueños son flojos o ignorantes, violentos o corruptos.[15] Es mucho más fácil aferrarse a un prejuicio que resolver cientos de años de explotación colonial, pobreza histórica, pocas inversiones y desestabilidad económica.

Esas actitudes a su vez han moldeado las políticas de Estados Unidos hacia la isla en formas impensables para el resto del país. Consideremos los cupones de comida. A principios de los años ochenta, después de que Ronald Reagan desdeñara a las "reinas de la asistencia social", el Congreso decidió que Puerto Rico estaba costando mucho dinero en cupones de comida. Sin considerar los niveles de pobreza en la isla, Washington simplemente llegó al tope de la asistencia alimentaria. El resultado es que, para recibir asistencia alimentaria en Puerto Rico, necesitas ser mucho más pobre que los ciudadanos del continente (tener alrededor de un tercio de su ingreso neto). Si calificas, recibes alrededor de 60 por ciento menos en beneficios de lo que recibe la gente que califica en Estados Unidos. Para una familia de tres, necesitas llevar a casa menos de 599 dólares al mes para obtener una ayuda de 315 dólares al mes. En el continente, la misma familia podría llevar a casa hasta 1.680 dólares y obtener un beneficio de 511 dólares. Lo peor es que, dado que el financiamiento está hasta el tope, no puede extenderse en caso de algún desastre natural, como un huracán.[16] Es difícil imaginar una señal más clara de Washington hacia sus súbditos coloniales: son ciudadanos de segunda clase.

La comida no es una forma insignificante de mandar

un mensaje en Puerto Rico o una forma funcional de consumir calorías: desempeña un papel muy importante en el orgullo y la cultura de la isla y nos da pistas sobre su pasado. Los españoles introdujeron el arroz, una parte central de muchos platillos, y éste fue cultivado por los esclavos negros en las marismas.[17] Los pasteles de arroz o de plátano macho que se consumen hoy, envueltos en hojas y cocidos en agua, están basados en técnicas culinarias africanas.[18] Están presentes en las cenas de Navidad, incluyendo el lechón asado de importación española y la mezcla indígena y africana de arroz con gandules. Otro platillo de Navidad que define a la gastronomía de Puerto Rico es el mofongo o plátano macho frito, llamado así a partir de una palabra angolana para plato, quizá porque el plátano macho se aplasta primero en un plato antes de freírlo.[19] Los puertorriqueños gastan hasta la mitad de su ingreso en comida, reflejando una combinación de la pobreza en la isla, el alto costo de las importaciones de alimentos y la importancia cultural de la comida.[20]

Si quieres hablar con los puertorriqueños, prueba compartir una comida con ellos. Si quieres decirles que te importan, intenta cocinar para ellos.

CAPÍTULO 4

MUCHA AGUA

ERA EL FINAL DE MI CUARTO DÍA, UNA SEMANA Y UN DÍA después de que el huracán despedazara la isla. Estábamos otra vez en el bar del penthouse en el AC Hotel de San Juan. Afuera, en un techo con vista al mar, la piscina y las palapas estaban vacías, sin la multitud usual de turistas y gente lista para ir de fiesta. Adentro había una atmósfera de fin del mundo alrededor del bar que estaba lleno de agentes de Seguridad Nacional armados, una colección del personal de asistencia en desastres y algunos lugareños desesperados por tener acceso a electricidad, aire acondicionado y un buen trago.

Aun cuando se había impuesto una ley seca en el lugar, conseguí que el hotel me guardara un par de botellas de vino blanco. Noté que algunas personas de la Cruz Roja estaban sentadas en los sofás de la entrada. Junto a ellos estaba otro grupo: un puertorriqueño sentado con una mujer afroamericana y un hombre con un corte de pelo militar que hablaba con un profundo acento sureño. Parecía ser un exmilitar o exagente del Servicio Secreto. Formaban un grupo extraño, así que tomé mi vino y fui a hablar con ellos sobre nuestra cocina en Santurce. Después de tres días de una operación de asistencia alimentaria que se expandía rápidamente, ya tenía una buena historia que contar. Habíamos duplicado nuestra producción de 2.500 comidas a 5.000 y sólo estábamos empezando.

"Podemos alimentar a la isla", les dije, mientras explicaba mi plan para establecer una operación que abarcara todo Puerto Rico. Al mismo tiempo sabía que ya estábamos apretados de recursos. Nosotros financiábamos todas las provisiones por nuestra cuenta. Mi director ejecutivo en World Central Kitchen, Brian MacNair, acababa de llegar a la isla y no estaba precisamente tranquilo al ver la magnitud y el índice de crecimiento de nuestra operación, sin dinero para pagarlo todo. Aún nos sobraba un poco de efectivo de nuestra última recaudación de fondos, pero no era suficiente para lo que habíamos puesto en marcha. Éramos una pequeña organización sin fines de lucro que no tenía registros de recaudaciones masivas de fondos en un momento de crisis.

El hombre puertorriqueño que se encontraba en el bar del hotel era un abogado y mediador con conexiones políticas de nombre Andrés López, quien fue de los primeros partidarios de Barack Obama como presidente. Estudiaron leyes en Harvard más o menos al mismo tiempo, y recompensaron el apoyo de López al nombrarlo miembro del Comité Nacional Democrático (CND) y consejero del Centro Kennedy en Washington. Estaba sentado junto a otro miembro del CND, Karen Peterson, senadora del estado de Nueva Orleans y directora del partido democrático en Luisiana, quien estaba contando su experiencia durante las primeras etapas de asistencia y recuperación en el estado después del huracán Katrina en 2005.

Mientras detallaba mi visión para alimentar a un millón de personas por toda la isla, el hombre sureño se giró a ver a los otros dos y me señaló.

—Ahí está —dijo—. Es él. Llevémoslo mañana a FEMA.

—¿A qué te refieres con *es él?* —pregunté.

Sonaba como si hubieran estado sentados esperando que algo sucediera o alguien apareciera. Alguien con una idea que pudieran utilizar.

El sureño era Josh Gill y empezó a explicar sus antecedentes. También era de Luisiana, donde había servido como coordinador general de combustible a granel en estados de emergencia y tuvo experiencia con la recuperación después del huracán Katrina, así como cierto conocimiento de la Agencia Federal para el Manejo de Emergencias (FEMA). No estaba claro si Peterson y Gill intentaban ayudar o buscaban hacer negocio, o ambas cosas. López fungía como su abogado cuando había que evaluar contratos con el gobierno.

—Te voy a llevar mañana para que hables con las personas de FEMA —me dijo Gill—. Iremos a la reunión de alimentación masiva.

Hablamos de manera vaga y general sobre lo que esperábamos que sucediera: cierta combinación de FEMA y la Cruz Roja nos pagaría para alimentar a un millón de puertorriqueños. Sólo eran 995 mil comidas más de las que ya habíamos preparado. Si sonaba como un sueño imposible

—tanto obtener los fondos como la alimentación—, es porque lo era.

DE ACUERDO CON LA ADMINISTRACIÓN DE TRUMP, EN PUERTO Rico todo iba excepcionalmente bien. “FEMA y el personal de primeros auxilios están haciendo un GRAN trabajo en Puerto Rico”, tuiteó Trump esa noche. “Se han hecho entregas masivas de agua y comida. Los puertos y la red eléctrica están muertos. Los lugareños realmente están intentando [...] ayudar, pero muchos han perdido sus casas. El ejército está ahí ahora y se quedará hasta el martes. ¡Ojalá la prensa los tratara con justicia!”.

No quedaba claro cuál era su fuente de información sobre las entregas “masivas de agua y comida”. Ciertamente no era obvio para los que estábamos ahí, ni se reflejaba en ninguno de los reportes oficiales.

“Puerto Rico está devastado”, continuó en otro tuit. “Se perdieron el sistema telefónico, la red eléctrica, muchos caminos. FEMA y el personal de primeros auxilios son increíbles. El gobernador dijo: ‘¡Gran trabajo!’ ”.

Al menos reconoció lo mal que estaba la infraestructura en la isla. Y a pesar de nuestras muchas diferencias, estaba de acuerdo con él sobre una cosa: la isla estaba claramente devastada.

Los tuits probablemente fueron resultado de la cobertura que hicieron los noticieros del informe de su propio personal ese mismo día. Brock Long, el administrador de FEMA, le dio a Trump una explicación personal de lo que estaba pasando. No estaba claro qué estaba más lejos de la realidad, si el recuento que hizo Long sobre la situación en Puerto Rico o lo que Trump entendió.

De cualquier manera, esto se tradujo en palabras de optimismo por parte de la secretaria de Prensa, Sarah Sanders, en el podio del salón de prensa de la Casa Blanca. "Todo el peso del gobierno de Estados Unidos está dirigido a asegurar que la comida, el agua, la seguridad social y otros recursos vitales lleguen a los necesitados", empezó.[1] Yo vivo en Washington, D.C. Yo sé cómo se ve todo el peso del gobierno de Estados Unidos, y no se parecía en absoluto a las operaciones de agua, comida y sanidad presentes en San Juan cuando ella dijo eso. O en ningún otro momento, por cierto. Y San Juan era por mucho el lugar mejor asistido de Puerto Rico.

De nuevo, la Casa Blanca declaraba orgullosamente que había mucha gente aquí. "Hay 10.000 trabajadores de rescate del gobierno federal ahí, incluyendo 7.200 soldados en la isla, trabajando incesantemente para darles a las personas lo que necesitan", dijo Sanders. "Hemos dado prioridad a los recursos vitales para los hospitales y podemos informar que 44 de los 69 hospitales de la isla ya están del todo operacionales".

Estoy bastante seguro de que una semana después del huracán Sandy, si sólo hubieran funcionado dos tercios de los hospitales de Nueva York y Nueva Jersey, la gente habría protestado en las calles, habría habido demandas y quizá cargos penales. No parecía como algo de qué presumir, sino como algo de qué avergonzarse. En cualquier caso, hay informes confiables de que sólo funcionaba un tercio de los hospitales.[2]

"Todavía falta mucho, pero no descansaremos hasta que todos estén sanos y salvos", concluyó. "Éste es nuestro mensaje para el increíble pueblo de Puerto Rico: el presidente está con ustedes. Todos lo estamos, el país entero. Su espíritu inquebrantable es una inspiración para todos nosotros. Estamos rezando por ustedes, trabajando para ustedes, y no los vamos a decepcionar".

No los vamos a decepcionar. Era difícil olvidar esas palabras, constantemente repetidas en las semanas subsecuentes.

Por supuesto, las comunicaciones en la Casa Blanca no eran el único problema. Tom Bossert, el ahora asesor de Seguridad Nacional de Trump, funcionario a cargo de la recuperación dentro del Ala Oeste, acompañaba a Sanders en el podio.

Sus palabras representaron una manifestación colosal de fracaso, disfrazada de presunción por las operaciones.

—Gracias a la supervisión aérea hemos visto todo Puerto Rico —dijo a los reporteros, admitiendo que después de una semana en tierra, Estados Unidos no había podido atender a sus propios ciudadanos en una isla que medía 71 millas de largo—. Parte de las secciones suroeste y sureste de la isla se han explorado un poco menos a pie —dijo. El sureste era donde el huracán había tocado tierra.

"Pero el interior de la isla representa nuestro mayor problema ahora —dijo—. El interior montañoso es donde estamos dedicando nuestros esfuerzos para intentar llegar con apoyo aéreo.

Esto no era Afganistán en invierno, rodeado de terroristas talibanes escondidos en cuevas. Las montañas del interior de Puerto Rico no eran territorio hostil ni tenían un clima extremo. La administración de Trump no había podido comprometerse por completo con la recuperación. Dos días después del terremoto en Haití, un país extranjero, 8.000 soldados estadounidenses estaban en camino. Una semana después de que un huracán golpeara territorio estadounidense, teníamos menos tropas en tierra, en una isla que literalmente tenía decenas de miles de soldados apostados ahí. Era increíble que no pudiéramos movilizar tropas para visitar el interior de la isla sino hasta diez días después del desastre. ¿Cómo es posible que la fuerza militar más poderosa del mundo invadiera países extranjeros cuando era incapaz de alcanzar la mitad de una isla bajo su control?

¿Y cómo explicó la administración la inmensa diferencia entre su respuesta a Harvey, en Texas, y a María, en Puerto Rico? Para este momento, ya tenían 73 helicópteros sobre Houston. Les tomaría tres semanas tener esa cifra sobrevolando Puerto Rico. Para este momento, ya habían distribuido más de 20.000 lonas en Houston, pero sólo 5.000 en Puerto Rico. Para este momento, estaban a punto de aprobar una labor permanente para el desastre en Texas, lo que tomaría otro mes más en Puerto Rico.[3] Y Maria afectó a muchas más personas, y mucho más territorio, que Harvey.

Un reportero parado a un costado de la sala de prensa confrontó a Bossert con algunos datos sobre Puerto Rico.

—Tom, tengo un mensaje aquí de un voluntario en tierra y dice que necesitan helicópteros para evacuar a la gente de las zonas remotas de la isla —dijo—. Y dice que la gente está enterrando a sus familiares en sus propios jardines, que se necesita comunicación y están viendo condiciones apocalípticas entre 48 y 72 horas.

Bossert insistió que no iba a "microgestionar" la recuperación.

—Ése es el error que han visto en el pasado —dijo—. Creo, estoy seguro de que tenemos suficientes recursos posicionados y desplegados para tomar esas decisiones bajo el mando y la jerarquía adecuados. Lo que hemos hecho, como ya expliqué antes, es aumentar y cambiar nuestro modelo de negocios en el campo.

Este modelo de negocios no era como ninguna otra empresa comercial que hubiera visto. Si acaso era un negocio, no estaba claro quiénes eran los clientes o cómo los iba a atender el gobierno. Para Bossert, todo estaba bien, incluso con quienes mandaban mensajes de texto sobre sus necesidades inmediatas.

—Primero, creo sinceramente que el hecho de que la gente vea los problemas en un horizonte de 24 o 48 horas en el que dice: 'No veo que llegue suficiente comida o agua' quiere decir que el agua y la comida les llegará antes de que se cumpla ese tiempo y salvaremos su vida. No me cabe duda. —Su creencia estaba basada en las cifras, dijo—. Nuestra distribución de suministros ya excede los millones. Entonces, 1,3 millones de comidas, 2,7 millones de litros de agua, ese tipo de cosas.

Había 3,4 millones de personas viviendo en Puerto Rico antes del huracán. Después de ocho días y sólo dos comidas al día, necesitarían 54 millones de comidas. Incluso si el 90 por ciento de la isla tuviera acceso a su propia comida en ese momento, le faltarían 4 millones de comidas a ese 10 por ciento restante en la mayor necesidad. En cuanto al agua, los médicos dicen que un hombre promedio necesita beber alrededor de tres litros al día, a menos que esté sentado frenta a un aire acondicionado todo el tiempo. Ése no era el caso del clima tropical de Puerto Rico, que se apoyaba en unos pocos generadores. Era impactante que el asesor principal del presidente sintiera que estaba bien distribuir 2,7 millones de litros de agua, menos de un litro por persona para toda una semana.

—Ahora, si hay alguien que está enterrando a una persona en su jardín, es absolutamente terrible —dijo Bossert—. Lo que no quiero hacer es proyectarlo como la norma, y creo que aquí hay una distinción clara.

—¿Cuál es la norma? —preguntó el reportero.

—Hasta ahora hemos visto 16 muertes confirmadas por las autoridades estatales —contestó—. Ninguna muerte es aceptable. Si esa cifra aumenta significativamente, será un golpe devastador. Vamos a hacer todo lo posible por evitarlo. La pérdida de vidas por la tormenta es una cosa, pero la pérdida de vidas que puede prevenirse es otra. Y por eso estamos intentando ordenar nuestros recursos.

EL ACTA JONES DE 1920 FUE UNA DE ESAS PIEZAS DE HISTORIA viva que te dicen todo sobre el estatus de Puerto Rico como colonia. Su nombre formal es Acta de la Marina Mercante de 1920, promulgada ley sólo tres años después de que los puertorriqueños obtuvieran la ciudadanía estadounidense, justo a tiempo para alistarlos en el ejército de Estados Unidos durante la Primera Guerra Mundial. Se supone que el Acta de 1920 protegería al negocio mercante de Estados Unidos requiriendo que todos los viajes marítimos se hicieran entre puertos de Estados Unidos, en barcos construidos en el país, de dueños estadounidenses y operados por tripulaciones estadounidenses. Es difícil imaginar una ley más nacionalista y proteccionista, especialmente en tiempos de una economía globalizada, donde el transporte marítimo fluye a través de tantos operadores internacionales. Pero en ese entonces, el Acta Jones de 1920 pretendía ser una forma de impulsar la industria marítima y la seguridad nacional de Estados Unidos. También consagró el estatus privilegiado de territorios estadounidenses como Puerto Rico, Guam, Hawái y Alaska. Los últimos dos sólo se volvieron estados formales cuarenta años después del acta. Mientras tanto, estos países tenían acceso especial a Estados Unidos. El intercambio era claro: como toda buena potencia colonial, Estados Unidos imponía un control especial para sus corporaciones favoritas.

Fuera cual fuera la intención y el efecto originales, el Acta Jones de 1920 es un desastre singular para Puerto Rico hoy, incluso sin un huracán o dos para empeorar las cosas. La Reserva Federal de Nueva York concluyó que el Acta Jones "sí tiene un efecto negativo en la economía puertorriqueña", de acuerdo con su estudio de la competitividad de la isla en 2012.[4] No podía calcular exactamente la magnitud de ese efecto negativo, pero sí establecía estas útiles comparaciones. Primero, señalaba que sólo cuatro transportistas controlan todos los embarques entre Estados Unidos y Puerto Rico. Otro estudio reveló que estos transportistas operan con sólo cinco cargueros para abastecer a la isla.[5] Las cifras son claras en términos de la repercusión en los precios. Cuesta el doble enviar un contenedor de 20 pies con artículos del hogar de la Costa Este a Puerto Rico, de lo que cuesta enviarlo a Santo Domingo, en República Dominicana, o a Kingston, en Jamaica. Al ser un comercio protegido, esos precios permanecieron estables en Puerto Rico incluso cuando la saturación mundial de transporte marítimo hizo que bajaran los costos en otras partes del Caribe. Puerto Rico estaba sufriendo, como descubrió la Reserva de Estados Unidos. A lo largo de la década anterior, el puerto de Kingston había superado a San Juan en el volumen total de los contenedores, aun cuando la población de Puerto Rico era un tercio más grande y su economía era más del triple de tamaño que la de Jamaica. Lo que es peor, las cercanas Islas Vírgenes de Estados Unidos habían estado exentas del Acta Jones desde 1922.

Si las restricciones de transportación marítima eran dañinas en circunstancias normales, no cuesta imaginar cómo fue después de la devastación de María. Desde los primeros días después del huracán, los reporteros empezaron a preguntar a la administración sobre la idea de levantar el Acta Jones para ayudar a la isla con provisiones. Después de todo, la administración había emitido una exención temporal de las restricciones de transportación para Texas y Florida después de los huracanes Harvey e Irma sólo semanas atrás.[6] Los funcionarios de Seguridad Nacional dijeron a los reporteros que era porque esos huracanes habían afectado las reservas de crudo, mientras que María no había afectado la seguridad nacional, además de que, en todo caso, había suficientes barcos estadounidenses para abastecer a Puerto Rico. Esta clase de pensamiento es totalmente incomprensible. ¿Por qué la gasolina para los autos es un tipo de energía más importante que la comida y el agua para la gente? Como chef y como ciudadano estadounidense, no acepto que la comida y el agua queden excluidos de las prioridades de seguridad nacional. Incluso ignorando el hecho de que Puerto Rico es esencial en la producción de medicamentos para el resto de los Estados Unidos.

Pronto los periodistas le preguntaban al mismo Trump por qué no suspendía las restricciones de transportación del Acta Jones para Puerto Rico como lo había hecho con Texas y Florida. Su respuesta fue más honesta que la de los funcionarios de Seguridad Nacional: porque la industria de transportación marítima no quiere que se suspenda.

—Bueno, lo estamos pensando, pero tenemos muchos transportistas y mucha gente que trabaja en la industria de transportación que no quiere que se suspenda el Acta Jones —dijo a los reporteros en el jardín sur de la Casa Blanca—.[7] Y tenemos muchos barcos ahí en este momento.

"Puerto Rico es una situación muy difícil —explicó—. Quiero decir, el lugar acaba de ser arrasado. No es cuestión, caray, de que sequemos el agua o hagamos esto o aquello. Quiero decir, el lugar está deshecho. Es una situación realmente difícil. Me siento tan mal por esas personas".

Era muy lindo que se sintiera mal por esas personas que eran sus conciudadanos. Pero no se sintió lo suficientemente mal para revocar la autoridad de los transportistas que estaban felices con la forma en que funcionaban las cosas. Dos de las empresas principales, Crowley Maritime y TOTE Maritime, le dijeron al *Wall Street Journal* que sus contenedores estaban varados en el puerto por falta de transporte en tierra.[8] "No podemos mover los camiones cisterna a los depósitos y las gasolineras", dijo un ejecutivo, quien pidió permanecer en el anonimato. "Los caminos son un desastre".

Algunos de los caminos eran un desastre, pero muchos de ellos no. Cuando los miembros del Congreso pidieron que se levantara el Acta Jones, la Casa Blanca cedió, justo un día después de que Trump hablara sobre la oposición de la industria de transporte marítimo. El secretario de Defensa Jim Mattis de pronto descubrió que suspender el acta era beneficioso para la seguridad nacional. La Casa Blanca anunció la reversión de su planteamiento a través de un tuit de Sarah Sanders, tan sólo unas horas antes de que prometiera que *no los íbamos a decepcionar.*[9] Eran buenas noticias, por supuesto, pero también era una clara señal de lo mal preparados que estaban para esta recuperación, de lo poco que habían planeado, más allá de proteger algunos intereses personales, y de que habían preparado la respuesta al desastre de Puerto Rico ahí mismo.

NOS DESPERTAMOS TEMPRANO LA MAÑANA DESPUÉS DE MI encuentro casual en el bar del penthouse. La reunión de FEMA sobre comida y agua —llamada fríamente la "reunión de cuidados masivos"— estaba programada para empezar a las 7:30 a.m. en el centro de convenciones.

El centro de convenciones de Puerto Rico en San Juan se anuncia como el más avanzado del Caribe tecnológicamente. Eso podría ser cierto. Pero tecnología e inteligencia no son la misma cosa y era difícil encontrar información sobre lo que realmente sucedía en la isla dentro de este recinto de concreto y vidrio. Lo que podías encontrar era estadounidenses del continente. Muchos de ellos dando vueltas, subiendo y bajando por escaleras eléctricas, y entrando y saliendo de reuniones que no tenían un impacto visible en la vida de los isleños estadounidenses que se encontraban allí afuera. La única forma en que podías saber que no estabas en otro centro de convenciones de Estados Unidos era la presencia de tanto personal armado, policías y guardias nacionales con camuflaje y chalecos antibalas, cargando la clase de armamento que podía proteger a las fuerzas armadas en la zona verde de Bagdad. Vivían en una burbuja perfectamente abastecida, comiendo sushi, bebiendo cerveza y jugando en el casino del hotel Sheraton enfrente. Juzgando por la cantidad de rifles automáticos que había adentro, el gobierno federal estaba más listo para protegerse contra una invasión que para proteger a sus ciudadanos de un desastre humanitario. Todas esas armas no impedían el flujo continuo de voluntarios que llegaban directamente del aeropuerto. Podías distinguir a los recién llegados a simple vista: arrastrando maletas enormes a través de las puertas de metal, vistiendo playeras brillantes con mensajes como *Amo a Puerto Rico*.

Entramos por una puerta de atrás porque no teníamos acreditaciones oficiales ni invitación. Los chefs siempre podemos encontrar la puerta trasera de un edificio como éste: el personal de cocina tiene que entrar y salir rápidamente, así que suele haber una entrada abierta para que un cocinero salga a fumar o a tirar la basura. Rápidamente encontré la puerta de la cocina y subimos las escaleras hasta donde estaban las salas de reuniones del gobierno.

La reunión de atención masiva se llevó a cabo en un pasillo donde estaban reunidos funcionarios de todos los principales departamentos federales —Defensa, Agricultura, Vivienda, Educación y FEMA, por supuesto—, así como de las grandes organizaciones sin fines de lucro, como el Ejército de Salvación y la Cruz Roja. Josh Gill fue a mi encuentro, pero yo ya conocía al capitán Sanderson del Ejército de Salvación. Era obvio que no había una coordinación ni un liderazgo reales. Nadie parecía estar a cargo y todos estaban haciendo lo suyo. No había un panorama general ni información sobre cuestiones concernientes a las necesidades reales de la gente: ¿Dónde estaban las personas en la peor situación y cómo podíamos llegar ahí? ¿Quién tenía qué recursos y cómo podíamos unir fuerzas? La reunión fue tan caótica que los participantes decidieron hacer otra reunión de alimentación en el balcón, después de la reunión de atención masiva. "Sólo para dejarlo claro", dijo alguien, "éstas son fuerzas secundarias". Ésa era la clase de cosas que les importaban. Estructurar las fuerzas.

A mí sólo me importaba obtener más pan, queso, jamón y mayonesa. Yo pensé que nuestra operación alimentaria era rudimentaria y todavía estaba muy lejos de alcanzar su mejor momento, pero comparado con lo que habíamos creado en el restaurante de José Enrique, el gobierno federal estaba en un completo caos. Aparentemente había comida y agua guardadas en un almacén del gobierno, pero los camiones de entrega no tenían los permisos adecuados para entrar. No había manera de conectar las palabras de Washington con lo que sucedía en San Juan. No podía entender cómo este grupo de funcionarios no lograba hacer nada. Más de una semana después del huracán, el gobierno no estaba preparado, y eso me entristecía más que cualquier otra cosa. También hacía que odiara las reuniones y la planificación interminable, incluso más de lo habitual. En el restaurante de José Enrique no necesitamos una discusión estratégica sin fin. Sólo empezamos a cocinar y a entregar comida.

El director de Atención Masiva de FEMA en Puerto Rico, Waddy González, dirigió la sesión. González era un antiguo funcionario de la Cruz Roja que conocía bien la isla al haber crecido en San Juan y haberse graduado de la Universidad de Puerto Rico. Yo no tenía idea en ese entonces de lo cercana que era la relación entre el gobierno federal y la Cruz Roja; creía inocentemente que la Cruz Roja era una institución de caridad independiente, aun si era inmensa.

Pero cuando se trata de lo que técnicamente llaman "atención masiva", la Cruz Roja y FEMA estaban vinculadas tan cercanamente que codirigían algo llamado el Consejo Nacional de Atención Masiva.[10] Ese grupo produjo un documento estratégico en 2012 y González fue clave para su creación. La estrategia se llama a sí misma "mapa de ruta para aportar servicios nacionales de atención masiva". Está lleno de tecnicismos, como *estandarización de términos* y *expandir capacidades*. No tiene una sección dedicada a la comida y el agua. Sus recomendaciones versan sobre la planeación y los procesos, y deja claro que nadie está realmente a cargo. De hecho, se enorgullece de esa falta de estructura. "La fuerza y la resistencia de nuestro sistema actual es que no nos apoyamos en una sola entidad para proveer los servicios de atención masiva", declara el documento estratégico, "pero tenemos una historia de acción colectiva entre el gobierno, las organizaciones no gubernamentales, los grupos religiosos, el sector privado y otros elementos de nuestra sociedad, de Toda la Comunidad".[11] Es una gran idea en muchos sentidos: ser flexible y estar abierto para cualquiera que pueda ayudar, especialmente el sector privado. Sin embargo, la realidad era todo lo contrario: eran rígidos, cerrados, indiferentes y se resistían a acoger la mentalidad del sector privado.

González inició con lo que sonaba como una meta imposible. Dijo que FEMA había identificado que necesitaban alimentar a 2 millones de personas en Puerto Rico, casi dos tercios de la población. Con tres comidas diarias, eso implicaba una operación que produjera 6 millones de comidas al día por toda la isla. Esa cifra me parecía correcta, pero eran números alucinantes. ¿Quién podía producir esa cantidad de comida, ya no digamos entregarla? Nosotros acabábamos de duplicar nuestra producción a 5.000 comidas al día. Yo soñaba con alcanzar un millón de comidas en total. Era una cantidad colosal de comida y la mera escala de esa meta parecía intimidante, pero también adecuada: con mucha ayuda, podíamos lograr lo imposible porque la gente necesitaba alimento.

Mi esperanza era que pudiéramos asociarnos con la Cruz Roja y el Ejército de Salvación. Pensé que podríamos proveer las comidas con su sistema de entrega. No estaba seguro de si debía hablar o no, un sentimiento inusual en mí, pero sólo era un chef que dirigía una pequeña y joven organización sin fines de lucro, que no debería estar ahí, en una reunión con personas que representaban instituciones de caridad impresionantes. La Cruz Roja tiene ingresos anuales de 2,6 mil millones de dólares. No sólo éramos pequeños en comparación, éramos microscópicos.

Pero Josh Gill me pidió que hablara, así que hice lo mejor que pude. Éste era mi plan: podíamos obtener los alimentos y entregarlos por toda la isla en cocinas integradas por chefs y voluntarios, preparando arroz con pollo, así como sándwiches y sopa. Podíamos duplicarlo y duplicarlo cada día. Pum, pum, pum. Seguro había una forma de unirnos para alimentar a la isla. Miré a mi alrededor. Parecía que al grupo le agradaba mi ánimo, pero eso era todo; me vieron como si fuera un sabelotodo con la descabellada idea de salvar al mundo.

—Tú y yo tenemos que trabajar juntos —dijo Sanderson, del Ejército de Salvación—. Yo te voy a cuidar.

Pensé, *¡Genial! Nos va a dar el dinero, ya no tenemos de qué preocuparnos*. En retrospectiva, estaba claro que en realidad quería decir que nosotros sólo le daríamos la comida. Evitaron cualquier otra discusión sobre dinero.

—¿Quién va a distribuir la comida? —preguntó González.

—Todo el que tenga un auto —dije, sabiendo que los funcionarios municipales ya estaban recogiendo la comida en Santurce.

—¿Y si no la entregan?

—Digamos que se roben entre el 10 y 20 por ciento de la comida —contesté—. ¿Y qué? ¡Se la comerán de todas maneras!

La gente de la Cruz Roja parecía molesta con mi plan e hizo toda clase de preguntas que me hicieron sentir como si no creyeran que pudiéramos lograr nada. Les volteé la pregunta.

—¿Dónde están los camiones de la Cruz Roja? —pregunté—. ¿Cuándo van a venir las unidades de los Bautistas del Sur? ¿Dónde están los Cambros rojos para distribuir la comida?

—No tenemos camiones —dijeron—. Y no tenemos unidades de los Bautistas del Sur.

—Si no tienen camiones ni a los Bautistas del Sur, no pueden alimentar a la gente —contesté.

Tampoco podías alimentar a la gente si no comprendías a la isla. A mí me parecía como si no tuvieran idea de dónde se producía y almacenaba la comida aquí. Por ejemplo, había estado hablando con José Luis Labeaga, el dueño de la panadería Mi Pan, quien me dijo que donarían el pan y contactarían a otras panaderías para que hicieran lo mismo. Tenían suficiente harina y pan congelado para seguir donando y era un producto local. La única cuestión era que teníamos que mandar gente a recogerlo porque tenían problemas con sus camiones. ¿Acaso FEMA y la Cruz Roja sabían que había panaderías funcionando en Puerto Rico que querían ayudar desesperadamente? Si hubiesen suministrado gasolina a las panaderias, estas podrían haber ayudado a alimentar a la isla.

—¿Por qué no llevan un tanque de gasolina a cada panadería para que repartan pan por toda la isla? —sugerí.

—Tenemos otras prioridades —dijo González—. La comida no es una prioridad ahora.

No podía creer lo que estaba escuchando y ellos no podían creer lo que yo estaba diciendo. Si yo fuera presidente de Estados Unidos o el director de FEMA, haría que la comida y el agua fueran la prioridad número uno. Con un par de rebanadas de pan fácilmente podías poner cualquier cosa en medio y preparar un buen sándwich. En un momento de verdadera necesidad, un simple sándwich suena celestial. Si alimentas a las personas, estás creando un ejército de primeros auxilios. Si cuidas a las personas en su momento de necesidad, se vuelven la fuerza de respuesta más importante y efectiva: se convierten en voluntarios.

González me observó con cuidado, como si intentara comprender de qué planeta venía o qué idioma estaba hablando. Parecía luchar internamente con la necesidad de querer ayudar, y a la misma vez querer decir que no.

—José, no comprendes el proceso —seguía diciéndome—. No podemos hacerlo tan rápido como quieres.

No se trataba de yo querer hacer las cosas rápidamente. Sólo quería alimentar a la gente tan rápido como necesitaran comida, es decir, a diario. Parecía que González llevaba tanto tiempo en FEMA que sólo tenía una forma de ver el mundo. Era un hombre empático, sensible ante las necesidades de Puerto Rico, pero parecía atado por el sistema. Había escuchado que estaba preocupado por su familia en la isla, pero estaba demasiado ocupado para ir a verlos. Claramente colocaba su sentido del deber y del servicio público por encima de sus necesidades personales. Pero tampoco podía ver una forma de romper con toda la burocracia para ayudar a la gente de Puerto Rico que conocía tan bien.

—Veremos lo que se puede hacer —dijo.

En cuanto al Ejército de Salvación, su situación parecía desesperada. Tenían una cocina funcional en Ponce, en la costa sur, pero luchaban por producir cantidades reales de comida. Se quejaban de que tenían problemas para conseguir efectivo de los bancos, así que estaban transportando el dinero por avión. Como resultado, no podían comprar suficiente comida para cocinar.

Se quejaban de que sólo podían traer menos de 10.000 dólares a la vez, lo que no entendíamos. Éste no era un país extranjero y no había restricciones sobre el efectivo porque no había aduanas. Seguía siendo Estados Unidos.

Para ese momento, nosotros ya habíamos gastado más de 80.000 dólares en comida a través de nuestro proveedor, José Santiago, con una línea de crédito que abrimos con un simple apretón de manos. El Ejército de Salvación, una organización tan inmensa como pudieras imaginar en este sector, estaba luchando por gastar 10.000 dólares. Parecían paralizados por su misión y apenas podían cocinar 200 comidas en su cocina de Ponce. Era un dígito menos de lo que nosotros cocinábamos desde un restaurante con goteras y un estacionamiento después de un par de días de esfuerzo. Nos pidieron ayuda para incrementar la labor de su cocina, pero sonaba a más burocracia de lo que valía la pena y su cocina no tenía la capacidad que claramente necesitábamos para alimentar a la isla.

—¿Qué diablos está pasando aquí? —le dije a mi amigo Nate—. ¿El Ejército de Salvación no puede comprar comida?

Al salir del centro de convenciones vi a un equipo militar cuyo trabajo era crear mapas. Mi sueño era tener una visión amplia de la isla, un resumen de las áreas necesitadas, mostrando cada puente que había caído, cada gasolinera que estuviera abierta o cerrada, y cada comunidad que necesitara ayuda. Sólo con ese tipo de información podríamos localizar nuestras cocinas o dirigir nuestras entregas hacia las partes adecuadas de la isla en el momento propicio. Empecé a hablar con los cartógrafos y uno me dijo que había estado en mis restaurantes en D.C. Ese día se estaban quedando sin tinta para sus mapas y prometí que intentaría conseguirles provisiones. Eran personas modestas, no lo que esperarías de militares estadounidenses seguros de sí mismos, y parecía que apreciaban mi oferta.

—Voy a alimentar a 100.000 personas al día, quizá más —les dije, para ayudarlos a imaginar la magnitud y la minuciosidad que necesitaba en los mapas.

—Oh —fue todo lo que pudieron decir.

Sabía que sonaba como un soñador demente, pero era un riesgo que estaba dispuesto a correr. Algunas veces, cuando digo lo que pienso, mis sueños me impulsan —y a quienes tengo alrededor— para lograr más de lo que pensé posible. Nunca es bueno prometer de más y cumplir de menos, pero en esta crisis, producir cualquier cantidad de comidas sería mejor que la catástrofe actual.

Después de la reunión, me reuní con Josh Gill y escribimos a la Cruz Roja detallando las provisiones de comida que necesitábamos para cubrir una orden de 240.000 sándwiches, incluyendo 5.000 libras de jamón y mortadela rebanados. "Háganme saber cuándo podemos tenerlas", escribí. Por su desinterés, no esperábamos demasiado. Necesitábamos darles la oportunidad de hacerse cargo, pero no parecía que supieran cómo manejar una operación alimentaria en esas condiciones. Estábamos felices de que la World Central Kitchen, nuestra pequeña organización sin fines de lucro, estuviera lista para tratar con las más grandes, como la Cruz Roja. ¿Y quién sabe? Si no podían obtener las provisiones, al menos tenían los recursos para pagar por los sándwiches.

La conversación con Gill me abrió los ojos hacia el mundo de la asistencia en desastres; una jungla de licitaciones y requerimientos, contratos y honorarios, de intermediarios y burócratas manejando millones de dólares. Era un mundo alejado de los puertorriqueños hambrientos y sedientos que estaban a sólo unos minutos de distancia.

Gill sabía que podía ayudarnos a conseguir un contrato de comida con FEMA y yo fui muy ingenuo. Pensaba que todos estaban trabajando por la bondad de sus corazones, pero estaba claro que Gill esperaba más, así que le pregunté qué iba a sacar de todo esto. Fijó su precio: un dólar por cada comida sería para él. Yo no tenía idea de quién era sólo 24 horas antes, pero ya me había demostrado cuánto valía.

Nos llevó con la gente correcta, en la reunión correcta, con quienes se sentían cómodos alrededor de él. Sobre todo, me dio el valor de hablar porque él creía en mí; incluso si creía en mí porque esperaba sacar dinero de todo esto.

Mi cabeza daba vueltas con todos los tecnicismos y las cifras. Yo sólo quería alimentar a la gente. Al principio dije que sí a su precio; parecía una mezcla de dinero de Monopolio y *Los juegos del hambre*. Sólo después me di cuenta de cuánto dinero podía representar, luego de algunas horas de trabajo de Gill.

—Esto está muy jodido —le dije a Nate. Consideramos brevemente dividir sus honorarios a 50 centavos por comida, pensando que era un punto difícil de negociar. Pero luego nos sorprendimos a nosotros mismos; nos estábamos metiendo en un cálculo demente que le quitaría la comida a la gente hambrienta. Si cocinábamos un millón de comidas, como esperábamos, Gill todavía tendría medio millón de dólares.

Lo llamé para ponerle un tope de 250.000 dólares a su ganancia. Gill estaba molesto conmigo, pero yo tenía que insistir. No era el momento ni el lugar para que nadie se enriqueciera.

TAL VEZ NO TENÍAMOS MUCHO DINERO, PERO SÍ TENÍAMOS algo que la gente quería: comida. Estábamos improvisando y haciendo todo lo posible para poder entregarla, así que no nos importaba intercambiar comida por una necesidad esencial: gasolina. Ricardo Rivera Badía, de El Churry, tuvo una idea brillante: uno de sus restaurantes estaba justo al lado de una gasolinera y sabía que los dueños amaban su comida. Así que intercambiamos comida, mucha, por toda la gasolina y el diésel que necesitáramos. Fue uno de nuestros mejores tratos y nos permitió alimentar a mucha más gente por toda la isla. Cuando nuestra cocina móvil se quedaba sin gasolina, íbamos a su gasolinera para llenar contenedores de plástico con combustible, algunos de los cuales no tenían tapa para evitar que la gasolina se chorreara. Literalmente intercambiábamos comida para poder seguir cocinando más. FEMA nos preguntó cómo íbamos a distribuir la comida. La respuesta era sencilla: con creatividad. Si la gente sabe que estás cocinando, la gente correcta siempre llegará para comer.

Ese día, nuestra operación alimentaria creció más que nunca. Todavía estábamos cocinando inmensas cantidades de sancocho y preparando sándwiches dentro del comedor principal. Afuera, en el estacionamiento, teníamos tres paelleras gigantes cociendo arroz con pollo. Encima de todo, ahora teníamos tres camiones de comida que se adentraban mucho más a las comunidades necesitadas, en San Juan y en la periferia.

En nuestra cocina móvil, estacionada en la calle frente al restaurante rosa de José Enrique, el chef Wilo Benet preparaba pastelones por primera vez, una especialidad de la isla, parecida a la lasaña, con capas de plátano macho dulce, carne de res y jitomate. Wilo era uno de los grandes chefs de Puerto Rico, y su restaurante, Pikayo, marcaba la moda. Pero ahora estaba cerrado, junto con el hotel Hilton que era su hogar. En lugar de esperar a que procesaran el pago del seguro, Wilo fue uno de los primeros que se nos unió en el restaurante. Cocinaba en un calor insoportable, pero parecía no importarle. Como el resto de nosotros, sabía que estaba sudando para ayudar a todo el equipo a cubrir la necesidad más importante en Puerto Rico. "Se siente bien saber que estás haciendo algo para ayudar", solía decir Wilo.

Nuestra segunda cocina zumbaba con actividad en el restaurante Mesa 364, de Enrique Piñeiro. Había una hoja de rotafolio pegada a la pared del interior del restaurante, igual a las que teníamos en el restaurante de José Enrique. Los lugares y las cifras contaban la historia de una isla desesperada: 175 comidas calientes para los ancianos en una égida, 75 en otra y 100 sándwiches para una tercera. Una charola con 50 comidas para el hospital infantil, otra para los estudiantes de medicina en el hospital de la Universidad de Puerto Rico y más para un asilo. Y barrio tras barrio pedía cientos y cientos de comidas calientes. No nos íbamos a negar. Tomábamos cada orden que entraba.

En todo caso, mi problema era que no estábamos creciendo con suficiente rapidez. Enrique quería mayonesa y queso para más sándwiches, pero yo insistía en centralizar nuestra producción de sándwiches. La única forma de incrementar algo así era enfocarnos en grandes líneas de producción. "Queremos usar el 100 por ciento de las donaciones que tenemos", me escribió. "Tenemos pastrami, jamón de pierna y pan. ¿Qué propones que hagamos?".

"¡Tráelos a Santurce!", le contesté. "Donación por donación no funciona. Tenemos que centralizar. Crearemos una oficina central para los sándwiches. ¡Usa tu pan para acompañar tu arroz con pollo!".

El contraste con el escepticismo, la confusión y la inercia en las oficinas de FEMA no podía ser mayor. Llegamos a 10.000 comidas al día, incluyendo 2.000 sándwiches, para alcanzar un gran total de 21.500 comidas preparadas en cuatro días de operaciones. Habíamos duplicado nuestra producción y luego la habíamos duplicado otra vez. No había una razón para pensar que nos detendríamos ahí.

Esa noche, mi amigo Anderson Cooper transmitía en vivo en su programa de CNN afuera de una heladería en el Marriott, a unas cuadras de nuestro hotel. Le dije que lloré por los puertorriqueños ese día; lloré por su sufrimiento, por su generosidad y porque todos sentíamos la necesidad de hacer más. Creía que todos podíamos hacer mucho más. Anderson dijo haber visto familias cocinando afuera para el vecindario entero, y era cierto. El espíritu de Puerto Rico siempre fue sorprendente, pero era particularmente poderoso en un momento en que otros pensaban lo peor de Puerto Rico o se habrían comportado mucho peor ellos mismos en una zona de desastre. Era tiempo de que Estados Unidos hiciera más, como sus propios ciudadanos en Puerto Rico.

—Lo que ves es el corazón de Puerto Rico —le dije a Anderson—. Cuando hay momentos difíciles los puertorriqueños se unen. Y con nada son capaces de hacer mucho.

Anderson dijo que era muy triste que tantos puertorriqueños tuvieran la necesidad de decir que eran estadounidenses.

—Es muy simple —le dije—. He estado en Haití muchos años. Fui después del terremoto. Y la cantidad de ayuda militar que hubo por parte de Estados Unidos fue mucho mayor de la que ha venido a Puerto Rico. En algún momento tuvimos 25.000 soldados en Haití y aquí no estamos ni cerca de eso. Así que el mensaje es muy simple: Sr. Trump, queremos que sea un líder. Pero sigamos haciendo lo que hicimos en el pasado con tanto éxito. No diferente, sólo igual.

Por sus comentarios públicos, no era claro qué estaba haciendo Trump con respecto a Puerto Rico. Ese día en la mañana habló en una reunión con la Asociación Nacional de Fabricantes sobre lo que llamaba "una movilización federal masiva" de 5.000 soldados.

—Todos los departamentos correspondientes de nuestro gobierno, desde Seguridad Nacional, hasta Defensa, están totalmente dedicados al desastre y al esfuerzo de respuesta y recuperación. Probablemente no se ha visto nada igual —dijo, olvidando Haití completamente—.[12] Ésta es una isla rodeada de agua, mucha agua, agua de mar.

Mucha agua, agua de mar. Los puertorriqueños repetirían estas palabras durante semanas, riéndose de la forma en que resumía lo que el presidente comprendía de su situación.

Lo que es peor, Trump pensó que la isla y su gobierno habían quedado aniquilados en el apocalipsis, pero todavía presumía que 5.000 militares eran suficientes.

"Estamos bien coordinados con los gobiernos territoriales y locales, que son completa y desafortunadamente incapaces de manejar esta crisis catastrófica por su cuenta. Simplemente no pueden. Ha desaparecido gran parte de la policía y los choferes de camiones. Están cuidando a sus familias y no pueden involucrarse mucho, no pueden ayudar mucho. Por tanto, nos vimos obligados a llevar choferes, seguridad y mucho más personal, miles. Y los estamos llevando a la isla en este instante. Nunca hemos visto una situación así.

"La red eléctrica y demás infraestructura ya estaban en muy, muy mal estado. Ya estaban terminando su vida útil antes de los huracanes. Y ahora todo quedó virtualmente destruido y tendremos que empezar todo de nuevo. Literalmente vamos a empezar de cero".

No iba a empezar literalmente de cero. No todo estaba destruido. Pero habría sido genial que la administración de Trump se comportara como tal. En cambio, lo que vimos distaba mucho de la respuesta de la nación más poderosa del mundo a "esta crisis catastrófica".

"No descansaremos, sin embargo, hasta que la gente de Puerto Rico esté segura", prometió. "Este gran pueblo. Queremos que estén sanos y salvos, seguros, y estaremos ahí cada día hasta que suceda".

Espero que Estados Unidos esté ahí cada día. Puerto Rico, después de todo, es parte de la nación.

Mientras Trump describía la cantidad de agua alrededor de Puerto Rico, la alcaldesa de San Juan detallaba la situación real en tierra. Mientras Trump presumía su liderazgo, Carmen Yulín Cruz pedía un liderazgo real del gobierno federal. Su urgencia no era sólo resultado de lo que vivíamos en la isla, sino una respuesta a las declaraciones de la Casa Blanca el día anterior, sobre el tamaño de su operación. *No los vamos a decepcionar*.

—Le pido al presidente de Estados Unidos que se asegure de que alguien esté a cargo, alguien capaz de salvar vidas —dijo a los reporteros—. Estuvieron a la altura en África cuando llegó el ébola. Estuvieron a la altura en Haití. Como debían hacerlo. Porque cuando se trata de salvar vidas, todos somos parte de una comunidad que comparte valores. Voy a hacer lo que nunca pensé que haría: voy a rogar. Le ruego a todos los que nos estén escuchando que nos salven de morir. Si alguien nos escucha, nos estamos muriendo. Y ustedes nos están matando con ineficiencia y burocracia.

Sus palabras sobre el ébola eran ciertas. La administración de Obama nombró a mi amigo Ron Klain el zar del ébola, y su trabajo fue un excelente ejemplo de cómo manejar una emergencia para la que nadie estaba preparado. El liderazgo de Ron fue vital para el éxito mientras el mundo ayudaba a controlar y erradicar el brote de ébola en África occidental en 2014.

La alcaldesa señaló las provisiones que tenía detrás y dijo:

—Esto es lo que recibimos anoche: cuatro pallets de agua, tres pallets de comida y doce pallets de comida para bebé. Se las di a Comerio, donde la gente bebe de un arroyo. Así que ya me cansé de ser educada. Ya me cansé de ser políticamente correcta. Estoy furiosa porque la vida de mi pueblo está en juego. Y somos una sola nación. Tal vez seamos pequeños, pero somos inmensos por nuestra dignidad y nuestras ganas de vivir.

"Así que les pido a los miembros de la prensa que envíen una llamada de auxilio a todo el mundo. Nos estamos muriendo. Y si no paramos y si no llevamos comida y agua a la gente, vamos a ver algo muy parecido a un genocidio. Así que, Sr. Trump, le ruego que se haga cargo y salve vidas. Después de todo, es uno de los principios fundamentales de Estados Unidos de Norteamérica. Si no, el mundo verá cómo nos tratan. No como ciudadanos de segunda clase, sino como animales de los que pueden prescindir. Ya fue suficiente.[13]

Su tono era mucho más duro del que yo habría utilizado, pero comprendí su pasión y su desesperación. No iba a haber un genocidio, pero tenía razón: la gente estaba muriendo por la ineficiencia y la burocracia. No estaban tratando a los puertorriqueños como estadounidenses, sino como ciudadanos de segunda clase cuyas vidas importaban menos que las de otros en la nación.

De hecho, el líder militar a cargo de la recuperación compartía su punto de vista sobre el hecho de que la operación era demasiado pequeña para lo que se necesitaba. El teniente general Jeffrey Buchanan, un general de tres estrellas que llegó esa semana a dirigir el apoyo militar para FEMA, dijo que no había suficiente personal ni recursos para lidiar con la crisis humanitaria. Buchanan, el comandante del ejército de campo U.S. Army North, dijo a los reporteros francamente:

—No, no es suficiente y por eso vamos a traer mucho más.[14]

Después de mi entrevista en CNN conocí formalmente a la alcaldesa Cruz por primera vez, así como al gobernador de Puerto Rico, Ricardo Rosselló. También los entrevistó Anderson y ambos parecían familiarizados con lo que nosotros estábamos haciendo. Cruz me dijo con mucha emotividad que había una necesidad desesperada de comida y agua. Le prometí que le daríamos las comidas que quisiera si iba a Santurce a recogerlas al día siguiente. Empezó a llorar y nos abrazamos. Nunca fue a recoger las comidas. Así que al día siguiente subimos todo a un camión y le llevamos mil comidas. Por algún motivo, nunca volvimos a saber de ella ni de su equipo. Estábamos alimentando a mucha gente en San Juan, que era su zona de control. Los alcaldes son líderes importantes en todos los municipios de la isla y el éxito o fracaso de una operación alimentaria depende mucho de su liderazgo. Asumí que estaba bien sin coordinarse con nosotros, pero me sorprendió la falta de contacto.

Antes de que amaneciera al día siguiente, Trump dejó claro que no tomaba en serio la coordinación con los gobiernos locales. En una serie de tuits dirigida a la alcaldesa Cruz, decidió que era una enemiga política junto con el resto de Puerto Rico, a quienes llamó flojos e incompetentes. "Los demócratas le han dicho a la alcaldesa de San Juan, que fue muy halagadora hace unos días, que ahora debe ser grosera con Trump", escribió. "Qué capacidad de liderazgo tan pobre por parte de la alcaldesa de San Juan, y de otros en Puerto Rico, que no son capaces de hacer que sus empleados ayuden. Quieren que hagamos todo por ellos cuando debería ser un esfuerzo en común. Ya hay 10.000 empleados federales en la isla haciendo un trabajo fabuloso".

No querían que les hicieran todo. Cruz insistía en que sólo pedía ayuda, como muchos otros.[15] Sólo era "grosera con Trump" porque Trump creía que cualquier crítica suya era grosería. Lo que era realmente horrible era la vida en Puerto Rico, donde las dificultades eran mucho más grandes que el ego de un hombre, incluso si ese hombre era el presidente de Estados Unidos.

Los comentarios de Trump le valieron una rápida y aguda respuesta por parte de Lin-Manuel Miranda, el genio musical que creó *Hamilton* e *In the Heights*, y cuya familia es de Puerto Rico. "Te vas a ir directo al infierno", le tuiteó a Trump. "Nada de filas largas para ti. Alguien dirá, 'Pásele por aquí, señor'. Despejarán el camino".

PARA EL SÁBADO, SÓLO CINCO DÍAS DESPUÉS DE QUE LLEGARA a Puerto Rico, me quedaba claro que habíamos superado el espacio en Santurce. Necesitábamos retomar nuestro plan inicial: conseguir las instalaciones inmensas de una arena, con su gran cocina, área de ensamblado, zonas de descarga y acceso vial. Necesitábamos entrar al coliseo, conocido como El Choli. Ese espacio estaba en manos de la primera dama, la esposa del gobernador, quien estaba usando la planta baja de la arena para guardar las donaciones de comida, artículos para el hogar, generadores e incluso juguetes que distribuía por toda la isla. Se veía casi vacío, pero quedaban suficientes provisiones para ayudar a mucha gente. Yo no entendía qué estaba haciendo ella con todas esas proviciones, pero tampoco queria criticaria publicamente porque necesitaba su ayuda. El espacio circundante que yo requería estaba totalmente desocupado. Así que, entre mis múltiples conversaciones por teléfono y mensajes de texto, llamé al representante del gobernador de mi ciudad, Washington, D.C., Carlos Mercader, director ejecutivo de la oficina de D.C., quien era capaz de hacer milagros. Le comenté sobre mi esperanza de obtener fondos de FEMA para nuestra asistencia alimentaria y que necesitábamos entrar a El Choli, un espacio mucho más grande. Al principio también obtuvimos mucho apoyo de la esposa del secretario de Estado de la isla, Margarita Rivera, así como de Clara Román, una emprendedora puertorriqueña. Horas después, estábamos en marcha.

La capacidad de Mercader para lograrlo fue una revelación. Recalcó que nadie estaba a cargo y que todos estaban a cargo. La oficina del gobernador tenía el poder de acelerar las cosas, pero ninguna capacidad aparente de alimentar a los puertorriqueños. Los recursos estaban ahí, pero necesitabas saber cómo encontrarlos y utilizarlos. Fue como si alguien te invitara a cenar y te dijera que pidieras lo que quisieras, pero no te diera un menú. ¿Puedo tomar agua? ¡Sí! ¿Puedo comer arroz y frijoles? ¡Sí! Pero no sabes cómo obtener sushi y cassoulet. Necesitas una maestría en FEMA para comprender qué recursos tienen y cómo hacer que funcionen para la gente que los necesita.

Era un día lluvioso, pero eso no impidió que se formaran largas filas de gente que esperaba pacientemente el sancocho, cubriéndose con sombrillas en las históricas calles de Santurce. Y no impidió que las multitudes se acercaran a nuestros tres camiones de comida, los cuales entregaban mil comidas por sí solos. Preparamos 13.000 comidas ese día, incluyendo 10.000 comidas calientes; cinco veces lo que habíamos cocinado al principio de la semana. Éramos imparables.

Ahora teníamos suficiente apoyo público para hacer que la operación se saliera de control. Con las mejores intenciones, es posible saturar una operación con un crecimiento tan rápido como el de la nuestra. La gente quiere ayudar, pero rápidamente puede minar tus mejores esfuerzos. Los visitantes en el estacionamiento estaban fuera de control y yo me ponía cada vez más nervioso; incluso eché al papá de José Enrique porque no lo reconocí. Estaba orgulloso de lo que su hijo había ayudado a crear, pero yo estaba preocupado por todos los visitantes.

Ramón Leal, de Asore, me dijo que había recibido donaciones inmensas: 15.000 libras de pollo, tanques de gas propano, panes para hot dog, tortillas, fruta fresca y cinco pallets de agua.

—¡Ramón, necesitamos coordinarnos ya! —le dije—. ¡Es demasiado para moverlo todo!

—Lo sé —me contestó—. Por eso necesitas venir con nosotros a la estación de radio. Estoy invitando a todos mis amigos, a los proveedores de restaurantes y comida, para que se unan y ayuden. —La radio era la forma más poderosa de comunicación en una isla con muy poco servicio de celular, pero aun así necesitábamos tomar tiempo y prepararnos bien.

—¡Ramón, ten cuidado! Necesito organización y esto no se puede volver un circo. Por favor no lo hagas todavía. Por favor.

Nos vimos en mi hotel y planeamos una solución. Ramón tenía muchas ganas de ayudar a sus familiares en las montañas, así que organizó una entrega ahí. Pero estaba enfocado en ayudar a todos en Puerto Rico y ya lo estaba afectando, como a todos. Al igual que a nosotros, le parecía que esta operación de asistencia alimentaria era extenuante e inspiradora al mismo tiempo. También trabajaba con otros líderes empresariales del sector privado y funcionarios del gobierno. Estaba llevando un avión lleno de provisiones donadas por el gobierno mexicano de Miami a San Juan, con comida para nuestra operación y suministros médicos, como tanques de oxígeno. De noche, entregaba diésel y propano para los asilos de ancianos y los hospitales. Aparecía y desaparecía como un fantasma, pero siempre estaba ayudando a alguien en algún lugar. Sólo dormía tres horas cada noche y había perdido más de catorce libras en los diez días desde el huracán.

—Pero nunca me he sentido mejor —dijo.

EN PUERTO RICO, LOS FINES DE SEMANA SUELEN SER PARA LAS familias y la comida. La gente viaja a los montes para comer grandes banquetes de cerdo rostizado, plátano macho y arroz, en una lechonera o parrillada, donde los cerdos rostizados dan vueltas en picas sobre el fuego. Se forman en los quioscos cerca de la playa, donde fríen grandes cantidades de bacalaítos con bacalao salado, o tostones de plátano macho. Es un tiempo para unir a la familia y a los amigos como comunidad, en una plaza, enfrente de una iglesia o sólo en la casa más grande del vecindario.

Dos domingos después del huracán, queríamos continuar con esa tradición. Queríamos llevar la comida de vuelta a esas comunidades que estaban sufriendo. No sólo para alimentar a la gente, sino para decirles que el mundo se preocupaba por ellos.

También era nuestro último día en el restaurante de José Enrique, en Santurce, un lugar que yo amaba por su calidez y el espíritu de su comunidad. Era como mi casa y mi hogar, donde sudamos y luchamos para cocinar decenas de miles de comidas. En esas calles estrechas donde San Juan solía divertirse, nosotros habíamos construido los cimientos de una operación de asistencia alimentaria para toda la isla y un modelo para desastres futuros. Pero ya éramos demasiado grandes para ese espacio, y mientras el equipo se preparaba para mudarse, llevamos nuestras comidas a los caminos.

Ahora teníamos cuatro paelleras gigantes cocinando grandes cantidades de arroz, pollo y verduras, junto con nuestro famoso sancocho y una enorme operación de sándwiches. Ese domingo alcanzamos un nuevo récord: 20.000 comidas, casi diez veces lo que habíamos hecho al principio, sólo una semana antes, y el doble de lo que habíamos producido dos días atrás.

Nuestra primera entrega fue de 2.000 comidas a Cataño, al este de San Juan. Bajo una carpa blanca enorme, pusimos música a todo volumen, acomodamos las mesas y servimos nuestras comidas en un ambiente festivo. Conmigo estaban el alcalde de Cataño, Félix Delgado, y el secretario de Estado de la isla, Luis Rivera-Marín, felices de servir arroz con pollo. Podías ver el compromiso en la cara de Félix; como muchos alcaldes, era muy práctico. Nuestro único problema era que habíamos olvidado traer las cucharas para servir, pero cuando tu compromiso es ayudar a la gente, siempre encuentras una solución, así que sobrevivimos sin ellas.

Mientras nos preparábamos para la siguiente entrega, nuestro equipo en Santurce estaba empacando y mudando toda la operación a nuestro nuevo hogar en la arena del coliseo.

Quedaba claro por nuestros viajes que necesitábamos crecer y necesitábamos hacerlo rápidamente. En nuestro viaje a Ponce, muy al sur de la isla, vimos claramente la devastación. Los árboles no tenían ramas ni hojas. El viaje fue triste, como si hubiéramos entrado a otro mundo, donde los árboles acabaran de perder una batalla épica contra alguna clase de fuerza inmensamente poderosa. La cobertura de celular se cortó de camino a Ponce y perdimos todo contacto con nuestro equipo en San Juan. Tuve que recordarme que estaba en Estados Unidos, no en un país tercermundista, once días después de un huracán.

Lentamente, comenzaron a reactivarse algunos servicios básicos. Ahora, según el gobernador, el 36 por ciento de los puertorriqueños tenía cobertura de celular. Estaban llegando mil soldados más, pero la cifra total era de sólo 6.400. Al mismo tiempo, había 8.800 ciudadanos estadounidenses en albergues por toda la isla. Incluso con mayor cantidad de personal militar, las tropas estaban abrumadas por la magnitud de lo que tenían que hacer.[16] Además, esas cifras no eran ni remotamente tan importantes como el 55 por ciento de los puertorriqueños que no tenían acceso a agua potable. Eso representaba 1,87 millones de estadounidenses sin el ingrediente esencial para la vida. Un total de 95 por ciento de los isleños todavía no tenía acceso a electricidad.[17]

Tan pronto como llegamos a Ponce, nos encontramos con la alcaldesa de la ciudad, María Meléndez Altieri, conocida como Mayita. Estaba feliz de vernos, incluso si estaba sorteando una interminable lista de dificultades. Yo ya sabía sobre la gravedad de la crisis alimentaria en Ponce gracias a mi amiga Lymari Nadal, quien había ido antes para ver a su familia en la ciudad. Llevó 500 comidas, pero dijo que pudo haber repartido 5.000 o más.

Junto con la alcaldesa, visitamos una escuela que también servía como refugio. Quedé sorprendido por las buenas condiciones de la cocina y la cafetería. Tenían suficiente comida y refrigeración para alimentar no sólo al refugio, sino también a las égidas de alrededor. Di un discurso improvisado, agradeciéndoles la labor que estaban haciendo y diciéndoles cómo ya estábamos cocinando miles de comidas al día. Todos aplaudieron felices. En momentos como éste, cualquier mensaje de esperanza es un estímulo importante para enfrentar retos tan abrumadores.

Se hacía tarde y nos fuimos con la alcaldesa a otras partes más alejadas, donde Mayita nos dijo que todavía no tenían una idea del todo formada de qué tan mal estaban. Su equipo simplemente estaba sobrecogido por el desastre. Eso es lo que descubrimos en El Tuque, un área cerca de Ponce, en la parte suroeste de la isla. La gente ahí no tenía agua y caminaba treinta minutos de ida y treinta de vuelta para obtener un litro. Otros bebían de un arroyo cercano por mera desesperación. No había electricidad y era un hervidero de mosquitos. Los supermercados locales estaban vacíos. Nuestra llegada pareció darles esperanza, incluso si inicialmente pensaron que éramos funcionarios de FEMA y veníamos a salvarlos porque llegamos con una escolta de agentes de HSI. Mientras servíamos nuestro arroz con pollo, junto con medio aguacate para cada persona, la gente estaba sonriendo, pero su paciencia y buen corazón enmascaraban un hambre y una necesidad reales. Servimos mil comidas y llevamos mil sándwiches a otra comunidad cercana, y tomamos una decisión crítica en ese momento: abriríamos una cocina satelital en el área para producir 10.000 comidas al día y ayudar a servir a esta comunidad de 50.000 personas durante al menos una semana o dos, hasta que salieran a flote. Mayita nos lo agradeció, pero yo estaba haciendo promesas que no sabía cómo iba a cumplir.

ESE DÍA CONTINUABA FURIOSO POR LOS ATAQUES DE DONALD Trump contra la alcaldesa Cruz. “Si yo fuera @realDonald Trump, habría estado en Puerto Rico no más de dos días después del desastre para dirigir todo”, tuiteé. “Si yo fuera @realDonaldTrump, no atacaría a un líder que ha trabajado sin descanso por su pueblo", escribí en otro tuit, publicando una foto de Cruz. En un tercer tuit, dije que alabaría a los voluntarios y en otro dije que dejaría de atacar a los medios si fuera él. Finalmente, sugerí que activara todos los camiones de comida de la isla para crear cocinas y entregar comida calle tras calle. No se necesitaba de la burocracia federal para entenderlo; sólo hacía falta ver lo que estábamos haciendo. Sí, podía tomarse como que estaba provocando a Trump, pero mi mensaje era serio: necesitábamos un liderazgo real por parte de la Casa Blanca, no una serie de publicaciones malintencionados en redes sociales. Pensé en llamar a Ivanka Trump. La conocía, al igual que a sus hermanos, por varios encuentros, incluyendo el litigio por un restaurante que me negué a abrir en un hotel con ellos después de los comentarios de su padre sobre los inmigrantes mexicanos. Tenía una gran relación con los republicanos en la Casa Blanca de Bush y con los demócratas en la de Obama, pero esta administración era diferente y yo me sentía desconectado de ellos.

No tenía problema con todos los funcionarios federales. Estaba claro que yo quería que las cosas funcionaran con los militares, con Seguridad Nacional y con FEMA. Éstas eran las personas que podían lograr que se hicieran las cosas y yo todavía tenía grandes esperanzas, particularmente en lo que FEMA podía hacer. Pensé que Brock Long, el administrador de FEMA, había dado en el clavo cuando apareció en *This Week*, de ABC, ese domingo en la mañana. Cuando George Stephanopoulos le preguntó sobre las críticas de la alcaldesa Cruz y la sugerencia de Trump de que Puerto Rico no estaba haciendo nada, se tomó un largo tiempo para aclararse la garganta. "El éxito de una respuesta ante un desastre está basado en la unidad de los líderes", dijo. "La conclusión es que tuvimos una conferencia de prensa de la oficina exterior adjunta en San Juan. Esa operación tiene a cientos de personas trabajando todo el día para establecer objetivos estratégicos. Los objetivos de FEMA, del Departamento de la Defensa, del gobernador. Hemos estado trabajando con los alcaldes de todo Puerto Rico para asegurarnos de tener una estrategia". Brock señaló que Cruz sólo había ido a la oficina adjunta una vez.

Hay muy pocos héroes en cualquier desastre y no hay líderes perfectos. Cruz tenía defectos y también FEMA. Algunos de esos defectos eran obvios en ese momento: Cruz no era tan buena para manejar la logística como lo era para pedir ayuda. Algunos de esos defectos, especialmente en FEMA, sólo emergerían del todo mucho después. Con todos sus cheques y balances burocráticos, la agencia descuidaba sus contratos y se alejaba de la realidad. Aun así, tenían el poder de hacer mucho bien por la gente necesitada y yo quería animarlos a que lo hicieran.

Long dijo en el noticiero de ABC que su "progreso era lento" en Puerto Rico y que la isla tenía "un largo camino por recorrer".[18]

"Creo que FEMA lo logrará", tuiteé en respuesta a Long después de su entrevista.

Ninguno de esos detalles evitó que Trump tuiteara sobre lo que él consideraba un gran éxito, mientras embarraba a cualquiera que dijera la verdad sobre lo que realmente estaba pasando en la isla. "Hemos hecho un gran trabajo con la situación casi insostenible de Puerto Rico", escribió. "Fuera de las noticias falsas o los ingratos motivados políticamente, la gente ahora empieza a reconocer el grandioso trabajo que han hecho FEMA y nuestro gran ejército".

No tenía ningún problema en reconocer el increíble trabajo de algunas personas de FEMA, así como de los militares. Pero también podía ver claramente que la administración no estaba haciendo un gran trabajo. La situación, como nos dimos cuenta, no era "casi insostenible" a menos de que te quedaras dentro de un refugio gubernamental sin contactos, sin experiencia, sin conocimiento del lugar y sin ninguna urgencia o creatividad sobre cómo ayudar a la gente.

A NUESTRO REGRESO DE PONCE, SENTÍ LA URGENCIA DEL momento. La situación era tan mala en El Tuque, que necesitábamos movilizar a todo el sector privado rápidamente. Llamé a Ramón Leal para programar una reunión con los líderes empresariales en nuestro hotel. Con o sin un contrato con FEMA, no podíamos detenernos. Yo casi no estaba comiendo, pero no podía dejar de pensar en la gente que bebía agua de lluvia o que se iría a dormir con hambre esa noche. La concurrencia en el hotel fue impresionante: incluso apareció la Cruz Roja. Les conté nuestro plan para alimentar a tanta gente como fuera posible y les pedí que dieran prioridad a las donaciones de comida. Si podían costear una donación de dinero en efectivo, también sería maravilloso. Pero debía dirigir la operación como la cocina profesional de un restaurante y necesitaba su apoyo. Entre los líderes empresariales estaba Rafael O'Ferrall, un general brigadier retirado del ejército de Estados Unidos, quien ahora era director general de Dade Paper Company en Puerto Rico. Uno de nuestros más grandes retos era cómo entregar la comida. Dado que no estábamos seguros de poder obtener Cambros reutilizables de plástico, necesitábamos una provisión inmensa de charolas de aluminio. Tomó en serio nuestro plan y nunca nos quedamos sin charolas en las siguientes semanas y meses, mientras enviamos cientos de miles de charolas llenas de comida caliente por toda la isla.

Después de que terminó la reunión, quería ir al restaurante de José Enrique para recuperarme un poco, pero mi equipo ya se había ido, después de trabajar incesantemente para mudar nuestras operaciones del pequeño restaurante rosa a la inmensa arena de concreto. Estaban exhaustos, pero nunca dejaron de trabajar. A todos nos movía la necesidad de alimentar a una isla, cuyo sufrimiento apenas empezábamos a comprender. Fui a la terraza del hotel y encendí un cigarro. Solo se escuchaba el zumbido de los aires acondicionados y los generadores electricos de la ciudad. Mirando hacia las estrellas, comencé a llorar. Pensé en que la única estrella que aun faltaba en la bandera de Estados Unidos era la puertorriqueña.

CAPÍTULO 5
EN LA ARENA

HABÍA PASADO UNA SEMANA DESDE MI LLEGADA A PUERTO RICO y era el primer día en nuestro nuevo hogar, el coliseo. Después de alcanzar un nuevo récord con la cantidad de comidas que preparamos el día anterior, sabíamos que iba a aumentar enormemente nuestra producción al mudarnos a este inmenso espacio. Toma tiempo construir una operación como la nuestra, y la tarea de reconstrucción no es fácil.

Era todavía más difícil si la cocina más grande de la isla no estaba funcionando. Mi experiencia en Houston reafirmó lo que yo ya comprendía: las cocinas de las arenas son perfectas para un desastre. Están planeadas para alimentar a decenas de miles de personas y tienen una gran capacidad de almacenaje y refrigeración, además de que gozan del mejor acceso para entregas y salidas. Pero cuando quise activar la cocina central de El Choli, me enfrenté a un problema tras otro. En mi mente ya soñaba con que podríamos alimentar a toda una isla; teníamos una cocina que podía alimentar entre 20.000 y 30.000 personas al día, pero necesitábamos negociar un contrato con la empresa que manejaba El Choli, pagando una renta para ocupar el espacio, así como la electricidad y el aire acondicionado. Cuando llegamos, no había electricidad y el personal de la arena actuaba como si nos estuvieran haciendo un favor al permitirnos estar ahí. *Qué desperdicio de espacio*, pensé. Incluso en el centro de convenciones, donde FEMA tenia su sede, se podia producir diez veces más cantidad de comida desde su gigantesca concina.

Estaba decidido a llenar ese lugar, pero no iba a suceder en un solo día. Aun así, las dificultades iniciales no me iban a detener. Con el espacio y las instalaciones que teníamos ahora podía ver mis sueños hechos realidad. Quería sacar 100.000 comidas al día para el final de la semana. Me gustaba pensar en El Choli como el restaurante más grande del mundo. Estábamos activando una cocina de gran capacidad que alimentaría a 100.000 clientes al aire libre todos los días. Quizá tenía esa visión porque también estaba abriendo un nuevo restaurante en el continente al mismo tiempo. Mi equipo me seguía mandando fotos de los platillos que estaban creando en nuestro nuevo restaurante, Somni, en el Hotel SLS de Beverly Hills. Un minuto veía fotos de creaciones delicadas *avant-garde* y al siguiente veía una paellera gigantesca de arroz con pollo para los puertorriqueños hambrientos. No era fácil llevar dos vidas al mismo tiempo. Cuando llamé a Patricia para decirle que no volvería ese fin de semana, naturalmente me preguntó cuánto tiempo me quedaría en la isla. Su simple pregunta hizo que soltara todas las lágrimas que había estado conteniendo. No podía hablar y ella lo entendió.

Nuestros camiones de comida llegaron temprano al estacionamiento afuera de El Choli, pero me preocupaba cuánto tiempo nos tomaría establecer la línea de preparación de sándwiches. Tenía más sentido dejar la operación de sándwiches totalmente funcional con José Enrique un día más. Nos hacía falta pan ese día porque elegimos alimentos mucho más simples, incluyendo hot dogs y hamburguesas, pero logramos comprar grandes cantidades de pan al ir a los lugares más obvios. No necesitabas ninguna experiencia en la industria alimentaria para saber que Sam's Club es un gran proveedor de pequeños negocios, como restaurantes, y nunca nos decepcionaron. Rápidamente nos volvimos su mejor cliente en Puerto Rico y nos trataron bien; evitábamos las filas y entrábamos por una puerta lateral. Nos salvaban la vida cuando se empezaban a terminar las provisiones en José Santiago y necesitaban tiempo para reabastecerse. Siempre adaptábamos nuestras comidas según los ingredientes que estaban disponibles. Nunca pude entender a las otras organizaciones sin fines de lucro que luchaban por tener provisiones si la respuesta era tan obvia como Sam's Club. Teníamos un Jeep y llenábamos cada rincón hasta el techo, con hogazas y hogazas de pan.

Pero ese día habíamos empezado tarde por la mudanza y el resultado fue un problema tremendo. Los camiones de comida no llegaron en el tiempo establecido del almuerzo para repartir hamburguesas y no sabían qué hacer con las 700 que sobraban. Para mí, la solución era simple: ve a donde haya mucha gente. "Detente en una gasolinera y regálalas", dije. En dos minutos, las 700 hamburguesas habían desaparecido.

Necesitaba gente que pudiera resolver problemas como ése y afortunadamente llegó una persona así ese día. Erin Schrode, una activista que había trabajado en asistencia médica después del terremoto en Haití, vino a ayudar junto con Nate. Llegó justo cuando mi director ejecutivo, Brian MacNair, se iba para mantener a flote nuestras operaciones en Nicaragua, en un viaje de entrenamiento con dos de mis chefs. Realmente necesitaba toda la ayuda que pudiera conseguir, pero no podíamos dejar nuestros demás programas. Mi negocio privado y mi vida familiar ya estaban sufriendo lo suficiente. Brian podía ayudarme a mantener los otros programas y apoyarnos a distancia.

"Vamos a servir 100.000 comidas en un día", le dije a Erin. Me miró como si estuviera loco. Ese día, dada la mudanza, sólo íbamos a preparar 8.000.

Erin quería saber cuáles eran sus responsabilidades, pero yo no quería jugar a la jerarquía de puestos. Cuando les das títulos a las personas, arruinan todo. Necesitan descubrir cómo hacer que las cosas funcionen, no discutir sobre sus puestos.

—Eres la jefa de la Felicidad —le dije, esperando terminar la conversación ahí.

—Muy bien —contestó—. Soy jefa de Operaciones y Felicidad.

No había mucha felicidad en el resto de la isla. Las cifras oficiales estaban empeorando, no mejorando. Héctor Pesquera, el secretario de Seguridad Pública de la isla, le confesó a un reportero que el número de muertes excedía el conteo oficial de dieciséis, pero no sabía por cuánto. "Comprendo que hay más muertes, pero lo que no tengo son informes que me digan [por ejemplo] que en Mayagüez murieron ocho por falta de oxígeno, que en San Pablo murieron cuatro porque no recibieron diálisis", dijo.[1] Yo había visto cuatro cadáveres, así que sus cifras me parecían demasiado bajas.

La situación en la isla no había mejorado mucho. El gobernador Rosselló informó que sólo dos tercios de los supermercados estaban abiertos, y en mi experiencia, muchas de las tiendas abiertas no tenían provisiones. La gente no tenía dinero, y si lo tenía, los supermercados no aceptaban sus tarjetas por la falta de internet o electricidad. Sólo poco más de un tercio de los isleños tenía cobertura celular y, de acuerdo con nuestros voluntarios y choferes, la mayor parte de la señal estaba cerca de San Juan.[2]

Necesitábamos crecer rápidamente para ayudar a los puertorriqueños, pero también necesitábamos crecer en El Choli de una forma mucho más organizada. FEMA ahora hablaba de un contrato para ayudarnos a empezar, lo que requeriría todo un papeleo que quizás auditaran en otro momento. Todavía no estaba claro qué tan lejos nos llevaría ese contrato. FEMA parecía estar tomando nuestro trabajo con seriedad, sobre todo por la atención que recibíamos de los medios tradicionales y en redes sociales.

Sin embargo, la atención de los medios se volvió mucho más difícil de atraer a causa de los terribles eventos en Las Vegas unas horas antes de que empezáramos a cocinar en la arena. Un francotirador abrió fuego en un festival de música country cerca del Vegas Strip, dejando 58 muertos y 851 heridos. Las cifras y la masacre misma eran impactantes, incluso después de las noticias recientes sobre tantos tiroteos. Podías sentir cómo se le iba el oxígeno a Puerto Rico, justo cuando finalmente habíamos adquirido cierto impulso con los reporteros del continente. Anderson Cooper ya no podía quedarse días y días, como lo había hecho en Haití. Él y el resto de los medios en Estados Unidos necesitaban volar a Las Vegas tan pronto como fuera posible.

Sabía que eran decisiones difíciles de tomar en un noticiero. Era imposible comparar una tragedia con otra, pero debieron poder cubrir ambos desastres al mismo tiempo. Uno fue rápido y sangriento. El otro fue lento, pero mató a muchos más. Ambos merecían una atención extensa de los periodistas.

El resultado fue que se cerrara la cobertura del sufrimiento en Puerto Rico. La isla se convirtió una vez más en el desastre olvidado, donde las vidas de los estadounidenses no parecían ser tan valiosas como en otros lugares que tenían la suerte de ser estados oficiales del país. Perder la atención de los medios implicó que muchos problemas que se pudieron haber resuelto y muchos escándalos que se pudieron haber expuesto escaparan a la atención de la gente durante meses. Los funcionarios del gobierno en todos los niveles —desde los alcaldes hasta el gobierno de la isla y la Casa Blanca de Trump— esquivaron cualquier escrutinio importante. La tragedia en Las Vegas fue otro desastre para Puerto Rico.

Esa noche regresé exhausto al AC Hotel, después de pasar un par de horas en la sede de FEMA, donde obtuve mi primer mapa militar de la isla. Llegué justo a tiempo para explicarle mis planes a la secretaria de Educación de la isla, Julia Keleher. Con más de mil escuelas bajo su control, Keleher era una poderosa líder en lo que yo consideraba la expansión más dramática de todas las operaciones alimentarias. Mi visita a la escuela en Ponce era prueba de lo que podían lograr. Cada escuela tenía una cocina y su propio equipo de cocineros, y sólo tomaría una orden activar esas cocinas, hacer que cocinaran más tiempo y con más provisiones, para alimentar a sus propias comunidades. Las cocinas escolares serían el modelo para alimentar a la isla si podíamos organizarlas y activarlas.

Las escuelas padecían también. Muchas estaban cerradas y era difícil mantener la comunicación, pero algunas estaban diseñadas como refugios comunitarios y ya alimentaban a familias y voluntarios. La clave era hacer que llegara el mensaje a más escuelas para llevarles más comida y que así pudieran atender a sus comunidades; lo que ya era un gran reto sin servicio de telefonía fija y celular, y sin internet. Los cocineros de las escuelas necesitaban saber que no se meterían en problemas si empezaban a preparar más comidas, no sólo para los estudiantes, sino también para las familias que pasaban hambre. Al revisar mi nuevo mapa y hablar de cómo servir a las comunidades más necesitadas por toda la isla, sentí que Keleher sería una de las mejores socias que podía esperar. Era mucho más que una secretaria de Educación, controlaba la mayor cantidad de cocinas en la isla.

El mapa era mucho más que un pedazo de papel. ¿Qué significó ese mapa para mí? Fue una forma de demostrar que no estaba loco. El mapa significaba que no era sólo un chef demente que quería abrir dieciocho cocinas. Podía explicarle a la gente cada paso del plan, todo lo que habíamos construido y entregado, y mostrarles cada región y pueblo que necesitaba ayuda. Estaba mostrando que todas esas cocinas activadas tenían un impacto en la situación. Eran la prueba de que era posible y esperaba que esa evidencia les sirviera a FEMA y a la Cruz Roja para ayudar a otros. Quizás incluso me ayudarían a alimentarlos.

Si no podían o no querían ayudar, yo llamaría a todos los demás que sí estuvieran dispuestos. Estados Unidos está lleno de dinero, así que seguí adelante con mi teléfono y mi mapa. Era como abrir un restaurante sin saber quiénes son tus inversionistas. Pero el rendimiento de esa inversión era saber que los puertorriqueños no pasarían hambre.

EL PANORAMA AFUERA DE EL CHOLI ERA UNA MEZCLA RUIDOSA, desordenada y maravillosa de ingredientes. El zumbido constante de los generadores marcaba el ritmo mientras se lavaban las inmensas paelleras afuera de la entrada oeste de la gigantesca arena donde teníamos nuestra oficina central. Mientras nos organizábamos con grandes hojas de rotafolio y hojas de admisión tamaño carta, los cocineros juntaban montañas de arroz y revolvían grandes cantidades de caldo. Las comidas calientes se formaban a sólo unos pasos, en un emplaste de voluntarios sudorosos y puertorriqueños ansiosos esperando recoger las preciadas charolas y cajas de comida para sus comunidades. La demanda era tan grande, que la gente llegaba antes del amanecer —algunos incluso a las cuatro de la mañana—, esperando horas para recoger las comidas de su comunidad. Contratamos más seguridad para manejar a las multitudes, organizándolas en filas para dejar sus órdenes y recoger la comida. Cerca de las paelleras, nuestra pequeña flota de camiones de comida esperaba que la cargáramos con lo que se convertiría en varios salvavidas por toda la isla cada mañana. Nuestra cocina exterior también era depósito: había un camión con tanques de propano, listos para seguir alimentando los quemadores circulares que cocían el arroz. En la entrada de la arena, un estacionamiento a medio pavimentar siempre estaba lleno de camiones y autos esperando llevar comida a la isla. Había agentes de Seguridad Nacional armados con rifles de asalto sobre sus hombros y pistolas atadas a sus piernas. Y había pastores y alcaldes de comunidades pequeñas, junto con jóvenes voluntarios, todos esperando pacientemente en el calor húmedo. Cuando llovía, que era seguido, el estacionamiento se convertía en un baño de lodo, como gran parte de la isla, todavía saturada con el agua de dos huracanes.

La evidencia de las tormentas estaba en todas partes. Por un lado, la casa de la Compañía de Comercio y Exportación de Puerto Rico portaba las cicatrices del viento: había arrancado los logos del edificio, dejando vacío el espacio blanco que antes anunciara su negocio. Por otro lado, una calle de oficinas estaba tapiada con varias hojas de madera porque se habían reventado las ventanas. No había señal de que se estuvieran haciendo reparaciones en nuestro vecindario.

Dentro de la arena, empezamos a guardar grandes cantidades de utensilios básicos: cubiertos, platos de papel, cajas herméticas, charolas de aluminio, pallets de agua, latas de verduras, charolas de pan, cajas de fruta y verdura. En otro tiempo, no hace mucho, éste era el salón Absolut Vodka, así que las paredes estaban cubiertas con imágenes juguetonas del estilo de vida con vodka. Había vasos de cóctel y barajas junto a grandes letreros advirtiendo que tomaras con responsabilidad. En este salón oscuro, más allá de la luz del sol tropical, establecimos dos líneas más de sándwiches sobre mesas plegables. El espacio era lo suficientemente grande para que resguardara a cientos de voluntarios y se convirtiera en una fábrica para alimentar a la isla. Más allá de la fábrica de sándwiches estaba el espacio medio vacío donde seguían sin usarse las provisiones de la primera dama, por razones incomprensibles para nosotros. Teníamos prohibido entrar ahí, así que sólo veíamos la montaña de generadores nuevos y nos preguntábamos por qué no se los mandaban a las personas que los necesitaban con urgencia.

En otra esquina, a través del pasillo de cemento, guardábamos más ingredientes: arroz, aceite, latas de verduras, cajas de cubos de consomé, charola tras charola de pan blanco rebanado y botellas enormes de aceite de canola. Más allá de otro salón que también estaba abierto a la planta baja, había más provisiones en el pasillo que llevaba hacia nuestra cocina central: un espacio gigantesco de donde salía nuestra comida. En un lado cocinábamos tinajas de arroz con pollo, pastelones, incluso hot dogs. Atrás de la pared, lavábamos y preparábamos montañas de verduras y pollo crudo. Y justo atrás del área de preparación había dos cuartos refrigerados gigantes, vitales para toda la operación.

Nuestros cocineros pronto llenaron las paredes con tarjetas donde escribían sus metas del día: la cantidad de comidas destinadas para cada locación y, lo más importante, la cantidad de puertorriqueños hambrientos que alimentarían cada día.

Comparado con nuestra primera casa, El Choli era una instalación de cinco estrellas. Más allá del tamaño, el espacio nos permitía cocinar eficientemente. Teníamos agua y fuego, las dos cosas esenciales para cocinar que todavía eran sólo un recuerdo para la mayoría de los puertorriqueños. Teniámos refrigeración y aire acondicionado, aunque el calor en las cocinas seguía siendo tremendo. Teníamos espacio para entregar cantidades masivas de comida y un espacio para guardarla. Finalmente podíamos dedicarnos a alimentar a las inmensas cantidades de personas que todavía pasaban hambre mientras intentaban reconstruir sus vidas.

Afuera, en mesas plegables, extendí mis nuevos mapas y planeé nuestra expansión por la isla. Con esta gigantesca cocina y el espacio afuera como nuestro punto central, podíamos cuidar a San Juan. Pero para llegar al resto de la isla necesitábamos una red de cocinas que hicieran lo mismo que El Choli, sólo que a menor escala. Desde esas cocinas satelitales podíamos servir a las comunidades locales y averiguar dónde estaban las verdaderas necesidades. Debíamos activar esas cocinas y abastecerlas. Al hacerlo, evitaríamos las dificultades de los viajes diarios con comida caliente, mejoraríamos nuestra red de información y comunicaciones sobre lo que pasaba en tierra, e incrementaríamos la operación para que fuera realmente de toda la isla. Éste era nuestro plan de 21 días para alimentar a la isla.

Lo que me daba confianza para crecer era la primera señal de apoyo oficial, sólo ocho días después de que llegara a la isla. FEMA me envió un correo electrónico para darnos lo que llamaba "un aviso para proceder" y cocinar 20.000 comidas al día durante los siguientes siete días. Establecimos un precio de 6 a 8 dólares por comida, dependiendo de los ingredientes, cubriendo no sólo la comida y las provisiones, sino también el transporte y la fuente de energía necesarios para prepararla y entregarla. Por razones que nunca me quedaron claras, el costo por comida se elevó a 10 dólares para cuando FEMA nos dio luz verde. Dicho lo cual, estábamos frente a un contrato con FEMA por 1,4 millones de dólares para proveer 140.000 comidas. Sabíamos que podíamos llegar a esa cantidad. En nuestro último día en Santurce habíamos producido 20.000 comidas. Ahora estábamos en un espacio mucho más grande, con cocinas nuevas, listas para activarse por toda la isla. Nuestro plan era cocinar a máxima capacidad, pero no por el contrato. Como una organización sin fines de lucro, no teníamos ningún interés en generar ganancias. Nuestro pago era alimentar a la gente. El dinero de FEMA iba a cubrir nuestros costos actuales y más: todo lo que sobrara se gastaría en alimentar a más gente, sin importar la cantidad de comidas estipuladas en el contrato.

QUIZÁ FUE SÓLO COINCIDENCIA QUE EL CORREO DE FEMA LLEgara el mismo día en que el presidente Trump visitó Puerto Rico por primera vez desde el huracán, trece días después de que María tocara tierra. Yo quería que él y su equipo supieran lo que estábamos haciendo y lo que podíamos lograr juntos. Mi voz se estaba volviendo áspera y me dolía la garganta, pero grabé un video para darle a él —o a sus asistentes— una idea de lo que podíamos lograr.

—Hola, Señor Presidente Trump. Así es como vamos a alimentar a Puerto Rico durante los siguientes veintiún días —empecé, parado junto a los mapas en las mesas afuera de El Choli. "Están pasando muchas cosas con la Cruz Roja y otras organizaciones de asistencia, pero ésta es la World Central Kitchen y esto es lo que hacemos. Estamos aquí, en nuestra oficina central, donde ya producimos 50.000 comidas. Para el sábado estaremos preparando 100.000. Identificamos ocho cocinas alrededor de Puerto Rico que vamos a abrir: Mayagüez, Aguadilla. Vamos a abrir Manatí y vamos a abrir una en Ponce mañana. Vamos a abrir una en Guayama y una en Fajardo para que se encarguen de Vieques y Culebra. Y vamos a abrir una en Gurabo para que se encargue del centro de la isla. En una semana —si obtenemos apoyo directo, ya que estamos trabajando con FEMA para asegurar que alimentemos activamente a la gente con este proyecto— vamos a alimentar a más o menos medio millón de personas al día. Junto con las otras operaciones que ya están activas, creo, Señor Presidente, que alimentaremos a esta isla. Sólo necesitamos asegurarnos de que la burocracia se haga a un lado y que podamos seguir adelante. Tenemos alrededor de 200 voluntarios al día aquí. Podemos hacerlo. Sólo necesitamos liderazgo".

Liderazgo era todo lo que necesitábamos, pero la visita de Trump no demostró exactamente el tipo de liderazgo que estábamos esperando. El personal de la Casa Blanca estaba preocupado de que se repitieran los exabruptos de Trump contra la alcaldesa Cruz.[3] En lugar de adoptar el papel tradicional de un presidente consolando a los ciudadanos estadounidenses en crisis, Trump podría volver a ser el político tuitero rencoroso que el mundo había visto sólo días antes. A sus asistentes les preocupaba que hubiera protestas y críticas de funcionarios como Cruz. Quizá también estaban preocupados porque alguien como yo dijera la verdad sobre el desastre de las operaciones de recuperación.

Tenían muchas razones para preocuparse respecto a su jefe. Todo el viaje estaba diseñado para alabar a Trump y que éste devolviera las mismas alabanzas a su equipo. No salió de su zona de confort, que además era muy pequeña.

Incluso antes de dejar Washington, Trump les dijo a los reporteros que la recuperación era magnífica. "Creo que ya se ha reconocido el gran trabajo que hemos hecho", dijo en la Casa Blanca.

La única persona que lo reconocía era Trump mismo. En una conferencia de prensa falsa que se hizo en un hangar en la base de la guardia nacional aérea, dentro del aeropuerto principal de San Juan, Trump empezó extrañamente a alabar el clima en Puerto Rico. Pronto estaba alabando a Brock Long, su administrador de FEMA, de formas que emulaban a George W. Bush después del huracán Katrina cuando dijo que el jefe de FEMA había hecho un magnífico trabajo.

—Brock ha sido increíble —dijo Trump después de darle un 10 por su labor en Texas y Florida—. Y esta ocasión ha sido la más difícil. Éste fue categoría 5, de la que pocas personas han escuchado hablar; un huracán categoría 5 que tocara tierra. Pero lo hizo, y vaya que tocó tierra. —Continuó alabando a su equipo antes de dirigirse al gobernador—. Gobernador, sólo quiero decirles que, desde el principio, este gobernador no ha jugado a la política. No ha jugado en absoluto. Decía las cosas como eran y nos estaba calificando como lo mejor.[4]

Si sonaba como una forma de calificar, es porque lo era. La persona que parecía necesitar más asistencia era Trump mismo. Cuando empezó a hablar sobre el sufrimiento en Puerto Rico se distanció de cualquier clase de sentimiento humano.

—Ahora bien, odio decírtelo, Puerto Rico, pero acabas de desestabilizar nuestro presupuesto un poco porque gastamos mucho dinero en Puerto Rico, y eso está bien

—explicó—. Hemos salvado muchas vidas. Si ves... toda muerte es un horror. Pero si observas una verdadera catástrofe como Katrina y ves la tremenda cantidad de personas que murieron, cientos y cientos y cientos, y ves lo que sucedió aquí con una tormenta que realmente era por completo devastadora, nadie ha visto algo igual. ¿Cuál es su conteo de muertes hasta ahora? ¿Diecisiete? Dieciséis personas oficialmente. Dieciséis personas versus miles. Pueden estar orgullosos de su gente, de toda nuestra gente trabajando en conjunto. Dieciséis versus literalmente miles de personas. Pueden estar orgullosos. Todos en esta mesa y todos los que nos están viendo pueden estar realmente muy orgullosos de lo que ha sucedido en Puerto Rico.

Olvidemos el hecho de que el conteo de muertes obviamente era incorrecto o que había informes confiables de que por toda la isla las morgues estaban llenas. ¿Qué clase de ser humano está orgulloso de que se mueran dieciséis personas? Sólo alguien que podía establecer una separación entre "toda su gente" y "toda nuestra gente". Alguien que no veía a los puertorriqueños como "nuestra gente" o como personas reales en lo absoluto, aun cuando él era presidente de todos los ciudadanos estadounidenses, incluyendo los que vivían en el Caribe. Necesitábamos liderazgo para alimentar a la gente de Puerto Rico, pero obtuvimos un líder que estaba más interesado en darse una palmada en la espalda que en hacer el trabajo duro de recuperación ante un desastre.

Ese día sólo empeoró con Donald Trump. Viajó la corta distancia hasta Guaynabo, donde una iglesia llamada Calvary Chapel estaba usando un viejo almacén de Office Depot para guardar y distribuir provisiones. Frente a una mesa con rollos de papel de cocina y latas de comida apilados, Trump vio a la multitud emocionada de puertorriqueños tomando su foto y empezó a lanzarles los rollos de papel. Como si estuviera encestando en una canasta imaginaria de básquetbol, se giró hacia un lado y lanzó un rollo; luego se giró y lanzó otro.

Parecía no tener idea de cuál era su papel como presidente de un país en medio de un desastre humanitario. En algún momento, levantó un sobre para purificar agua y pareció sorprendido de que alguien lo usara.

—Espera, ¿lo pones en agua sucia? —preguntó.[5]

—Sí, y puedes beberla diez o doce horas después —dijo una voluntaria.

—¿*Tú* la beberías? —preguntó, sonando más incrédulo con cada palabra.

—Claro —dijo la voluntaria.

—¿En serio? —preguntó de nuevo, alarmado.

—En serio —contestó.

Trump miró el sobre, lo sostuvo lejos y frunció el ceño. Un hombre famoso por ser germenofóbico actuaba como si prefiriera beber de una botella de Purell. Entregó algunas latas de comida, posó para algunas selfis y luego se dirigió a las cámaras a su espalda.

—Hay mucho amor en este lugar —dijo—. Mucho amor. Gran pueblo.

Quería decir: hay mucho amor para mí.

Su última parada del día fue a bordo del *USS Kearsarge*, con los gobernadores de Puerto Rico y las Islas Vírgenes. Técnicamente, es un barco anfibio de asalto, pero en la práctica lo han desplegado en misiones humanitarias, incluyendo la evacuación de casi 3.000 civiles de Sierra Leona en 1997, cuando su capital, Freetown, cayó en una anarquía violenta. Sólo los buques hospital *Mercy* y *Comfort*, que también llegaron a San Juan ese día, superan sus operaciones médicas. La capacidad del barco es tan grande, que puede destilar 200.000 mil galones de agua al día, la cantidad diaria suficiente para toda la población de San Juan.

Los marineros e infantes de marina del *Kearsarge* ya estaban en tierra la mañana después de María.[6] Con el *Kearsarge* en Puerto Rico, Estados Unidos tenía toda la capacidad necesaria para minimizar las muertes civiles en las circunstancias más extremas. Los helicópteros del barco lanzaban provisiones de emergencia a la isla, además de que ayudaron con reparaciones urgentes de varios equipos, como los generadores de los hospitales.[7] Pero cinco días después del huracán, sólo habían hecho ocho evacuaciones médicas.[8] Comparado con su servicio en Sierra Leona, parecía que no estaban utilizando al *Kearsarge* en toda su capacidad. Ahora era sólo un escenario para una sesión de fotos con el gobernador de las Islas Vírgenes, quien llegaba para que Trump se evitara la molestia de volar hasta su devastada isla.

Trump quedó contento con su día en la zona de desastre. De vuelta a Washington, a bordo del Air Force One, interrumpió una conferencia de prensa de Jenniffer González Colón, la representante sin voto de la isla en el Congreso. Un reportero le preguntó a Trump si había escuchado cualquier clase de "crítica constructiva" en su viaje.

—Ninguna —dijo Trump—. Estaban tan agradecidos por lo que hemos hecho.

En ese momento, Trump notó que entre los reporteros estaba Geraldo Rivera de Fox News. Lo saludó, aun cuando Rivera acababa de entrevistarlo en tierra.

Trump le dijo rápidamente a Rivera que Estados Unidos cancelaría las deudas aplastantes de Puerto Rico.

—Tenemos que ver toda la estructura de su deuda —dijo—. Ya saben, les deben mucho dinero a sus amigos de Wall Street y vamos a tener que eliminarlo. Pueden despedirse de eso. No sé si sea Goldman Sachs, pero quien sea, pueden decirle adiós.[9]

En realidad era una gran idea, pero no pasó de ser una opinión sacada de la manga.

Un reportero le preguntó a Trump lo que significaba su visita para Puerto Rico y el presidente estuvo feliz de responder.

—Creo que significa mucho para la gente de Puerto Rico que yo haya estado ahí. Realmente respondieron con mucha amabilidad y creo que significó mucho para la gente de Puerto Rico. Vamos, creo que ustedes lo vieron. Y creo que es una de las pocas veces en que alguien ha hecho esto. No lo sabía entonces, pero creo, por lo que he escuchado, que es la primera vez que un presidente electo ha hecho algo así.[10]

Otros presidentes electos han visitado zonas golpeadas por huracanes en Estados Unidos, y otros presidentes electos han visitado Puerto Rico muchas veces, incluyendo Barack Obama en 2011. No estaba claro a qué se refería Trump ni si comprendía lo que estaba pasando en Puerto Rico.

De vuelta en la isla, la reacción a su visita —particularmente al episodio de las toallas de papel— fue de un total desconcierto. Incluso con las bajas expectativas que había en Puerto Rico, Trump había logrado decepcionar a todos los que había conocido. Les lanzó provisiones a los puertorriqueños, en lugar de tomar la crisis humanitaria frente a él con seriedad y compasión.

“Olvídate de la política, olvídate de las críticas”, tuiteé, intentando retomar la conversación sobre el trabajo positivo que estaba viendo en persona. “Lo que yo he visto en #PuertoRico es gente unida, sacrificándose para servir. Ésta es la humanidad en todo su esplendor”.

LA ADMINISTRACIÓN DE TRUMP ESTABA HACIENDO MUCHO más para entregar asistencia alimentaria de lo que admitió ante mí o ante cualquier otra persona. Lo que hizo que fuera mucho peor saber que la asistencia alimentaria nunca se materializó.

El día que Trump lanzaba toallas de papel a una multitud de puertorriqueños, sus propios funcionarios de FEMA firmaron un contrato por 156 millones de dólares con un pequeño contratista de Atlanta para proveer 30 millones de comidas. La empresa, llamada Tribute Contracting, tenía una única empleada y ninguna experiencia en la producción de comida. Sólo veinte días después, FEMA canceló el contrato después de que Tribute produjera tan solo 50 mil comidas.

Tiffany Brown, la dueña y única empleada de Tribute, dijo que supo de la licitación de FEMA por una alerta en Google. Consiguió el contrato proponiendo 5,10 dólares por comida y planeó subcontratar las 30 millones de comidas a dos pequeños servicios de banquetes. Uno de ellos, un servicio de bodas, tenía once empleados. Ella insistió en que el subcontratante “tenía experiencia en este campo” y contrataría a más gente conforme se intensificara el trabajo.[11] Iban a liofilizar hongos y arroz, pollo y arroz, y sopa de verduras. Otro contratante, una organización sin fines de lucro de Texas, iba a enviar la comida a Puerto Rico. "Mi error más grande fue no pedir más ayuda", dijo después.

Además de no entregar las comidas, Tribute fracasó en una prueba clave para FEMA. Las comidas debían ser "autocalentables", pero enviaron por separado las supuestas bolsas para calentar la comida.

Por supuesto, esas pruebas de FEMA eran tan estúpidas como sonaban. Los alimentos liofilizados necesitan agua para reconstituirse, pero el agua potable era muy escasa en Puerto Rico. Y la idea de un alimento autocalentable sólo podía venir de un funcionario de gobierno que nunca hubiera cocinado un alimento que alguien realmente quisiera comer. Tiffany Brown no era el problema; sólo el síntoma. La enfermedad es un sistema de asistencia alimentaria manejado por FEMA y por las grandes organizaciones sin fines de lucro que no comprenden la alimentación ni a las personas que quieren alimentar.

Brown se describe a sí misma como una "intermediaria", recibiendo una parte de los contratos, muy parecida a Josh Gill. Su experiencia era en contratos, no en alimentación. "Probablemente debieron contratar a alguien más, pero asumo que no lo hicieron porque éste era el tercer huracán", dijo después. "En realidad, sólo intentaban cubrir las órdenes lo mejor posible".[12]

Eso si somos amables con FEMA. Otra empresa llamada Bronze Star ganó 30 millones de dólares en contratos para proveer medio millón de lonas de emergencia y 60.000 láminas de plástico para cubrir el daño en los techos. Por lo que vi en la isla, los puertorriqueños necesitaban las lonas desesperadamente para evitar que la lluvia inundara lo que quedaba de sus casas. Pero éstas nunca llegaron porque Bronze Star era sólo otro contratista pequeño: dos hermanos sin experiencia ni trayectoria, confiando en otros proveedores que no cumplieron. El contrato de lonas representaba un tercio de todo el dinero que FEMA había invertido en ellas hasta el momento en que lo canceló. Los hermanos eran ex militares, pero ninguno obtuvo una estrella de bronce.[13]

FEMA dijo que todos los que necesitaran una lona podrían obtenerla. Y dijo que nadie se quedaría sin comer por el completo fracaso de Tribute para proveer cualquier cosa comestible en cantidad. "Para cuando se rescindió el contrato, había numerosas provisiones de productos básicos en resguardo, así que no se afectó la distribución", dijo William Booher, un vocero de FEMA.

En el mejor de los casos, se trata de palabras insignificantes: una reserva no es una comida y la distribución no se afectó porque había muy poco qué distribuir.

En el peor de los casos, es una mentira desvergonzada.

El contrato sólo salió a la luz cuando los demócratas en el Comité de Supervisión de la Cámara exigieron un citatorio de FEMA para revisar los documentos del contrato. Tiffany Brown le dijo al personal del comité que había trabajado duro para entregar las comidas: "Trabajé veinticuatro horas al día, siete días a la semana". Pero sus proveedores dejaron de trabajar porque FEMA se había retrasado con el pago.[14]

¿Cómo podía saber FEMA que Tribute iba a fallar? Tal vez pudieron analizar su capacidad para entregar una orden tan grande, ya no digamos pagar a sus proveedores. Quizá pudieron haber revisado la base de datos federal de los contratistas, la cual muestra que Tribute no había cumplido otros contratos de alimentación en 2013 y 2014. Cuando Tribute no pudo cumplir un contrato de bolsos, otra agencia federal —la Oficina de Publicaciones del Gobierno de Estados Unidos— dijo que la empresa no debería recibir ningún contrato de más de 30.000 dólares hasta 2019, cuando menos.[15]

El día en que se firmó el contrato con Tribute, nosotros ya habíamos preparado y entregado 78.000 comidas, muchas de las cuales habíamos cocinado ese mismo día con productos saludables y frescos. Las comidas no necesitaban una bolsa autocalentable porque ya estaban calientes. No necesitaban enviarse porque ya estaban en la isla. Gran parte del dinero que gastamos regresó a la economía local a través de productores y proveedores puertorriqueños. Eso incluía el pan horneado en la isla para preparar 15.000 sándwiches hasta ese momento. El sector privado estaba bien.

El contrato con Tribute se estaba negociando cuando el director de Atención Masiva de FEMA en Puerto Rico me decía que la agencia no podía moverse tan rápidamente. Se finalizó mientras la Cruz Roja me sugería que Chefs For Puerto Rico era una operación demasiado pequeña para manejar esta crisis.

—José, no entiendes el proceso —me había dicho Waddy González en las oficinas de FEMA—. No podemos hacerlo tan rápido como quieres.

Hasta hoy no puedo comprender el proceso de FEMA. Claro que podían haberlo hecho tan rápido como yo quería. Yo sólo hablaba de un millón de comidas cuando ellos estaban a punto de firmar un contrato por 30 millones de comidas. Lo que querían decir es que preferían lidiar con un contratista único en Atlanta que con un grupo de chefs en

Sirviendo sancocho con el chef José Enrique frente a su restaurante en Santurce, donde comenzaron las operaciones de #ChefsForPuertoRico.

Nuestra primera línea de montaje de sándwiches, en el comedor damnificado de José Enrique.

Una cadena humana de residentes en Utuado reparte comidas calientes desde el helicóptero Goya.

Dondequiera que servíamos comida, me gustaba hablar con los puertorriqueños, especialmente con los niños, acerca de sus vidas.

El camión de comida 'Yummy Dumplings' fue parte de mi operación con los Navy SEALs, donde llegamos a áreas difíciles como esta en Loíza, para servir comida y recopilar información.

Los cocineros y voluntarios en la Iglesia Jesucristo Monte Moriah, dirigidos por Eliomar Santana, parado directamente detrás de mí.

Erin Schrode, la jefa de operaciones de Chefs For Puerto Rico, hacía un gran trabajo estableciendo conexiones reales con la gente que estábamos alimentando en la isla.

Me encantó poder apoyar a la economía alimenticia local, como cuando encontré cangrejos frescos pescados por mi amigo Papo, ¡quien hizo todo el trabajo difícil y peligroso!

Trayéndole comida a Don Lolo, un veterano de noventa y dos años, quien vive en Loíza, en una calle que quedo inundada por varias semanas después del huracán.

Cada vez que los camiones de comida paraban en sus rutas diarias, se formaban largas filas de puertorriqueños hambrientos, quienes dependían de nuestras entregas.

La destrucción en el aeropuerto de Humacao.

Voluntarios en una de las líneas de montaje de sándwiches en el Choliseo.

Izquierda: Cruzando un puente colapsado para llevar medicamentos para el asma a Lilia Rivera, en el pueblo remoto de Rio Abajo.

Abajo: Los niños de la isla eran una de nuestras prioridades principales ya que las escuelas estaban cerradas, o abrían solo por cortos periodos de tiempo.

Cruzar el rio hacia San Lorenzo fue peligroso pero importante para ayudarnos a entender las verdaderas necesidades de la isla.

Nuestros amigos en el departamento de Homeland Security Investigations fueron de nuestros primeros socios, ayudándonos en la distribución de sándwiches a los puntos más remotos de la isla.

Puerto Rico. Preferían un negocio que lucrara a 1.500 millas de distancia por encima de una organización sin fines de lucro con buenas intenciones y un gran entendimiento de las necesidades de la isla.

A la gente le gustaba decir entonces que FEMA estaba sobrepasada, y es cierto que en general hubo muchos huracanes y muchas inundaciones en varias partes, en un mismo periodo de tiempo. Pero la verdad es que FEMA tenía el personal y el dinero para hacer un mejor trabajo en Puerto Rico. Eligieron no hacer lo correcto para los ciudadanos estadounidenses viviendo en las peores condiciones. El problema pudo haber sido demasiado grande para sus cerebros, pero la solución estaba justo frente a ellos. Nosotros no queríamos un contrato para que nuestro negocio ganara licitaciones. Nosotros queríamos alimentar a la gente.

FEMA no fue la única que otorgó grandes contratos que fallaron. PREPA, la compañía de electricidad pública de Puerto Rico, dio un contrato de 300 millones de dólares a un pequeño contratista de Montana, llamado Whitefish Energy, el cual contactó inicialmente a PREPA a través de la red social LinkedIn. Uno de los principales inversionistas de Whitefish había sido un donante importante en la campaña presidencial de Trump y el director general era amigo del secretario del Interior de Trump, Ryan Zinke.[16] Pero la empresa no tenía la experiencia ni los recursos para hacer el trabajo. Con sólo dos empleados de tiempo completo, Whitefish contrató trabajadores del continente pagándoles 63 dólares por hora y le mandó a PREPA un recibo por cinco veces esa cantidad, sin incluir los costos de viaje, comida y hospedaje. Esas ganancias masivas representaban un profundo contraste con la forma tradicional en que los servicios se ayudan unos a otros después de un desastre natural, enviando trabajadores a precio de costo cuando se solicitan. PREPA había desautorizado a sus propios abogados cuando firmó el contrato con Whitefish sin que hubiera un proceso de licitación. El contrato extrañamente indicaba que no podía auditarse.[17] Mientras los puertorriqueños seguían luchando sin electricidad, Whitefish se convirtió en sinónimo de escándalo porque nada se estaba arreglando mientras alguien sí se estaba enriqueciendo. Frente al enorme juicio público, el gobernador pidió que se cancelara el contrato después de unas cuantas semanas de trabajo.[18]

Fracasos como estos no suceden por una persona o una agencia. Suceden porque colapsa todo el sistema. Suceden porque el presidente quiere jugar golf o darse una palmada en la espalda, o lanzar toallas de papel a su pueblo. Suceden porque su propia administración es demasiado orgullosa o demasiado estúpida para encontrar a la gente correcta que haga bien su trabajo en una crisis. Suceden porque los líderes locales están demasiado ocupados jugando a la política local o hablando en la televisión o esperando que el presidente resuelva todos sus problemas. Suceden porque las grandes instituciones de caridad y las organizaciones sin fines de lucro están más interesadas en conservar su poder y su presupuesto, que en el trabajo pesado de obtener comida, agua y electricidad para la gente.

Por supuesto, no quieren que un chef gritón les diga que cambien su forma de pensar.

Ese día duplicamos nuestras comidas, de 8.000 a 16.000. El Choli estaba en camino hacia mi sueño de 100.000 comidas al día. Las órdenes llegaban y nunca decíamos que no.

"Tenemos grandes planes porque la gente tiene grandes necesidades", le dije a mi equipo.

AL DÍA SIGUIENTE DE LA VISITA DE TRUMP, ALGUNOS FUNCIOnarios de FEMA me pidieron que fuera a las oficinas centrales del gobierno en el centro de convenciones de San Juan a primera hora. El equipo de atención masiva a cargo de González quería reunirse en persona y prometieron escoltarme al edificio. Todavía no tenía una identificación oficial y nuestro contacto de FEMA no estaba cuando llegamos. Así que encontramos nuestra conocida puerta de la cocina y entramos. Estaba esperando en el lugar de la reunión —un largo pasillo— cuando un guardia de seguridad, armado con un rifle automático, me encaró.

—¿Dónde está tu pase? —exigió.

—No tengo —expliqué—. No sé por qué todavía no me han dado uno.

—¿Cómo entraste?

—Por la puerta del lado. Deberías revisarla —le dije, sarcásticamente, intentando ayudar.

En ese momento se acercó González con su equipo. Empecé a desplegar el mapa en el piso, explicando a detalle mi plan de veintiún días para alimentar a la isla mientras el guardia armado observaba toda la escena. El hombre encargado de alimentar a la isla me vio como si fuera un alienígena, cuando todo lo que hacía era darle el plan para que hiciera su trabajo, para alimentar a nuestros compatriotas. Necesitábamos apoyo militar para proveer de combustible y agua a todas las cocinas que planeábamos abrir. Si todos trabajábamos juntos, realmente podíamos alimentar a toda la isla. Conforme seguía hablando, llegaron más guardias de seguridad.

—No lo entiendes, José —me seguía diciendo González.

Lo miré y deseé que tuviéramos un presidente electo que pudiera volverme el zar de la comida en Puerto Rico. Puedes lograr mucho si tienes el poder de cortar a través de la burocracia que vuelve al gobierno federal tan costoso y tan ineficiente.

Sentí que los guardias de seguridad se me acercaban cada vez más cuando me hincaba en el piso con mis mapas. Nate se acercó, pero le gritaron que se alejara y empuñaron con más fuerza sus armas. Insistieron en que me levantara y me fuera, así que lo hice, con una escolta armada.

—Deberías revisar esa puerta en la cocina —le recordé mientras salía. Me lo agradeció cuando cerraba la puerta tras de mí.

Cuando iba de salida, me encontré con los verdaderos expertos en asistencia alimentaria: la Convención de Bautistas del Sur, cuyas cocinas móviles son tan importantes en estos desastres. Sin embargo, no tenían la capacidad de transportar sus quemadores móviles hasta Puerto Rico. Sugerí que podía ayudar a instalar una cocina para ellos, con voluntarios incluidos, pero fue todo muy complicado. En cambio, estaban albergando a cien personas sin hogar y haciendo búsquedas puerta a puerta para reunir familias.

—Es demasiado complejo —me dijo Jack Noble de los Bautistas del Sur. Si ellos no estaban cocinando, entonces no había manera de que FEMA, la Cruz Roja o el Ejército de Salvación alimentaran a la isla. No había otro grupo que tuviera la capacidad ni la experiencia para hacer el trabajo. Otro aparte de nosotros. Lo sabía porque los había visto en acción.

—Decidimos que vamos a hacerlo solos —me dijo Noble—. Es hora de que los Bautistas del Sur nos levantemos y movilicemos a nuestros voluntarios. No es el trabajo de todos hacernos quedar bien. Tenemos que salir y hacer nuestro trabajo. Es nuestra vocación. Es nuestra labor. Es nuestra misión. Necesitamos ayudar a la gente a pensar cómo va a sobrevivir sin electricidad nueve meses. Éste es el desastre más grande de la historia de Estados Unidos y ésa es la conclusión. El hecho de que sea una isla sólo complica todo mucho más. Si esto hubiera sucedido en el continente, sería significativo, pero el hecho de que sea una isla sólo aumenta la dificultad de respuesta. Incluso hace que formar sociedades sea más difícil porque dudas un poco más antes de compartir.

Admiraba a los Bautistas del Sur enormemente. Se tomaban en serio su trabajo y sentían la responsabilidad de alimentar a la gente. No estábamos de acuerdo en cómo había respondido el gobierno: él estaba mucho más feliz con su trabajo que yo, pero tenía razón sobre la magnitud del desastre —el más grande de la historia viva— y las dificultades por estar en una isla. Éste no era territorio de los Bautistas del Sur y no tenían por qué superar los obstáculos logísticos de la isla. Tampoco tenian ningún apoyo ni liderazgo por parte de la Cruz Roja, su aliado habitual, para resolver estos problemas. Chefs For Puerto Rico era totalmente diferente: nuestros chefs y nuestras cocinas ya estaban en la isla y conocíamos a los proveedores cuyos negocios se construyeron superando las dificultades logísticas de estar aquí.

Regresé a El Choli pensando lo peor de FEMA. Sí, teníamos nuestro primer contrato en camino, pero no había sido finalizado y el dinero se veía muy lejos. Lo más importante era que no les interesaba mi plan para alimentar a la isla y mi trabajo no les importaba lo suficiente como para darme un pase de seguridad o decirles a los guardias de seguridad que se retiraran.

NUESTRA PROPIA OPERACIÓN ALIMENTARIA ESTABA HACIENDO tan buen trabajo, que era difícil no ver el espíritu que estábamos creando. Teníamos la determinación de establecer un récord en la cantidad de comidas preparadas ese día, con los sándwiches y las comidas calientes. Nuestros camiones de comida se desplegaban por toda la isla y lo que informaban nos subía el ánimo a todos.

Xoimar Manning, en el camión Yummy Dumpling, dijo que encontró a algunos trabajadores comunitarios cuando llegó como siempre a Loíza, que ya era una pequeña comunidad pobre en la punta este de la isla antes de que María arrasara.

—Estaban hablando entre ellos, hablando de comida —dijo—. Vieron mi camiseta e inmediatamente reconocieron la World Central Kitchen. Dijeron que fueron a El Choli, pero sólo obtuvieron comida para 200 personas y estaban muy preocupados porque la comunidad era mucho más grande. Le dije que traíamos 1.500 comidas y empezaron a abrazarme. Lloré.

Yo también empecé a llorar cuando escuché su historia.

Más o menos cuando los camiones de comida se estaban reportando, FEMA pareció cambiar de parecer. Con un solo tuit parecían aprobar mi plan de veintiún días, publicando un video en el que yo aparecía explicando el plan y hablando sobre mi asociación con agencias, incluyendo también a FEMA.

"Éste es @chefjoseandres compartiendo su plan para alimentar a los sobrevivientes de #María por todo Puerto Rico, con el apoyo de socios federales", tuiteó FEMA. Después de todos los problemas y las miradas confundidas de los funcionarios de FEMA y las demás instituciones de caridad, me sentí reivindicado.

—¡Equipo, pueden estar orgullosos! —les dije a mis chefs—. ¡FEMA acaba de anunciar que van a seguir nuestro plan!

Después me di cuenta de que fui ingenuo. Sólo estaban usando mi imagen como Katniss Everdeen en la propaganda de *Los juegos del hambre*.

El equipo también podía estar orgulloso de su desempeño ese día. Establecimos un nuevo récord diario con 21.965 comidas preparadas: más de lo que habíamos logrado en nuestro último día completo en Santurce. Si eso no era un paso suficientemente grande, también habíamos cruzado la marca de 100.000 comidas desde que habíamos empezado a cocinar poco más de una semana atrás.

El agua era nuestro reto más grande ahora porque había una gran carencia por toda la isla, pero también progresábamos constantemente en ese aspecto. Un amigo prometió donar 11 pallets de agua, lo que serían 18 botellas. Le compramos 8.000 botellas a mi amigo Alberto de la Cruz, de Coca-Cola, a un costo relativamente bajo, 13 centavos por botella. Pero estábamos frustrados con la crisis de agua. De la Cruz estaba vendiendo su agua a FEMA y tenía poca para nosotros. Pepsi había parado su producción. La Cruz Roja distribuía las reservas de agua de FEMA y se rehusaba a compartirlas con nosotros. Conseguir más agua era una lucha diaria que muchas veces resultaba en una derrota. Si lograbas obtener agua, transportar las botellas no era fácil.

—Hay 120 oasis en la isla con suficiente agua para todos, pero el director de Salud le está diciendo a la gente que el agua no es buena, así que nadie la usa —dijo De la Cruz—. Así que tienes la ridícula situación de gente comprando agua para bañar a sus hijos. Cuando la persona que se gana la vida vendiendo botellas de agua te dice que la situación es ridícula, sabes que el sistema está dañado.

De hecho, el Departamento de Salud de la isla le decía a la gente que el agua estaba tan contaminada por la orina de los animales que tampoco debían caminar en ella. Los niveles de miedo por el agua superaban la verdadera amenaza de salud pública y el Departamento de Salud luchaba por siquiera completar sus pruebas de agua porque los laboratorios estaban dañados por el huracán.[19] No ayudaba que hubiera informes de gente que bebía agua de pozos de limpieza de Superfund, así que la Agencia de Protección Ambiental (APA) emitió una advertencia sobre esos pozos.[20] La APA luego descubrió que los pozos en cuestión sí eran potables, pero para ese momento ya nadie creía las recomendaciones oficiales.[21] Sólo confiaban en las botellas, pero eran caras y había escasez.

—FEMA quiere comprar mi agua, pero sólo botellas chicas —dijo Alberto—. Les dije que no quería venderles botellas chicas porque la gente las tira después. Quería vender botellas de galón para que fueran al oasis y las llenaran ahí. Pero crearon este pánico y ahora no hay suficiente agua embotellada. Es como la situación con el diésel. No teníamos un problema de abastecimiento; teníamos un problema de distribución. Intentamos resolver el problema del agua, pero no pudimos hacer que el departamento se pusiera de acuerdo con la autoridad del recurso.

Creo que el sector privado pudo haber resuelto el problema del agua enseguida, así como resolvió los problemas de la gasolina y el diésel antes con ayuda de Alberto. Su embotelladora estaba tan bien preparada para el huracán, que lograron operar de nuevo sólo dos días después de María. Colocaron lonas sobre su maquinaria para que el agua no la descompusiera y trabajaron de cerca con el alcalde local para limpiar los caminos hacia la planta.

En Washington, la administración de Trump ya estaba dejando atrás los comentarios agradables sobre la visita del presidente. Mick Mulvaney, jefe de la Oficina de Presupuestos de Trump, rechazó la sugerencia del presidente de que la administración ayudaría a resolver el aplastante problema de la deuda de la isla. "Yo no lo tomaría al pie de la letra", dijo Mulvaney en CNN. "Puerto Rico va a tener que encontrar la manera de arreglar los errores económicos que ha cometido durante la última generación".[22]

La verdad ya empezaba a doler. En una conferencia de prensa, el gobernador Rosselló admitió que el número de víctimas era mucho más elevado del que Trump había presumido extrañamente el día anterior. En lugar de diesiséis muertos, Rosselló dijo que eran treinta y cuatro en total. Pero su propio equipo en la conferencia de prensa sugirió que esa cifra también estaba mal. "No creo que ésta sea la cifra final", dijo Héctor Pesquera, el secretario de Seguridad Pública de la isla. "Y nunca hemos dicho que lo fuera".

Pesquera dijo que se había tardado en actualizar el conteo de víctimas porque los cuerpos estaban en hospitales fuera de contacto con el gobierno de la isla. "Los cuerpos no llegaban", dijo. "No había manera de transportarlos. Estaban en las morgues de los hospitales y no había comunicación con esos hospitales".[23] Si yo hubiese estado en su posición, hubiese enviado equipos alrededor de la isla a monitorear sus operaciones, tal y como lo hacíamos nosotros con nuestras cocinas.

La comida que estábamos preparando y entregando era lo mínimo que podíamos hacer por una isla cuyo sufrimiento era tan difícil de calcular.

PARA ALIMENTAR A UNA ISLA NECESITAS PENSAR EN TODA SU geografía. Incluso en una oficina central tan grande como El Choli, teníamos un límite de producción y distribución desde San Juan. Al extendernos por toda la isla podíamos cocinar mucha más comida, pero lo más importante era que podíamos obtener información preciada sobre lo que estaba pasando. Las comunicaciones todavía funcionaban a medias afuera de San Juan y las comunidades no tenían manera de saber —fuera de los reportes de noticias en la radio local o las redes sociales— que estábamos cocinando. Puerto Rico prosperó y sufrió por su cultura isleña: todos parecían conocerse, pero era difícil separar los rumores de la realidad. Para obtener información del resto de la isla necesitábamos dejar San Juan. Claramente necesitábamos dejar las oficinas centrales del gobierno en el centro de convenciones.

Nuestro plan, como señalamos en mis preciados mapas, era abrir cocinas por toda la isla. Para lograrlo necesitábamos un socio con muchas cocinas. Ya estábamos trabajando con el Departamento de Educación para que las cocinas escolares cocinaran para sus comunidades, pero era difícil saber si estaban haciendo el trabajo. Incluso la secretaria de Educación, Julia Keleher, tenía poco contacto con sus propias escuelas. Así que grabamos un video juntos en El Choli donde les pedía a las escuelas que abrieran sus cocinas y cubrieran más de las necesidades alimentarias de sus comunidades. Ella subió el video en sus redes sociales diciendo que era un llamado para que los empleados de las cocinas escolares trabajaran juntos, alimentando a los necesitados. Pero no sabíamos si su equipo vería o escucharía el mensaje.

Aun así, había un modelo ahí. Las escuelas eran un recurso tremendo en un momento de crisis, y hay muchos tipos de escuelas, no sólo para niños. Yo he trabajado con escuelas de gastronomía en el continente y sabía que había algunos lugares con cocinas más profesionales y cocineros con entrenamiento básico. Empecé a hablar con la escuela vocacional llamada Instituto de Banca y Comercio, o IBC. Si los Bautistas del Sur no podían llegar con sus cocinas móviles, quizá podíamos replicar su operación con una red de cocinas regionales. El IBC era un grupo de escuelas gestionadas sin demasiado control desde el centro, pero su entusiasmo y sus instalaciones no tenían comparación. Podían preparar comida por un costo y con el apoyo de nuestras provisiones. Eran la clase de proveedores que necesitaban encontrar los contratistas de FEMA: socios locales, con experiencia técnica e instalaciones locales. Podían producir lo que quisiéramos, bajo nuestra supervisión, en tiempo real y en grandes cantidades.

Empezamos nuestra sociedad en Ponce, en el sur, atendiendo a la segunda ciudad más grande de la isla. Mi promesa al alcalde de Ponce era importante para mi. Fue el principio de una transición importante para nosotros. Necesitábamos mostrar que nuestro modelo podía replicarse una y otra vez, para Puerto Rico y para las operaciones de asistencia alimentaria en cualquier parte del mundo. Nuestra especialidad no era sólo cocinar, y no podíamos ser los únicos que cocinaran la comida si realmente queríamos alimentar a la isla. Nuestra especialidad era la cadena de alimentación entera: desde comprender lo que la gente quería hasta establecer dónde podían encontrar comida esas personas hambrientas; desde asegurar proveedores confiables de ingredientes hasta distribuir esos alimentos en las cocinas. Estábamos ajustando las provisiones con las necesidades en una isla donde todavía fallaban la electricidad y las comunicaciones. No teníamos idea de por qué nadie lo había hecho antes o cómo los poderes oficiales planeaban hacerlo ahora. Pero resolvimos los problemas conforme surgían, tal y como hacen los chefs, y sólo empezamos a cocinar. Ponce era un buen ejemplo: la cocina del IBC necesitó nuestra ayuda para distribuir sus comidas en el primer día que los visitamos, así que mi amigo y miembro de la mesa directiva, Javier García, caminó hasta la iglesia más cercana y le pidió a toda la comunidad que corriera la voz sobre nuestras comidas calientes. Pronto desaparecieron todas las comidas.

Con el aparente apoyo de FEMA y la llegada de refuerzos militares a la isla, empecé a imaginar lo que podíamos lograr si uníamos fuerzas: la World Central Kitchen, otras organizaciones sin fines de lucro y el ejército. Escuché que Oxfam iba a venir y empecé a tuitear a sus funcionarios, pidiéndoles que me contactaran. Si la armada de Estados Unidos tenía un buque hospital, ¿por qué no podíamos usar un barco como cocina flotante? Podíamos cubrir la isla de esa manera, usando el transporte de navío a costa que normalmente se usa en las operaciones militares. Con toda la producción de agua fresca en los barcos de la armada, sólo necesitábamos decidir cómo llenar suficientes tanques de agua cada día y colocarlos en las calles donde vivía la gente. No necesitábamos preocuparnos por todas esas botellas de plástico tan difíciles de encontrar y que terminaron en una enorme montaña de basura en Haití. Podíamos ser creativos con los recursos masivos del gobierno estadounidense y evitar un desastre humanitario y uno ambiental. Mi mente soñaba con formas para aplacar esta crisis y todas las demás que vinieran. Si tan sólo alguien pudiera ver lo que estábamos haciendo, cómo estábamos improvisando. Si tan sólo alguien pudiera ver cómo sufría la gente y reaccionara con la misma urgencia que nosotros. Si tan sólo alguien me escuchara.

"Sólo tenemos 6 tanques de agua. Necesitamos 12 más", tuiteé al Departamento del Estado y al Departamento de Defensa. "Nosotros transportamos agua más rápido. Si yo la compro, ¿la traen?".

Nunca me contestaron sobre esto ni sobre ninguna otra idea para involucrar al ejército a gran escala. Pero eso no nos detuvo. Empecé a enfocarme en la gente que me contestaría con toda seguridad: los artistas talentosos cuya fama les daba una plataforma para hablar de Puerto Rico.

Luis Fonsi, el hombre que llevó el sonido de San Juan al mundo con su éxito de verano "Despacito", llegó para distribuir botellas de agua en La Perla. Fonsi literalmente estaba pagando la generosidad del colorido barrio histórico del viejo San Juan, donde había grabado el video de "Despacito". Le pregunté en Twitter si necesitaba ayuda. No contestó, pero Lin-Manuel Miranda, el genio que creó *Hamilton*, sí. Las raíces puertorriqueñas de Miranda eran lo suficientemente fuertes para traerlo de vuelta un mes cada verano para estar con sus abuelos en Vega Alta, al oeste de San Juan.

"Has sido toda una inspiración en estos momentos", me tuiteó. "Gracias". Su apoyo significaba más para mí que cualquier video de FEMA, sobre todo porque llegaría a muchas más personas que quizá pudieran ayudar a alimentar a la gente de Puerto Rico.

Otras estrellas eran todavía más directas: Emilio y Gloria Estefan me dieron sobres llenos de dinero para distribuirlo por toda la isla cada vez que encontrara gente necesitada.

Ese día destrozamos nuestro récord anterior, al preparar 25.828 comidas. Sólo una semana antes producíamos menos de la quinta parte.

A FINALES DE ESA SEMANA PUDIMOS VER EL IMPACTO DE hablar con el mundo exterior, más allá de la isla. Las donaciones llegaban a El Choli en cantidades significativas, aunque estábamos cocinando tanta comida que las donaciones casi no alcanzaban para cubrir la cuota diaria. Había límites para lo que los negocios locales pudieran donar porque todavía luchaban por sobrevivir. Mientras tanto, las donaciones del continente se enfrentaban a obstáculos de logística para poder llegar a nosotros. Goya Foods abrió camino con una gran entrega de jugo, arroz, yuca y otros artículos. Goya, fundada por inmigrantes españoles en Puerto Rico, es la empresa de alimentos propiedad de latinoamericanos más grande en Estados Unidos. Mario Pagán, uno de los mejores chefs de la isla, me presentó a uno de sus amigos de la infancia, Jorge Unanue, ejecutivo de Goya y miembro de la familia de los dueños, así que la sociedad pronto se sintió profunda y personal. Goya comparte mi visión del mundo en gran medida: llevar alimentos de gran calidad que la gente quiera, difundiendo la cultura latina y española por todo el mundo, y retribuyendo a la comunidad lo más posible.

De ninguna manera eran los únicos donadores que cumplieron. UPS, que rápidamente estableció entregas confiables en la isla, nos trajo 10.000 botellas de agua, las cuales necesitábamos desesperadamente. El agua sabía incluso mejor porque los Mets de Nueva York habían donado una parte. Walmart nos ayudó económicamente, mientras que los restaurantes Chili's —dirigidos por mi amigo Ramón beal— donaron miles de libras de pollo, esenciales para nuestras preparaciones de arroz con pollo. Los pallets y las cajas empezaron a acumularse en los gigantescos pasillos y las zonas de carga de la arena.

Empezamos a pensar en cómo conservar nuestros fondos, dado que FEMA rara vez pagaba a tiempo y todavía no teníamos un contrato firmado. Empezamos a pedir donaciones pequeñas en nuestra página web de World Central Kitchen, y les pedí ayuda a mis amigos ricos. Hice que mis restaurantes en el continente, incluyendo Bazaar, en Beverly Hills, donara comida en las colectas para Puerto Rico. Cada donación ayudaba a incrementar los fondos y la conciencia de lo que tenía que suceder.

Sin embargo, la donación más importante fue el tiempo y la pasión de nuestros voluntarios. No podíamos apoyarnos sólo en los chefs en Puerto Rico porque eran emprendedores pequeños e independientes como yo. Necesitaban reabrir sus propios restaurantes. Nosotros necesitábamos personas comunes que nos ayudaran con nuestra operación masiva de sándwiches. Algunas personas eran víctimas del huracán, sin hogar y hambrientas, y lo que comían con nosotros era su única comida del día.

También necesitábamos cocineros expertos, gente que supiera cómo cocinar en grandes cantidades, para que se encargaran de nuestras comidas calientes. Traje a un equipo de chefs de mis propios restaurantes, dirigido por David Thomas, mi chef ejecutivo en Bazaar Meat, en Las Vegas. David ayudó rápidamente a ordenar y establecer un procedimiento adecuado en la cocina de la arena para manejar mejor el inventario y todas nuestras operaciones culinarias. Fue fundamental para poder construir nuestra capacidad de crecimiento tan rápido. Los chefs como David saben resolver problemas y eso los vuelve ideales para descubrir cómo sortear los retos del día en una operación de asistencia alimentaria.

También les pedí a mis amigos que dirigían negocios de banquetes y restaurantes en el continente que enviaran a todos los que pudieran y recibimos muchas ofertas de ayuda, incluso más rápido de lo que había esperado. Después de enviar un solo correo electrónico a mi amigo Fedele Bauccio, director general de la empresa de banquetes Bon Appétit, me presentó a Karla Hoyos, una chef ejecutiva de 29 años que estuvo en el corazón de cómo logramos alimentar a una isla. Mucho antes del huracán, Karla ya era una activista: presidenta de una organización que ayudaba a familias inmigrantes en Estados Unidos para lidiar con la deportación o el sistema de justicia criminal. También proveía alimento y educación a cuarenta niños de su propio dinero. En Bon Appétit se le conocía como una activista que organizaba cenas de gala para grupos como Africa Outreach. Así que, cuando llegó mi petición, Fedele sabía a quién contactar. El gerente de Karla le envió un mensaje preguntándole si podía hablar y ella temió lo peor. *Joder*, pensó. *Me van a despedir*. En cambio, su gerente le preguntó si estaría interesada en ir a Puerto Rico. Dijo que sí, por supuesto, y diez minutos después le devolvió la llamada diciéndole que consiguiera un vuelo y un teléfono satelital para que saliera al día siguiente. Karla llegó justo cuando nos mudamos a El Choli, y su experiencia en el servicio de banquetes fue esencial para nuestras operaciones ahí.

Karla nació en México y se mudó a Estados Unidos cuando era una adolescente. Su familia paterna es de Santander, en España, y su familia materna es mexicana, con lazos campesinos. Esa mezcla le ha dado un valor que yo admiro. Es humilde, pero tampoco se inmuta ante las personas, ricas o pobres. En Puerto Rico, ésa era la clase de actitud que podía llevarte lejos.

Adquirió sus conocimientos de pastelería en Francia

cuando soñaba con convertirse en chef, en un momento en que su padre quería que estudiara leyes. Abrió una pastelería en la Ciudad de México siendo muy joven, antes de estudiar gastronomía. Hizo un *stage* con mi amigo Martín Berasategui, el brillante chef vasco de tres estrellas. Aprendió italiano cocinando en Florencia antes de regresar a España, a otro restaurante vasco en San Sebastián. Ahora trabajaba como chef ejecutiva en la Universidad DePauw, en Indiana, para Bon Appétit. Le gustaba bromear sobre ser la única latina en Indiana, pero sabía que era difícil para ella. La gente le decía que no hablara español porque podía levantar sospechas. O le preguntaban por qué una mexicana les decía a los estadounidenses qué hacer, en lugar de lavar los platos.

Cuando cocinas a gran escala, te vuelves experto en los procesos, y Karla era una especialista en sistemas de alimentación. Ayudó a ordenar y a estructurar rápidamente nuestro caos durante los primeros días en El Choli, cuando no teníamos electricidad y muy poca cooperación de la gente del lugar. Correteó a los proveedores y organizó nuestros equipos para que pudiéramos aumentar la operación rápidamente.

Un día después de que llegara, quería que me acompañara a Manatí, en la costa norte, donde íbamos a conocer a algunos niños y visitar las cocinas que podíamos usar para expandir la operación. Quise saber si íbamos a llevar comida y agua, pero me dijeron que sólo íbamos a hablar con el alcalde y visitar una casa hogar.

—Pero, ¿qué voy a hacer si en el camino me encuentro a alguien que tiene hambre o sed? —le pregunté a mi equipo—. ¿Cómo los voy a ayudar?

Sin duda necesitaban nuestra ayuda. Cuando llegamos, mientras esperábamos al alcalde, vi a dos mujeres vestidas con su mejor ropa, como si se dirigieran a la iglesia. Eran las diez de la mañana, ya se sentía un calor húmedo, y estaban paradas junto a un camión de agua descompuesto. Amable pero firmemente, las mujeres les preguntaron a los soldados que manejaban el camión por qué nadie había llevado comida o agua a su comunidad. De pronto, una de las mujeres se desmayó. Cuando volvió en sí dijo que casi no había bebido nada en dos días. Le dimos dos botellas de agua y algunos sándwiches para ayudarla a recuperarse.

Más adelante, en la calle principal, encontramos un restaurante pequeño, La Tacita, que acababa de abrir con un solo platillo en el menú, una mezcla de arroz, frijoles y un tipo de carne que parecía SPAM con salsa. No tenían electricidad y sólo prendían una lámpara de pilas. Sólo tenían veinticinco porciones para vender, a 5 dólares el plato, porque no tenían dinero para comprar más ingredientes. Yo compré dos platos y le di más efectivo a la dueña para ayudarla a mantener su negocio a flote, usando el dinero de los Estefan. Todo lo que necesitaba eran clientes. Por lo pronto, el dinero en efectivo era la mejor forma de ayudar a la gente a levantarse. Ésta era una isla que quería alimentarse a sí misma, pero la economía estaba paralizada.

MIENTRAS ATRAVESÁBAMOS LA ISLA, NUESTROS CAMIONES DE comida y nuestros voluntarios hacían lo mismo. Para el final de nuestra primera semana en El Choli, nuestra comida llegaba a la mitad de los setenta y ocho municipios de la isla en un solo día. Era un esfuerzo heroico, sobre todo porque no teníamos camiones ni autos propios, y hacíamos trueques para tener gasolina.

Después de doce días en la isla y después de establecer tres grandes centros de producción alimentaria, el desastre empezaba a pasarle factura a mi cuerpo. Estaba exhausto y deshidratado. Me había quedado afónico, lo que dificultaba dirigir una inmensa operación gastronómica. Dormía mal y casi no comía ni bebía en el calor abrasador. Perdí veinticinco libras, lo que tal vez necesitaba. Pero no era una pérdida de peso sana y mi familia y mis amigos empezaron a preocuparse. Estaba cansado y deprimido. Mis pantalones estaban rotos y mis zapatos Camper se veían como si tuvieran diez años. Estaba estresado, pero Nate era mi fuerza y Erin estaba aprendiendo rápidamente cómo encargarse. Mi equipo puertorriqueño —encabezado por Ginny y Ricardo— estaba al tanto de cada detalle y todo un equipo de chefs de mis restaurantes iba a llegar en unos cuantos días, junto a chefs del Compass Group y chefs de la red de apoyo de nuestra World Central Kitchen. Sentía que éramos fuertes y necesitaba un tiempo para descansar y despejar mi mente. Los vuelos comerciales que salían de la isla estaban llenos hasta semanas después, así que les escribí a mis amigos en Washington y generosamente me ayudaron de muchas formas, incluyendo prestarme un avión privado. Estaba tan agradecido por su apoyo, pero me sentía culpable por la vida privilegiada que yo tenía en comparación con la gente de la isla. Casi me regreso estando en el aeropuerto, pero Nate me obligó a subirme al avión, yéndose del hangar para que yo no tuviera a dónde ir. Herb Allen, el inversor, estaba haciendo un trabajo fabuloso enviando provisiones a Puerto Rico en su avión y ayudando a evacuar a personas de edad avanzada. Logré conseguir un puesto en su avión con destino a Nueva York, y mis amigos Fred y Karen Shaufeld me enviaron un helicóptero para traerme desde allí hasta Washington.

Necesitaba recuperarme, pero sentía que abandonaba a los puertorriqueños que amaba, a la gente que todavía necesitaba ayuda desesperadamente. Llegué a casa a la mitad de la noche, donde mi esposa y mis hijas me esperaban. En cuanto las vi, lloré.

Esa noche me encontré con unos viejos amigos de España para cenar en el restaurante Nobu en Washington. Pero no pude tomar ni un solo bocado. Solo podía pensar en todo lo que aun me faltaba por hacer en la isla. El día siguiente, Fred envió un doctor a mi casa para atenderme. Padecía de agotamiento y deshidratación.

CAPÍTULO 6

LISTO PARA CONSUMO

LAS COMIDAS "LISTAS PARA CONSUMO", PREPARADAS POR EL ejército, son alimentos que ningún ser humano está listo para comer jamás. En un campo de batalla, lejos de casa o de cualquier clase de cocina, una CLC (comida lista para consumo) puede salvarte la vida, pero no es una comida como tal. El contenido de esa bolsa de plástico color café está tan procesado y conservado, que no guarda más que una relación lejana con la comida.

La CLC de hoy es la última solución industrializada al problema que Estados Unidos ha intentado resolver desde la guerra de independencia: cómo proveer raciones constantes para las tropas. En la guerra civil, esas raciones eran de cerdo salado y un tipo de pan duro conocido con buena razón como *hardtack*, pues proviene del inglés *hard* o "duro" y *tack* o "alimento" en el argot de los marineros británicos. La respuesta durante la mayor parte de la historia militar estadounidense después de eso fue la comida enlatada.

Pero desde los años setenta, los militares empezaron a experimentar con algo más ligero. Primero fueron alimentos liofilizados, desarrollados por un científico de alimentos iraquiamericano.[1] A principios de los años noventa, las técnicas experimentales involucraron algo más parecido a una papilla con saborizantes, empacada en más de una docena de variedades, a lo que el ejército prefería llamar "menús".

Cuando quitas el sello de su pesada cubierta plástica, inmediatamente te das cuenta de que la CLC está diseñada para ser otra clase de armamento. Debe sobrevivir en condiciones imposibles, como calor y frío extremos. Debe sobrevivir la inmersión en inundaciones y el aire seco del desierto. Debe contener suficientes conservadores y estar empacada para durar al menos tres años a 80°F, y todavía más tiempo en climas más fríos. ¿Por qué la necesidad de durar tres años? Porque el Pentágono necesita almacenarlas por el mundo en caso de combate.

En el interior encuentras algunas galletas dulces y saladas envueltas. Quizás un paquete de plástico con nueces y pasas, y una mezcla en polvo para preparar alguna bebida con agua. El platillo principal es un fango gelatinoso que parece como si lo hubieran recogido de una banqueta y sus ingredientes suenan salidos de un laboratorio. El sello oficial en la bolsa debe ser alguna clase de broma: *Salubridad inspeccionada por el Departamento de Agricultura de Estados Unidos*.

Este paquete "sano" de calorías (1.250 kilocalorías, en promedio) se inclina hacia la grasa (36 por ciento) y los carbohidratos (51 por ciento). Tristemente para los civiles y el personal militar, también es bajo en fibra, lo que significa que mucha gente se estriñe después de comerlas durante días. Esto puede ser útil en el campo de batalla donde hay buenas razones para aguantar la necesidad de defecar, pero no todos los días te estás enfrentando a balas de verdad, por lo que tal vez no aprecies la constipación. Ésta es la razón por la que la gente la llama, a manera de broma, "comida que se rehúsa a salir" o "expulsión rectal masiva". Incluso quienes están en el campo de batalla no deben comer CLC más de veintiún días seguidos.[2]

Como lo explica el Pentágono, una CLC tiene un propósito y unos requerimientos bien definidos. "La Comida Lista para Consumo (CLC, o MRE, por sus siglas en inglés) está diseñada para dar sustento a una persona en actividad pesada, como entrenamiento militar o durante operaciones militares reales, cuando el servicio de comida normal no está disponible", dice la Agencia de Logística de Defensa.[3]

¿Cómo se come una CLC? De la forma que quieras. Puedes comerla fría o hervir toda la bolsa en agua (si tienes agua y puedes calentarla). Si no puedes hacer ninguna de las dos cosas, hay algo llamado "dispositivo de calentamiento de porción sin llama" dentro de cada bolsa, el cual calienta el contenido en diez minutos por medio de reacciones químicas con el agua.

Dicen que un ejército marcha con el estómago, y puede que sea verdad. Pero un ejército en marcha también necesita cargar su propia comida y eso ayuda a definir las CLC: su peso y dimensiones están limitadas por la necesidad de caber "en los bolsillos de su ropa de campaña". En realidad, en una misión común de setenta y dos horas, llevar nueve CLC es demasiado abultado, así que los soldados activos encuentran la manera de sacar lo que realmente necesitan y tiran el resto.

Si todo lo demás falla, una CLC es mejor que pasar hambre. Para los civiles, incluyendo después del huracán Katrina, claramente es mejor que nada. Pero no es la manera de alimentar a la gente durante un largo periodo de tiempo. Pude experimentarlo en persona en Haití, ese día cuando vi a los niños jugar fútbol con una CLC. Si la gente que vivía en una pobreza absoluta no podía ver esas bolsas como comida, entonces ¿quién?

En Puerto Rico, además de las comidas que preparaba la World Central Kitchen, esas bolsas de calorías del ejército eran las únicas comidas que se entregaban en cantidades razonables. Las CLC eran la competencia, pero cara y desalmada. Con los precios actuales del Pentágono, una caja de 12 CLC cuesta 119 dólares, lo que quiere decir que cada bolsa de plástico con calorías cuesta 9,91 dólares, sin incluir el costo del envío a la isla y la distribución.

La fuente de nuestra comida era local para ahorrar dinero y ayudar a revivir la economía del lugar. Esas cajas de CLC venían de pueblos pequeños y grandes ciudades de Carolina del Sur, Florida y Ohio.

Una CLC es cuestión de supervivencia. Un plato de comida local recién preparada es un alimento que compartes con tu familia y tu comunidad. Me gusta decir que una comida caliente es más que sólo comida; es un plato de esperanza. Una CLC es casi desesperada.

Sin embargo, FEMA estaba decidida en apoyarse en las CLC porque no quería apoyarse en Chefs For Puerto Rico y ningún contratista u organización sin fines de lucro podía producir la comida. La alternativa era entregar bolsas de papas fritas y dulces, o bolsas de arroz crudo y frijoles. Al menos las papas fritas no necesitaban agua potable ni electricidad para comerse. Estábamos encerrados en un comparativo diario entre nuestro arroz con pollo y un paquete de químicos que podía reconstituirse para hacerse pasar por arroz con pollo. Sólo una máquina gubernamental y la economía alimentaria industrializada podían pensar que una serie interminable de CLC era la forma de alimentar a millones de estadounidenses durante semanas. Habíamos identificado al enemigo, y eran las CLC.

NUESTRA SOLUCIÓN ANTE EL RETO DE CREAR UNA COMIDA QUE fuera fácil de transportar y comestible durante largos periodos de tiempo era sencilla y tradicional: el sándwich de jamón y queso. En mi experiencia como chef había creado muchos platillos *avant-garde*, pero pocas comidas me hacían sentir tan orgulloso como los cientos de miles de sándwiches que preparamos en Puerto Rico.

Nuestra línea de sándwiches empezó en el comedor principal del restaurante de José Enrique, donde desarrollamos nuestros métodos, aprovechando lo que habíamos empezado en el restaurante Reef, en Houston. Ahora, en la arena, nos dividíamos en dos inmensas líneas de sándwiches. En ellas se formaban niños pequeños y personas jubiladas, personal de primeros auxilios después un largo día de trabajo y voluntarios del continente, así como muchas víctimas del huracán que no tenían hogar y preferían pasar el día ayudando a otros en lugar de quedarse sentados en un refugio. También había miembros de la guardia costera y oficiales de HSI en descanso. Todos se volvieron expertos en preparar mi sándwich ideal.

Conseguíamos el pan blanco rebanado en grandes cantidades de las panaderías locales y comprábamos cantidades iguales de jamón y queso rebanado en Sam's Club. Pero el ingrediente secreto era la mayonesa. Un montón de mayonesa mezclada con kétchup para darle más sabor, y a veces mostaza. En las estaciones laterales, los voluntarios preparaban tazones inmensos de la mezcla de mayonesa y kétchup, y sacaban las rebanadas de jamón y queso de los paquetes para armar los sándwiches más rápido. Junto a dos líneas principales de mesas, otros voluntarios acomodaban rebanadas de pan. Otros untaban mayonesa en cada una, luego una rebanada de queso, una rebanada de jamón y otra cucharada generosa de mayonesa. Esta obra de arte terminaba con una última rebanada de pan.

En el corazón de esta fábrica estaba mi sargento mayor de sándwiches: una heroica voluntaria llamada Dilka Benítez. Dilka era una jugadora de básquetbol en silla de ruedas que ayudó a organizar a los basquetbolistas discapacitados de la isla. Estas habilidades organizacionales quedaron claras en la fábrica de sándwiches, donde mantenía un control estricto de los voluntarios, alternando entre el ánimo y la disciplina con algunos gritos. Se encargaba cuidadosamente de las cifras y las provisiones, desde el jamón y el queso hasta los sándwiches terminados. Dos profesionales ayudaban mucho a Dilka: David Strong, mi director de Iniciativas Estratégicas en ThinkFoodGroup, y la chef Griselle Vila, quien tiene su propia empresa de banquetes en la isla. Juntos hicieron de los voluntarios un equipo inmensamente exitoso y productivo que cambiaba cada hora, con voluntarios entrando y saliendo.

La línea de sándwiches fue una de mis primeras paradas

cuando regresé a Puerto Rico después de algunos días de recuperación en Washington.

Caminé hacia el cuarto sin luz del coliseo, donde docenas de voluntarios en filas de mesas untaban mayonesa y agregaban jamón y queso a interminables rebanadas de pan blanco. *Olé olé olé ole, olé olé*, cantábamos juntos como fanáticos victoriosos dentro de un estadio de fútbol, porque acabábamos de enterarnos de que habíamos cumplido una meta tremenda: 20.000 deliciosos —y portátiles— sándwiches de jamón y queso en un solo día.

—¡Gente de Estados Unidos! Gente del mundo —dije a los voluntarios y a todos los que verían lo que se convertiría en otro video para las redes sociales—. "Vean a la gente de Puerto Rico alimentando a la gente de Puerto Rico. Hoy, 20.000 sándwiches. Vean a Puerto Rico unido. Los hombres de Puerto Rico y las mujeres de Puerto Rico se unen. Siempre deben sentirse muy orgullosos de este momento. La primera dama es mi heroína. Nos dio la oportunidad de utilizar este espacio. Creo que el gobernador ha estado haciendo un gran trabajo, pero lo más importante es que esto no se trata de política. Se trata de ti, de ti, de ti, de ti y de ti. Un día, dentro de veinte años, podrán contar la historia de cómo se unieron para alimentar a cada hombre, mujer y niño con un plato feliz de comida. Gracias. Gracias. Los amamos. Pero veo que no les estamos poniendo suficiente mayonesa".

Mientras el cavernoso recinto se llenaba con gritos, risas y aplausos, consulté con mi equipo: las bolsas de papel que teníamos estaban absorbiendo la humedad de los sándwiches. Necesitábamos otra solución para transportarlos, una que no secara la comida al estar almacenada o viajar a través de la isla en un día caluroso. Sugerí envolver cada uno en un pedazo de papel encerado.

—No queremos dar sólo comida —le dije a mi equipo, mientras veía salir más cajas de sándwiches por la puerta—. Queremos dar la mejor comida. Y por favor, pónganles más mayonesa.

Caminé por el pasillo de concreto hacia la cocina humeante, donde un equipo de chefs sudaba junto a grandes tinajas de arroz con pollo. Mi opinión fue enteramente sobre la proteína. Las charolas de comida necesitaban más pollo, al igual que las paelleras de afuera. No podíamos darle menos a la gente hambrienta de Puerto Rico. Necesitaban las calorías y esperaban más pollo.

—Necesitamos darle a la gente más comida de la que usualmente servimos —expliqué—. Creo que es importante. Soy crítico porque la gente tiene hambre.

Mientras yo estaba en Washington, crecimos impresionantemente. Habíamos creado una cocina emergente en Guaynabo, al oeste de San Juan, y servíamos arroz con pollo a 5.000 personas. En cuestión de días pasamos de 20.000 comidas al día a 40.000, y ahora a 60.000. Rompimos la barrera de las 200.000 comidas en total y estábamos por aplastar la de 300.000 el día que regresé. Se iban a abrir las cocinas de las escuelas de gastronomía por toda la isla en cuestión de días y yo sabía que las cifras de nuestras comidas diarias se dispararían de nuevo.

El equipo de la arena ahora tenía más chefs, incluyendo varios de ThinkFoodGroup. Jennifer Herrera era una chef personal en Dorado Beach, quien había crecido y estudiado en Nueva York. Su madre era de Ponce y le puso especial atención a nuestra cocina satelital ahí. “Fue una experiencia muy personal", dijo, "ser capaz de cocinar arroz con gandules, carne frita y una comida sustanciosa y caliente para aliviar sus estómagos y sus corazones".

Nuestro héroe fue un joven de veinticinco años, cuya dedicación y energía nos inspiraron a todos. Alejandro Pérez era el chef ejecutivo del restaurante Happy Crab en Dorado cuando se le diagnosticó linfoma de Hodgkin. Terminó su tratamiento un mes antes de María y se le advirtió que no volviera al trabajo. Sus médicos le dijeron que cualquier tensión o accidente podía matarlo inmediatamente. Su respuesta fue: "Valdrá la pena. ¿Una vida por alimentar a 15.000 o 20.000 personas? Vale la pena".

En un inicio, Pérez quería abrir una cocina comunitaria en su pueblo natal, Bayamón, pero el municipio dijo que no podía apoyarlo. Así que se unió a Chefs For Puerto Rico y llegó a El Choli para trabajar largas horas cocinando miles de comidas. "Mi familia pensó que era un riesgo y luego se preocuparon porque trabajaba mucho", dijo. "Emocionalmente me sentía inútil para mi familia, para mi esposa. Especialmente para mi esposa, Carla. Ella dejó la escuela porque tenía que pagar mi tratamiento. Eso me pasó factura. Pero ella me ha apoyado desde que empecé aquí. Dijo que no le importaba que no me pagaran. Sólo necesitaba salir y hacer lo que quería. Incluso fue conmigo para asegurarse de que no estuviera haciendo algo demasiado loco. Dijo: 'Ve y hazlo. Esto te apasiona'.

"Quisiera poder hacerlo para siempre. Nunca he visto a tantos chefs, a tantas personas distintas trabajando tan bien juntos, con un solo propósito, por una idea".

¿Qué inspiró a Alejandro a hacer esto? Conocer a personas en la isla en peores circunstancias. "Conocí a una mujer en Rincón cuya casa había desaparecido", recordó. "Sólo quedaba un marco de madera. Estaba viviendo detrás de una pared. Se quedó en su cuarto de baño durante el huracán, mientras su casa se despedazaba. Pero era una líder en su comunidad y estaba ayudando a todos los demás. Ella era la que más ayuda necesitaba, pero estaba ayudando a otros. Lo que hacemos aquí no es ni un tercio de lo que se tiene que hacer. Hay gente que se está sacrificando a sí misma. Nosotros sólo estamos dando nuestro tiempo y nuestras habilidades. Cuando pienso que las cosas van mal, sólo busco fotos así en mi teléfono. Es un recordatorio de que no importa lo que pase en la cocina. Todo es por el bien común".

Erin organizó para que un doctor le hiciera un chequeo y las noticias fueron fabulosas: estaba en completa remisión. Cuando Alejandro regresó a El Choli, todos lo recibimos afuera con aplausos y pancartas para celebrar su espíritu y su buena salud. Parecía otro milagro.

DOS SEMANAS Y MEDIA DESPUÉS DEL HURACÁN, ADONDE fuera mi equipo había señales de problemas. En Humacao, en el extremo este de la isla, donde María tocó tierra primero, un simple letrero en el camino lo decía todo: *La playa tiene hambre*.

Mientras que la isla todavía tenía hambre, manejé hasta el centro de convenciones para otra reunión sobre atención masiva. Habíamos firmado nuestro contrato con FEMA el día anterior y duraría sólo dos días más. Pero habíamos cumplido nuestra parte del trato con creces. Desde el 4 de octubre, cuando empezó el contrato, habíamos preparado y entregado más de 190.000 comidas. Para cuando terminara, llegaríamos a 300.000 en un contrato que sólo nos pagaría por 140.000. El dinero no era el principal problema para nosotros; el hambre nos molestaba mucho, mucho más.

Era mi primera vez de vuelta en las oficinas centrales de FEMA desde que me sacaran del edificio a punta de pistola. Todavía había un flujo interminable de voluntarios de organizaciones de caridad recién llegados del aeropuerto. A diferencia de los nuevos, quienes tenían credenciales casi de inmediato, yo todavía no tenía ninguna identificación oficial para entrar al edificio dos semanas después de que iniciara Chefs For Puerto Rico. Nadie nunca me dijo por qué; parecía mezquino y personal, pero así es como FEMA quería comportarse. Así que me vi obligado a acercarme a la gente cuando caminaban hacia esa zona segura o, por el contrario, los funcionarios se me acercaban para preguntar qué estaba pasando afuera de su zona verde caribeña. Eventualmente, Elizabeth DiPaolo, funcionaria de FEMA, bajó por la escalera eléctrica para hablar conmigo afuera de la línea de seguridad.

—Puedo alimentar a 500.000 personas mañana —le dije—. Pero necesito saber cuál es la necesidad real. Podemos usar cocinas locales y alimentos locales para hacer que el dinero regrese a la economía local. Ya activé muchas cocinas. Sólo necesito entender cómo van a funcionar estos contratos.

—No hay ningún problema con el primer contrato —dijo pacientemente—. Ese contrato ya está hecho, pero no podemos hacer otros similares. Ese contrato sólo fue para ayudarte a empezar.

—Pero las órdenes que recibimos son interminables —dije.

—Sabemos que deberíamos estar preparando al menos dos millones de comidas al día —admitió de inmediato—. Pero los que están a cargo son el estado de Puerto Rico. Todos nos hemos asociado para ayudarlos. De hecho, tenemos que hacer seis millones de comidas al día. Trabaja con nosotros como socio.

—Dame libertad —le rogué—. Yo puedo alimentar a toda la isla.

—El primer contrato fue fácil, pero si quieres un segundo contrato, es otra cosa. Ya cumpliste con tus requerimientos.

—Son las personas de Puerto Rico quienes quieren comida, y no puedo dársela.

—¿Entonces quieres otro contrato? —me preguntó, de nuevo regresando a las necesidades burocráticas, no a las de la gente.

—No necesito otro contrato. Ya hay personas en la radio diciendo que me estoy enriqueciendo robándole a la gente de Puerto Rico.

—¿Quién dice eso? —preguntó Elizabeth, incrédula.

—La estación de radio número uno de la isla —le dije, sabiendo que no tenía idea de cuál era o cómo encontrarla—. Deberías escuchar lo que dicen de FEMA y del gobernador.

—¿Realmente puedes preparar tantas comidas? —me preguntó, sonando igual de incrédula que con la mención de la estación de radio.

—Ya tengo once cocinas y puedo encontrar más. Hay una empresa de banquetes en el aeropuerto y pueden preparar más de 250.000 comidas. Y puedo hacerlo más rápido y más barato que cualquiera. Y a tiempo.

La reunión de atención masiva estaba a punto de comenzar, así que cruzamos la calle hacia una inmensa sala de reuniones sin ventanas en el hotel Sheraton. Elizabeth dio inicio a la reunión pidiéndoles a todos que compartieran sus metas para ese día —esperando que fuera con cifras—, sus planes para el día siguiente y cualquier obstáculo que pudieran enfrentar para conseguirlos.

La guardia estatal de Puerto Rico informó sobre la entrega de 4,3 millones de botellas de agua y 2 millones de comidas desde que cayó el huracán. Sin duda, la operación más grande de la isla era el ejército y todas esas comidas eran CLC.

El Departamento de Educación informó que habían entregado 115.000 comidas hasta ese momento a través de los puntos de distribución "de paso" que tenía la primera dama por toda la isla, incluyendo 2.050 comidas ese día. Al día siguiente se iban a abrir todas las escuelas de la isla, así que existía la posibilidad de que pudieran cocinar para más. Pero el proceso de reabrir y activar las cocinas escolares era lento, y los funcionarios de educación dijeron que estaba tomando tiempo pasar las órdenes a través de los directores regionales de las escuelas en las montañas.

Los funcionarios de agricultura en Puerto Rico dijeron que todavía luchaban por conseguir suficientes choferes para mover sus productos frescos y el agua. Su contratista tenía cien camiones, pero estaban viendo cómo activar más. Para mí, no estaba claro por qué el ejército no quería o no podía ayudar. Al Pentágono nunca le hacen falta camiones o choferes. Y la necesidad era urgente: al día siguiente, el Departamento de Familia de la isla esperaba recibir un millón de libras de comida del Departamento de Agricultura de Estados Unidos (USDA).

Para ese momento, la reunión se enfocó en las organizaciones sin fines de lucro o lo que llaman agencias de voluntarios. FEMA sobre todo quería asegurarse de que todos estuviéramos cooperando o "llevándonos bien", como dijeron. Pero no quedaba claro qué propósitos o metas tenían, ya no digamos cómo alguien podía cooperar.

Entonces le dieron la palabra a otros extraños personajes que los desastres suelen atraer. Acababa de llegar un nuevo grupo de Florida: Mutual Aid Disaster Relief, un grupo radical con inclinaciones anarquistas que surgió después de Katrina. Luego los cienciólogos dijeron que tenían sesenta pallets de alimentos en camino desde Nueva York y preguntaron cómo podían llevarlos a Puerto Rico.

—FEMA no transporta donaciones —dijo un funcionario—. No asumimos la tarea de traer donaciones.

Los cienciólogos pidieron ayuda y el grupo compartió ideas. ¿Quizá FedEx? ¿Qué hay de DHL? ¿Tal vez aerolíneas como JetBlue podrían ayudar? ¿O podrían buscar el patrocinio de una corporación grande?

—Tenemos los fondos, pero no tenemos el transporte en sí —contestaron los cienciólogos.

No podía creer lo que escuchaba. No sólo estaba completamente desvinculado de la crisis en Puerto Rico; también estaba lejos de mis experiencias resolviendo problemas en la isla.

Era el turno de la Cruz Roja de Estados Unidos, siendo la organización cuyo carácter único los obliga por orden del Congreso a aportar asistencia en desastres, coordinados por FEMA. El informe de la Cruz Roja era una ventana hacia lo inadecuada que era la asistencia en el desastre de la isla. Dijeron que habían distribuido 1,2 millones de libras de comida hasta la fecha, lo que parecía ser mucho hasta que lo dividías entre 3,4 millones de puertorriqueños que habían necesitado tres comidas diarias durante los últimos veinte días. Era menos de una onza de comida al día para cada puertorriqueño.

Incluso las cantidades de comida eran confusas y FEMA no tenía manera de comprender qué estaba pasando. La Cruz Roja hablaba sobre libras de comida, mientras otros hablaban de pallets. Nosotros preferíamos hablar de comidas, que era en realidad lo que especificaban los contratos de FEMA. Todas estas cuentas se ingresaban en una hoja enorme de Excel que FEMA actualizaba y mandaba a diario por correo electrónico. Al final de la hoja se suponía que debía aparecer el conteo total de comida para que todos lo viéramos. Pero el resultado era un error de cálculo porque no había una unidad estándar de comida que todos usáramos. Si FEMA no podía encargarse de una tabla, ¿cómo podía manejar una agencia?

—Como parte de nuestros esfuerzos de distribución estamos entregando comidas preparadas —explicó la Cruz Roja—. El agua sigue siendo un reto y también estamos distribuyendo filtros de agua, cosas así. Depende de la solución para poder llevar agua potable a las comunidades, así como de las necesidades y las estrategias a largo plazo porque algunas áreas no tendrán este recurso durante mucho tiempo. Estamos intentando ser creativos. No tenemos muchas de las herramientas comunes aquí y ahora.

Así que no había agua en casi ningún lado y no tenían idea de cuál sería la solución ni cuándo la tendrían. La Cruz

Roja dijo que había entregado algunos filtros de agua para "casi 3.000" familias. Yo no podía entender por qué nadie estaba alzando la voz sobre una crisis de agua para ciudadanos estadounidenses. ¿Dónde estaba el sentido de urgencia?

La Cruz Roja aportaba un poco de comida, dijeron. Pero la realidad era, como admitieron, que las personas básicamente sobrevivían como podían.

—La gente tiene la capacidad de cocinar en muchas comunidades —informaron—. Hay mucha gente usando parrillas y gas propano. Nosotros intentamos apoyar ese esfuerzo tanto como podemos porque sabemos que hay retrasos en la distribución de comida.

Esto es lo que todos sabíamos después de andar por la isla y lo que uno tenía que asumir ante la ausencia de saqueos de comida. La gente confiaba en las provisiones que tenía en casa para alimentarse y tener gas. Pero quién sabía cuánto durarían. Y si sabías que la gente estaba cocinando así, ¿para qué seguir proporcionando tantas CLC?

La realidad es que alrededor del 40 por ciento de los puertorriqueños califican para lo que solíamos llamar cupones de comida. En la isla se llama asistencia nutricional, pero se paga con tarjetas electrónicas. Sólo el 20 por ciento de la asistencia se puede entregar en efectivo para pagar comida; un total de 80 dólares por una familia de cuatro. Con la falta de electricidad y comunicaciones en la isla, era imposible que los supermercados aceptaran tarjetas, incluyendo las de asistencia nutricional.

¿Por qué la Cruz Roja y FEMA no cambiaban el sistema de la tarjeta por el clásico efectivo? Porque la administración de Trump no estaba dispuesta a cambiar las bases del sistema en esta crisis. Cuando el Departamento de Familia de la isla pidió aumentar la cantidad que podía darse en efectivo del 20 al 50 por ciento, el USDA de Trump dijo que no. Como consuelo dijo que la gente podía usar las tarjetas para comprar comida caliente o sándwiches en tiendas autorizadas. Si hubieras visitado un supermercado de Puerto Rico, con anaqueles vacíos y refrigeradores sin electricidad, sabrías lo poco realista que era eso. Incluso los funcionarios de agricultura de Trump sabían lo mal que estaba la situación. "Comprendemos que en este momento todas las tiendas de alimentos en Puerto Rico están lidiando con la falta de inventario y los problemas de electricidad y conectividad", escribió el USDA. "Además, los cajeros automáticos tienen problemas de conexión y límite de efectivo".[4]

Como ejercicio de atención en masa, la reunión era sólo eso, un ejercicio. Estaba tan alejada de la realidad de la carencia de comida en Puerto Rico como la barra de sushi que había abajo, en el blanco y reluciente bar del hotel Sheraton.

El Ejército de Salvación, con todos sus recursos, era lo mismo de siempre. Dijeron que habían escuchado de áreas necesitadas, pero no tenían gente disponible para atender sus necesidades. En cualquier caso, sus cifras de alimentación sólo estaban en los miles. En Ponce, uno de los lugares más grandes, alimentaban a un par de miles de personas al día.

—¿Veinte mil? —preguntó alguien esperanzado.

—No. Dos o tres mil —contestó el Ejército de Salvación.

Finalmente llegó mi turno para hablar.

—Así que tenemos a nuestro famoso chef, José Andrés —dijo Elizabeth—. ¿Quieres dar el informe de lo que están haciendo ustedes hoy?

Les dije que ya estábamos distribuyendo a 16 municipios, con tres cocinas operacionales por la isla, y preparábamos una expansión rápida, incluyendo Manatí en el norte y Fajardo en el este. Incluso alimentábamos a los empleados federales.

—Hoy nos llamaron de la guardia nacional en Toa Baja y dijeron que no habían comido algo caliente en las últimas dos semanas, así que les enviamos 400 comidas de arroz con pollo. Aun cuando me sacaron de este edificio —les dije a todos, incluyendo a los militares que había ahí—. El mejor socio que hemos tenido en estas últimas dos semanas, Dios los bendiga a todos, es HSI. Muchos son de patrullas fronterizas y gran parte de ellos son puertorriqueños. Tienen 40 camiones y van a las zonas difíciles. Me dijeron que querían traer comida y agua. Son muy rápidos y trabajan por su cuenta. Cada día les damos 5.000 sándwiches para entregar. Cada día. Tenemos una muy buena idea de dónde hay más necesidad gracias a ellos, qué casas necesitan ayuda, aunque sólo sean una o dos. Así que en HSI han sido fantásticos.

"Si podemos activar una operación con helicópteros; todos quieren llegar al centro de la isla, pero yo ya identifiqué a la gente que puede preparar 20.000 comidas calientes precisamente para entregarlas con los helicópteros del ejército. Parece una locura, pero sólo necesito llegar con el ejército para decirles: ¿pueden hacerlo? Las comidas se preparan aquí, por manos puertorriqueñas. La gente puede recibir comidas de 3.500 calorías dondequiera que aterricen los helicópteros. Son comidas calientes sin tener que abrir cocinas. Al menos esto puede ser útil durante una o dos semanas, hasta que podamos abrir los caminos en muchos lugares. Si alguien está interesado, tengo la información y podemos entregar 100.000 comidas en helicóptero en 24 horas.

Les conté de mis mapas, creados por el equipo del ejército, con todos los detalles sobre recursos.

—Esto no es sólo un mapa inerte. Es un mapa vivo —expliqué—. Sueño que llego con el mapa, pongo las cifras aquí y todo aparece y sabemos inmediatamente cuántas personas estamos alimentando en cada parte de esta isla. Así que podemos ver a los clientes potenciales, la gente que tiene hambre, versus los proveedores potenciales, todos *nosotros*. Luego intentamos empatar a esos proveedores con los receptores. El ejército está haciendo un gran trabajo, pero creo que éste podría ser un gran mapa sólo para simplificar nuestras vidas y ver quiénes somos, dónde estamos, cómo apoyarnos unos a otros y cómo estamos alimentando a todos en las zonas que lo necesitan.

Otro funcionario de FEMA habló sobre una clase de ejercicio diferente: la semana pasada les pidió a todos que pusieran *post-its* en un mapa para rastrear lo que todos estaban haciendo. Casi tres semanas después del huracán, el gobierno federal seguía usando estas notas adhesivas para gestionar la información. Era el año 2017 y todos tenían acceso a Google Maps y Forms en sus *smartphones*, pero FEMA quería que la gente pegara un papel en un mapa.

FEMA dejó muy claro que los principales receptores de esta información no eran las personas que alimentaban a los hambrientos, sino sus jefes, quienes querían sólo la información más simple. "Queremos mostrarles a los líderes y decir: 'Éstas son las cifras que quieren ver'. No quieren ver un informe largo, quieren ver una imagen rápida de lo que está pasando", dijo el funcionario de FEMA. No estaba claro a qué líderes se refería, pero todos sabíamos que el presidente Trump no leía sus informes y prefería las fotos a las palabras.

—Los líderes quieren verlo todo bonito y barato —explicó Elizabeth—. La necesidad es de 2,2 millones de comidas en la isla. Ahora mismo estamos entregando 200.000. Nuestro déficit es de 1,8 millones o... No me salen las matemáticas. Nos faltan 1,8 millones de comidas. Así que por eso necesitamos entender la urgencia. Esto no va a desaparecer como por arte de magia. Estamos haciendo todo esto hoy y lo haremos mañana, pero tiene que ser sustentable durante varios meses. Así que en verdad necesitamos pensar como equipo.

De hecho, FEMA puso las necesidades diarias en 6 millones de comidas, tres comidas para cada uno de los 2,2 millones de personas que necesitaban asistencia alimentaria. De esas 200.000 comidas al día, mi operación ya producía un tercio. Las otras organizaciones sin fines de lucro estaban paralizadas o sólo hacían esfuerzos simbólicos por proveer comida y agua.

Las comidas restantes eran casi todas CLC del ejército, pero incluso esas cifras se quedaban cortas para lo que se necesitaba. De acuerdo con el Pentágono, el ejército había entregado 7,7 millones de comidas y 6,3 millones de litros de agua desde el huracán, casi tres semanas después.[5] Ninguna de esas cifras estaba cerca de ser suficiente para una isla de 3,4 millones de personas cuando la mayoría no tenía agua potable, dinero para comprar comida, supermercados dónde comprar ni electricidad para cocinar.

—Chef, gracias —dijo uno de los cienciólogos, quienes empezaron a aplaudir. Fue amable de su parte, pero me pareció que la reunión había sido tan deprimente como cualquier otra cosa que hubiera visto en la zona de desastre.

—Tú eres el único que hace estos cálculos —me dijo Elizabeth después—. El único ahí afuera.

Esa noche, Trump tuiteó un video de los esfuerzos federales en Puerto Rico, diciendo: "Nadie pudo haber hecho lo que yo he hecho por #PuertoRico con tan poco reconocimiento. ¡Tanto trabajo!". El video empezaba con un golpe para los medios: "Lo que los noticieros mentirosos no te enseñan de Puerto Rico...". Había helicópteros militares levantando losas de concreto para reforzar lo que parecía la presa Guajataca, que estaba a punto de colapsar. Estaba la guardia costera entregando medicinas en la isla Culebra. Pero los videos eran sobre todo una colección mal editada de imágenes de agencias sin nombre entregando botellas de agua en lugares no identificados que parecían Puerto Rico. Quizá no podían citar la cantidad de comida y agua que entregaban porque querían una vista "bonita y barata" o porque las hojas de Excel mostraban errores de cálculo. El video terminó, naturalmente, con Trump mismo en Puerto Rico, incluyendo su sesión de lanzamiento de rollos de toallas de papel, con todo y música heroica. Porque ese video era para una sola persona, no para los ciudadanos estadounidenses en Puerto Rico.

No pude evitar contestarle. "No ha hecho nada, señor", tuiteé. "¡La gente de @fema @USNavy @USArmy @DHSgov @NationalGuard son los héroes de Estados Unidos! Para liderar se debe ser un seguidor...".

Regresé al AC Hotel, donde mi equipo de chefs de El Choli y nuestras operaciones satelitales estaban reunidos después de un día muy largo. Mi experiencia en FEMA me hizo sentir que estábamos solos en términos de nuestra visión para alimentar a los hambrientos.

—Podemos alimentar a esta isla —les dije—. No necesitamos a nadie más. Todos dicen que necesitamos socios, pero ustedes no los necesitan. Deberían dejárselo a los profesionales y ya. Podemos enseñar a la gente cómo hacer esto por su cuenta.

Karla acababa de regresar de un viaje a Manatí, en el norte, y a Mayagüez, en la costa oeste, y no traía buenas noticias. Estábamos explorando cómo establecer una operación satelital en la escuela de gastronomía, pero las provisiones no podían llegar.

—Por Dios —dijo—. Están realmente muy mal. No hay comunicaciones para nada. Ni siquiera pueden conseguir productos para sus cocinas ahí. ¿Podemos prepararles sándwiches por lo menos? El único proveedor que normalmente iba ahí era José Santiago, entregando los miércoles y viernes. Sólo tienen un cuarto refrigerado pequeño. Pero tienen tres parrillas, un horno y muchas sartenes grandes que podemos usar.

"Llevamos sándwiches para el Ejército de Salvación. Cuando llegamos con ellos, dijeron: 'Gracias a Dios. Justo íbamos a ir a Manatí. No tenemos comida'. Necesitan mucha ayuda. Pasamos una casa y podía ver el clóset desde la calle porque desapareció la mitad de la construcción. Intentamos llegar a una parte del pueblo, pero el camino estaba inundado. No tenían comida caliente ni nada. ¿Quizá podríamos hacer paellas ahí? Me puse a llorar en el coche. Realmente lo están pasando mal.

Le expliqué al equipo mi solución para aumentar la producción todavía más: una empresa de comida para avión que había conocido, llamada Sky Caterers, podía producir 300.000 comidas al día con sándwiches, fruta fresca y papas fritas. También podían preparar comidas calientes con pollo y pescado, o comidas vegetarianas. Cada comida estaría empacada como si fuera para avión. Podríamos empezar a entregárselas al ejército cuando ellos quisieran. Y las comidas se producirían en Puerto Rico, por puertorriqueños, ayudando a la economía local en el proceso.

En cuanto a nuestros sándwiches, necesitaba que el equipo mantuviera la calidad. "Aumenten la cantidad de mayonesa —dije de nuevo—. Las bolsas de papel los están dejando secos. Fue una mala idea. Creamos el mejor sándwich de asistencia alimentaria, pero esto los está secando. A los ancianos les encantan los sándwiches, pero sin mucha agua es difícil que los mastiquen. Necesitan estar húmedos. Los empezaremos a entregar en charolas de aluminio. Está muy bien porque te devuelven las charolas. Si pones papel entre las capas, permanecen húmedos. Quiero que la gente diga que ésta es la primera operación de asistencia alimentaria en la que la comida sabe bien. Nadie en FEMA o en las otras organizaciones habla sobre lo bien que sabe la comida. Sólo hablan de cuánta comida regalamos".

Nuestros problemas con FEMA eran mucho peores que una mera diferencia de opinión o valores. Erin Schrode contó que un funcionario de FEMA había venido el día anterior.

—Quería revisar que todos nuestros voluntarios fueran

en realidad nuestros, porque no les estaban llegando tantos como querían —dijo—. Pensó que quizá los estábamos atrayendo hacia aquí.

Lo que en realidad quería revisar era cómo podíamos producir tantos sándwiches. Después de preguntar por nuestros voluntarios, él también se quedó una hora preparando sándwiches.

NUESTRO CONTRATO CON FEMA YA SE HABÍA ACABADO Y ahora nos enfrentábamos a nuestra prueba más grande: estábamos produciendo cantidades inmensas de comida para personas que la necesitaban desesperadamente, pero no teníamos forma de pagar por los ingredientes necesarios para preparar más de 70.000 comidas en un solo día. Teníamos cuatro cocinas abiertas e íbamos a abrir otras dos al día siguiente, en Manatí y Mayagüez. Necesitábamos toda la ayuda posible y no parecía que fuéramos a recibir mucha de FEMA o de las grandes instituciones de caridad.

Era el momento de contactar a mis amigos en Washington, así que empecé por llamar a los senadores que conocía personalmente. Llamé a Mark Warner, de Virginia, y le dije que la World Central Kitchen era un modelo. "Hemos sido el modelo de cómo proveer asistencia alimentaria", dije. "FEMA necesita eliminar su burocracia. Ya les dije que nos vamos a ir a menos de que me consigan un contrato. Somos su mejor socio, pero necesitan empoderarnos más". La amenaza de irnos era un ardid: estábamos desesperadamente cortos de dinero, pero también desesperados por alimentar a la gente de Puerto Rico. Yo sabía que nunca los dejaríamos de alimentar en su momento de necesidad.

Le dejé mensajes a Kirsten Gillibrand, senadora de Nueva York, diciéndole que FEMA tenía sus prioridades al revés. Primero alimentas a la gente, luego tienes reuniones. Señalé que todos estaban diciendo que no era tan simple, pero es así de simple. Si sólo planeas y planeas, continué, pasarán seis meses antes de que alimentes a alguien. ¿Cuál era mi plan? Alimentar a la gente de Puerto Rico.

Martin Luther King, Jr., solía hablar de la feroz urgencia de convencer a la gente para que apoyara el movimiento de derechos civiles. Bueno, la urgencia ahora estaba en Puerto Rico. Y la urgencia de mañana iba a estar en todo el mundo.

Ya pasaba mucho más tiempo buscando fondos y expandiendo nuestras operaciones, que preparando las comidas como tal. Nos detuvimos en la secundaria Federico Asenjo, en San Juan, para encontrarnos con Julia Keleher y ver si podíamos activar las cocinas escolares por toda la isla. Con más de 1.400 escuelas en Puerto Rico, la mayoría con cocina, los cocineros escolares fácilmente podían producir entre 100.000 y 200.000 comidas al día. Keleher esencialmente les había dicho a las escuelas que no se preocuparan, que alimentar a la gente estaba aprobado y que pronto llegarían las provisiones. Incluso hizo que la guardia nacional ayudara haciendo entregas en sus escuelas y el aumento de provisiones parecía constante. El departamento dijo que había entregado ingredientes para otros 3 millones de comidas en las semanas posteriores al huracán, pero era difícil verlo en tierra. Yo pensaba que las escuelas podían hacer mucho, mucho más si todos trabajábamos juntos.

—Éste es el Departamento de Educación, no el Departamento de Alimentación —me dijo humildemente.

—En realidad son más poderosos de lo que creen

—contesté—. Cada escuela que visito tiene una gran cocina con grandes personas y grandes encargados. Eso es lo que queremos que funcione para toda la isla. Pídeles que dupliquen la producción o lo que puedan aumentar. Saben cocinar bien. Es comida preparada con el corazón.

Tal vez sea difícil activar más de 1.400 cocinas escolares, pero es mucho más fácil que lidiar con FEMA. Mis llamadas con la agencia empeoraban. Les dije que podía producir 100.000 comidas al día, que necesitaban asociarse conmigo. Si no lo hacían, iría a la prensa. Yo cocinaría 100.000 comidas al día y luego me iría, diciendo que lo hice sin FEMA. Me contestaron que debía recaudar mis propios fondos. Se quejaron de que estaban atados por el Acta Stafford, la cual rige a FEMA, y dijeron que simplemente no podían eliminar la burocracia. Necesitábamos pasar por un proceso de licitación que tardaría varias semanas. Si la gente pasaba hambre durante ese proceso, bueno, qué mal. No teníamos idea de que ya habían firmado un contrato por 30 millones de comidas que nunca se iba a materializar.

—Están repartiendo comidas asquerosas. Asquerosas, una porquería —le dije a Erin—. Debería darles vergüenza. Y la gente se está enriqueciendo con esto. Están haciendo dinero con el hambre de la gente.

Decidí ir a las oficinas centrales de FEMA en el centro de convenciones para intentarlo por última vez. Sin identificación oficial, me quedé atorado en la primera puerta, viendo a los guardias armados en el lobby. Un funcionario del Departamento de Estado se acercó a darme una mano.

—Soy un gran admirador de lo que hacen —dijo—. ¿Hay algo que pueda hacer para ayudar? Lo que sea.

—¿Sabes que FEMA está trayendo pan de Florida cuando

tenemos doce panaderías aquí en la isla? Nosotros estamos preparando 15.000 sándwiches al día y nadie más puede producir tantos —le dije—. Lo estamos haciendo con pan local y entregamos los sándwiches con camiones de comida de aquí.

El funcionario me preguntó si quería pasar, pero tuve que contarle de la última vez que los guardias armados me habían sacado.

Eventualmente me reuní con un par de funcionarios de FEMA que insistieron en que tenía que seguir el proceso de licitación para tener un contrato. La conversación fue deprimente. Sólo unos días antes, el director regional de FEMA en el Caribe, Alejandro de la Campa, había pasado por nuestra operación en Santurce para ver lo que estábamos haciendo y probar un poco de nuestra comida. Pareció impresionado entonces, pero ahora me doy cuenta de que era sólo una máscara.

Cuando ya me iba, tomé una foto del edificio y tuiteé: "Las oficinas centrales de FEMA en Puerto Rico, el lugar más ineficiente en la faz de la tierra, deja a la gente de Puerto Rico con hambre y sed". De paso etiqueté a Donald Trump. Me sentí muy liberado por no tener que volver nunca más.

Regresé a El Choli y recordé por qué estaba ahí. No se trataba de FEMA ni de los contratos.

En la entrada de la arena había un pequeño autobús del municipio de Cataño, cerca de San Juan, que traía a un grupo de voluntarios. Los habíamos visitado una semana antes y desde entonces venían a El Choli cada día para recoger miles de comidas para su comunidad. Fueron mi primer gran grupo de voluntarios y su energía era contagiosa. Tan pronto como saludé a mis amigos de Cataño, Lulú Puras, de Mano a Mano, se me acercó. Me dijo que necesitábamos ayudar al municipio de Patillas, en el sureste, porque nadie lo había atendido.

—Hicimos una entrega ahí la semana pasada y era la primera vez que recibían comida —dijo—. Cuando llueve, sacan cubetas para tener agua para beber.

El gobernador Roselló hizo una parada para ver lo que estábamos haciendo, once días después de que decidío no presentarse en Santurce. Le enseñé nuestras gigantescas filas de sándwiches y le di un recorrido por nuestra enorme cocina central. Le dije que podríamos hacer mucho más con su ayuda, pero no recibí respuesta alguna. Mientras cruzábamos la arena hacia la salida, le conté sobre la comunidad de Rio Piedras en las afueras de San Juan, donde necesitaban 70 carpas azules. Accedió a darme las carpas en ese mismo instante y yo las entregué al día siguiente. Ese acto me dejó con el gran deseo de que todos los problemas de la isla se pudiesen resolver con tanta rapidez y eficiencia. Pero fue la última vez que vi al gobernador, y nunca más recibí noticias de él.

No sé si fue mi tuit o mi amenaza de hacer una conferencia de prensa, pero FEMA me envió un correo electrónico diciendo que renovarían el contrato después de todo. "Tenemos una misión realmente simple: alimentar a la gente de Puerto Rico y hacerlo bien", contesté, intentando hacer las paces. "Eso no puede suceder sin el apoyo del gobierno federal, el responsable del bienestar de los ciudadanos estadounidenses que hay en Puerto Rico".

Pero la oferta de FEMA decía mucho sobre su forma de pensar respecto a la asistencia alimentaria y respecto a Chefs For Puerto Rico. Propusieron que preparáramos sólo

20.000 comidas durante los siguientes 21 días, ya que nos pagarían 8 dólares por comida. En circunstancias normales podías alimentar a la gente por la mitad de ese precio, pero ésta no era una situación normal: los ingredientes eran caros y estábamos preparando las comidas desde cero. De acuerdo con sus propias estimaciones, faltaban 1.8 millones de comidas todos los días. Nosotros éramos la única operación en la isla que preparaba algo comestible en cantidades significativas, en lugar de enviar CLC. Hacíamos entregas en una amplia variedad de lugares que eran nuestros socios y volvían día tras día. Las CLC no tenían alma y sólo alejaban a la gente. Mientras que el valor general del contrato era grande, 3,4 millones de dólares, las cantidades de comida sugeridas no tomaban la crisis en serio. Preparamos 73.600 comidas ese día y estábamos listos para abrir varias cocinas nuevas por toda la isla. Su oferta de 20.000 comidas era una broma de mal gusto.

Discutí las opciones con mi equipo cuidadosamente. Podíamos usar el dinero para producir más comida si queríamos, no menos, porque 8 dólares por comida era más de lo que necesitábamos. Pero el principio mismo me molestaba. Estaban pagando de más y entregando de menos, lo que parecía típico viniendo de un grupo de funcionarios con demasiado dinero y muy poco entendimiento. Decidimos hacer una contraoferta: prepararíamos 100 mil comidas al día, a 6 dólares por comida, durante 11 días. La suma total aumentaría a 2,2 millones de dólares, pero era mucho más realista y significaría más comida, más rápidamente, por menos dinero. Fue nuestra oferta final.

FEMA contestó rápidamente a nuestra oferta final: dijeron que no. Al día siguiente haríamos nuestra conferencia de prensa. Para mí no se trataba de dinero. Se trataba de algún abogado de FEMA en Atlanta tomando decisiones sin medir los problemas tan reales en la isla. Quería que se comprometieran a más volviendo a la realidad sobre la crisis en Puerto Rico.

—Me utilizaron durante una semana como en *Los juegos del hambre* —le dije a mi equipo—. El video que subieron de mí, explicando nuestro plan, sólo fue propaganda. Así de mal están. Dijeron que nos cuidarían y que cuidarían a los puertorriqueños.

AL DÍA SIGUIENTE DESPERTÉ MOLESTO POR LO QUE IBA A PASAR. Alimentar a Puerto Rico no era un acto de generosidad de Estados Unidos. Los puertorriqueños contribuían sus impuestos al gobierno de Estados Unidos y FEMA era uno de los servicios que pagaban. Ahora era momento de que FEMA tomara cartas en el asunto. Yo podía entregar medio millón de comidas mañana, cocinadas por chefs locales, para los lugareños. Todo lo que FEMA tenía que hacer era darnos el poder para hacer el trabajo.

—Ser un líder no es pretender ser un mal jugador de básquetbol con un rollo de papel de cocina —le dije a mi equipo—. El liderazgo es decir que es indignante que la gente beba la misma agua de lluvia que está inundando sus hogares cada noche. No puedo creer que viniera a la isla a alimentar personas y ahora tengamos que hacer una conferencia de prensa para acusar al gobierno federal de la falta de respuesta. No lo disfruto para nada. Sólo lo hago para presionar a la gente.

"Pero hay gente en FEMA que me dirá: 'José, ustedes son

una pequeña organización sin fines de lucro. Tienen que seguir el protocolo. Ya hicimos más de lo que ustedes merecen'. Me han dicho en FEMA que tienen muchas prioridades y la comida no es una de ellas. ¿Cómo pueden decir en serio que la comida no es lo más importante?

Reunimos a la prensa afuera de la entrada de El Choli, justo frente a las inmensas paelleras. Acomodamos cajas de fruta fresca y charolas de comida recién hecha para mostrarle al mundo lo que estábamos preparando y entregando a los puertorriqueños. Como comparativo, pusimos una bolsa de plástico café de CLC y otra comida básica de las demás organizaciones sin fines de lucro: una bolsa de papas fritas y una manzana. Me aseguré de que también se viera el mapa para que la gente pudiera dimensionar toda la extensión de nuestras operaciones.

Quería mostrar a la gente detrás de esta operación también: nuestros Chefs For Puerto Rico en persona, así como el apoyo local que habíamos creado. Estaban Henry Newman, un senador de San Juan, y Ángel Pérez, el alcalde de Guaynabo. Lulú Puras, de Mano a Mano, se unió, junto con mis chefs fundadores, Enrique Piñeiro, Wilo Benet, José Enrique y Manolo Martínez.

—Estamos aquí para hablar sobre la emergencia alimentaria que sufren millones de estadounidenses en Puerto Rico. Pueden hablar todo lo que quieran de estadísticas en la recuperación de la isla, pero nada es más importante que la comida y el agua. Sin ambos, no hay personas que rescatar y atender. Punto —dije a los reporteros y a las cámaras—. La verdad es que FEMA dice que necesitamos entregar más de 2 millones de comidas al día para cubrir las necesidades de la gente de Puerto Rico. Eso es sólo una comida para 2 millones de personas con hambre. Pero por su cuenta, FEMA, junto con todos los socios y las agencias, incluyendo World Central Kitchen, está entregando poco más de 200 mil comidas al día. Y eso si somos generosos.

"Así que al menos 1,8 millones de estadounidenses todavía tienen hambre todos los días en el país más rico de la faz de la tierra. Y eso está mal. Tres semanas después del huracán María; hoy se cumplen tres semanas de que María golpeara estas islas. —Les mostré las comidas—. Las CLC son básicamente el último recurso para los seres humanos, pero el primero para el gobierno federal. No puedes comer más de tres sin que tu estómago se dé por vencido. Pero otras personas, dado que no pueden cocinar como nosotros, les dan esto como equivalente a una comida —dije, vaciando sobre la mesa el contenido de la bolsa de bolitas de queso—. Eso es lo que intentamos dar de comer a nuestros compatriotas en Puerto Rico. Y luego les damos comida cruda, como arroz y pasta. Pero la gente no tiene dinero para comprar algo más que ponerle a ese arroz. Ni siquiera tienen dinero para comprar combustible o no está disponible. Y si lo tienen, no tienen agua potable con qué cocinar.

Les mostré la comida que cocinamos: el arroz con pollo, los frijoles con verduras.

—Nosotros les damos comida hecha con amor, preparada desde el corazón, servida caliente. Hecha por puertorriqueños sirviendo a los puertorriqueños —dije. Íbamos por buen camino para cocinar 100.000 comidas al día hacia el final de la semana, pero podríamos estar cocinando 250.000 comidas—. Si nos quitamos problemas, podemos alimentar a toda la isla —declaré, mi voz ahora rasposa mientras gritaba por encima del zumbido constante de los generadores.

En cambio, FEMA estaba contenta con la forma en que funcionaba todo. Nos pidieron que cocináramos 20.000 comidas al día y nada más.

—Todavía no sabemos quién va a alimentar a esta isla —expliqué—. Ahora, precisamente por esta conferencia de prensa, FEMA dice, en un esfuerzo de último minuto, y después de negarse, que podemos hacer 20.000 comidas al día unas cuantas semanas más. Que es 100 veces menos de lo que esta isla necesita. O podemos esperar varias semanas más mientras la gente negocia los contratos. Todo esto es burocracia; no se trata de alimentar a la gente.

"A Puerto Rico lo golpearon dos desastres. El primero fue natural. El segundo desastre lo provocó el hombre por una clara falta de liderazgo. La triste verdad es que FEMA está pagando de más y entregando de menos. Está pagando mucho por comida y entrega muy pocas comidas a la gente. No hay urgencia en la respuesta del gobierno a la crisis humanitaria. Sólo queremos alimentar a la gente. Nada más, nada menos. Porque nada es más importante.

Pensé que la conferencia de prensa había sido un éxito, pero mis chefs no estaban contentos por todas las razones correctas. No comprendían por qué dejamos de cocinar una hora si teníamos que alimentar a tanta gente. Caminé hacia la cocina de la arena y hablé con ellos: todos éramos un solo equipo y necesitábamos que el mundo lo viera. Podíamos cocinar todavía más y alimentar a mucha más gente si teníamos el apoyo del resto del mundo.

Esa tarde vimos por qué estábamos luchando. Mi amigo Jorge Unanue, de Goya Foods, ofreció llevarnos a las montañas en su helicóptero privado, dándonos un vistazo del interior olvidado de la isla y de cómo se vería una operación de asistencia alimentaria si el ejército utilizara sus helicópteros para ayudar. Durante algunas horas, el cómodo helicóptero corporativo Bell olió a cocina, con charola tras charola de arroz con pollo apiladas en el piso.

—Es como un restaurante con alas —dijo Jorge.

Era un vuelo complicado hasta Utuado y no íbamos a arriesgarnos. Necesitábamos mantenernos lejos de todos los cables y postes que habían caído alrededor de los puntos donde pudiéramos aterrizar. Al volar de San Juan hacia las montañas del interior pudimos ver la magnitud de la devastación. Había grandes cantidades de árboles tirados o desnudos. Había puentes colapsados en barrancos angostos y los caminos estaban bloqueados por los aludes. Arriba, en los montes, las casas parecían estar a punto de desmoronarse con el siguiente alud de barro.

—Si quieren alimentar a la gente que está totalmente arruinada, tienen que subir aquí —dijo Jorge.

Encontramos un diamante de béisbol descuidado al pie de un monte donde parecía seguro aterrizar. Junto al diamante estaban los restos de un gimnasio, pues el techo de lámina se había volado y estaba sobre una cancha de básquetbol como si fuera la tapa gigante de una lata de sardinas. Rodeamos algunas veces para ver si había cables que pudieran enredarse en el helicóptero, y bajamos lentamente sobre el campo. No parecía haber nadie en el pueblo y las calles se veían vacías.

—No te preocupes —dijo Jorge—. Saldrán cuando vean que hayamos aterrizado.

Cuando lo hicimos, mi teléfono captó un poco de señal y recibí algunos correos electrónicos. Uno era de FEMA:

rechazaban nuestra oferta de preparar 250.000 comidas al día. Mientras veía a la gente sin techos, personas que no habían probado una comida caliente en semanas, FEMA me enviaba un correo electrónico declinando mi oferta para alimentarlos. El ejército ni siquiera podía llevarme en helicóptero para hacer el trabajo, aun cuando habíamos escuchado que no estaban haciendo nada y yo tenía que pedirles a mis amigos ayuda para llevar comida hasta lugares como Utuado. Podíamos hacerlo. Pero el gobierno federal se rehusaba a dejarnos alimentar a la gente. El *gobierno federal*. El presidente y el director de FEMA. Debieron despedirlos inmediatamente por estar tan lejos de las necesidades de los estadounidenses en Puerto Rico. Deberían estar avergonzados. Deberían haber renunciado. No podía dejar de sentirme impotente y empecé a llorar.

Llovía y el terreno estaba enlodado. De pronto se detuvieron unas camionetas y varios hombres, mujeres y niños vinieron a saludarnos.

—Les traemos comida —les dije—. ¿Alguien ya les trajo comida?

—Sólo CLC —dijeron.

Hicieron una cadena humana desde el helicóptero y nos ayudaron a cargar las camionetas con nuestras comidas. Después nos llevaron en un paseo corto hasta la mitad de la calle principal del pueblo.

Habíamos aterrizado en una extensa villa llamada Sabana Grande, cerca del pueblo de Utuado, donde muchas personas trabajaban cotidianamente en granjas cafetaleras. Sólo que el café quedó destruido con el huracán y todos estaban enfocados únicamente en sobrevivir. No había electricidad y tenían muy poca agua porque los aldeanos usaban bombas eléctricas para abastecer sus casas. Ahí vivían 300 familias y juntaban sus recursos.

—Cocinamos una comida al día con gas propano —explicó Norma Natal Rodríguez, una maestra de la escuela local—. Vamos al supermercado por arroz, pero no funcionan los cajeros automáticos y no hay efectivo. Los bancos están cerrados. Distribuyeron agua un día, pero si no estabas en casa, no te tocó. Hay mucha necesidad, pero no podemos ir a otra parte. Especialmente los ancianos.

Sin electricidad no había agua. Sin agua no había manera de estar limpios o usar los baños. Sin embargo, estas personas parecían pacientes, generosas y de buen corazón. Empezamos a servir nuestras comidas desde la parte trasera de un camión y todos esperaron pacientemente en fila para tener un plato o dos de pollo y verduras, un poco de puré de papa (lo que mantuvo todo caliente durante el viaje), un poco de yogurt frío y fruta fresca. Se lo comieron ahí mismo y se encargaron de correr la voz con los vecinos que no estaban en casa.

Era difícil pensar en todo el miedo y las armas en San Juan, en las oficinas de FEMA. Todos esos funcionarios aterrados que me habían advertido sobre los peligros de viajar a un lugar remoto como éste. Pero lo único perturbador de las familias de Sabana Grande era que no estaban enojadas por su situación.

—No tienen agua ni electricidad, ¿cierto? —le pregunté a Rodríguez.

—Así es —dijo.

—Y nadie ha venido a ayudarlos.

—Sí. Pero estamos bien. La comunidad está unida. Nadie nos molesta —me aseguró.

Pero ¿cómo podía decir que estaban bien sin comida, sin agua, sin electricidad y sin ayuda? Porque, como me explicó pacientemente, la gente que estaba más arriba en las montañas tenía muchos más problemas.

Su optimismo fue una inspiración para mí en ese momento. Yo todavía estaba consternado con la noticia de FEMA. No tenía palabras para expresar cómo me sentía. Y eso no pasaba muy seguido. Estados Unidos podía superar cualquier reto. Era capaz de vencer a lo mejor de Europa y el mundo. Habíamos tenido momentos difíciles en nuestra historia y los habíamos superado, engrandeciéndonos todavía más. El huracán había tocado tierra veintiún días atrás, pero todavía no teníamos un plan para alimentar a nuestros conciudadanos. Un grupo de chefs se había unido para alimentar a 100.000 personas al día y podíamos hacer mucho más. Pero ahora nos estaban clausurando. ¿Dónde estaban los senadores y los congresistas? ¿Por qué no hacían más preguntas sobre cómo estaban viviendo los estadounidenses aquí?

—Significa mucho que hayan hecho esto por nosotros —dijo Eduardo Luis Pinera, uno de los dirigentes del pueblo.

—Estoy aquí para que Washington sepa que los estadounidenses en Puerto Rico necesitan ayuda —le dije—. Sé que el gobernador está haciendo mucho, pero el problema es que el gobierno central tiene una burocracia inamovible.

A Eduardo no parecía importarle por el momento.

—Lamento que no se vea tan bien ahora —me dijo—. Pero Puerto Rico suele ser muy bello.

Viajamos a otra parte del pueblo, pasando por una iglesia sin techo y más allá, por una granja de lácteos donde había muerto todo el ganado lechero en el huracán. Los cables de teléfono estaban por el camino, aún encharcado por las lluvias. Abrimos la parte de atrás de la camioneta y empezamos a alimentar a todos los que pasaban.

Cuando se ocultó el sol, los vecinos corrieron la voz acerca de nuestras comidas calientes y llegó un flujo continuo de familias. Podíamos ver a la comunidad uniéndose frente a nuestros ojos, sonriendo, platicando y comiendo.

Necesitábamos volver antes de que estuviera completamente oscuro. Volar un helicóptero en estas condiciones ya era lo suficientemente difícil sin añadir el reto de volar sólo con el control de mando. Regresamos al diamante de béisbol y nos despedimos. Una anciana, envuelta en una manta a pesar de la humedad tropical, insistió en abrazar a Erin. Nos trató como si les hubiéramos salvado la vida. La noche cayó sin que hubiera faroles en las calles o luces en las casas para romper la profunda oscuridad de la isla.

Al volar hacia San Juan, la gran ciudad creaba un destello lejano, pero la mayoría de las casas y los pueblos abajo estaban tan negros como la noche. La única señal de vida eran los faros y las luces traseras de los coches en los caminos. El resto de Puerto Rico vivía en la oscuridad.

CAPÍTULO 7

ROJO DE RABIA

ALGUNAS PERSONAS EMPIEZAN SU DÍA PLANEANDO CÓMO VAN a ayudar al mundo. Otras sólo se arreglan para ir a la oficina. Luego están las personas que pasan las primeras horas viendo las noticias en televisión por cable y tuitean en respuesta.

Al parecer, ésta fue la forma en que Donald Trump despertó el día en que me dirigía a un rincón lejano de Puerto Rico: la isla de Vieques. Mientras intentaba descifrar cómo alimentar a la gente, con o sin FEMA, el presidente de Estados Unidos amenazaba con cerrar todas las operaciones en Puerto Rico. Primero culpó a los isleños por "un desastre financiero [...] en gran medida provocado por ellos mismos", luego dijo que su infraestructura era un desastre. Finalmente amenazó con abandonar la isla, diciendo: "¡No podemos dejar a FEMA, al ejército y al personal de primeros auxilios, quienes han hecho un gran trabajo (bajo las circunstancias más difíciles), en P. R. para siempre!".

No estaba claro cómo o siquiera por qué retiraría al ejército de Estados Unidos y al personal de primeros auxilios del territorio estadounidense. Quizá todavía pensaba que Puerto Rico era un país extranjero. Lo que fuera, se escuchó claro y fuerte por toda la isla: la administración de Trump casi no había avanzado en las operaciones de recuperación después de tres semanas y ahora el mismo presidente estaba listo para rendirse.

Entonces retomé mis viajes con la determinación de cubrir la falta de liderazgo de mi propia casa: Washington.

Ya es suficientemente duro vivir en una isla devastada por dos huracanes y luchando por volver a la vida normal tres semanas después, pero es todavía más duro si vives en una isla afuera de otra isla: un puesto olvidado dentro de una colonia débil. Ése fue el destino de Vieques, al este de Puerto Rico, donde cayó primero toda la fuerza de María, antes de que golpeara la isla grande. Había escuchado historias de terror de la ilegalidad y desesperanza que se vivía ahí en los primeros días después del huracán, pero quería ver por mí mismo cuál era la situación. Había tomado tiempo, pero finalmente pudimos rentar dos viejos aviones de hélice para llevarnos al equipo y a mí a la isla, donde estableceríamos nuestra propia operación de World Central Kitchen.

—Es tan importante —dijo Karla—. Los voluntarios se emocionaban hasta las lágrimas pensando en este viaje.

Vieques es una hermosa isla del Caribe con agua cristalina y playas de arena suave, pero se le conoce más por su historia colonial que por su turismo. La armada de Estados Unidos embargó dos tercios de la isla en la Segunda Guerra Mundial para albergar a la armada británica en caso de que el Reino Unido cayera bajo el dominio nazi. Durante décadas después de la guerra, la armada usó Vieques como un gran campo de tiro y depósito, incluso prestándoselo a sus aliados para prácticas de tiro. Después de años de protestas, la armada se retiró en 2003 y el antiguo campo de tiro se volvió una reserva natural. Todavía hay fragmentos de una historia colonial que se extiende aún más atrás: el pueblo principal se llama Isabel Segunda, a partir de la reina de Castilla que financió los viajes de Cristóbal Colón al Nuevo Mundo en 1492.

Yo todavía intentaba pelear mis propias batallas políticas cuando llegamos a las pequeñas oficinas de MN Aviation, en el aeropuerto de San Juan, para encontrarnos con nuestros pilotos y aviones. La conferencia de prensa aparecía en la primera plana del periódico *Metro PR*, con el encabezado "chef versus FEMA". En un par de días, el vocero de la Cámara, Paul Ryan, visitaría Puerto Rico, y llamé a su oficina de camino al aeropuerto. Quería asegurarme de que supiera que no se trataba de una disputa entre partidos. Nosotros éramos el sector privado que intentaba ayudar a solucionar un problema público. En muchas formas, éramos la solución conservadora para la inmensa burocracia gubernamental. Había mucho de nuestra visión que Paul Ryan podía apoyar. Su personal escuchó con atención y prometieron tomar en cuenta mi experiencia y consejo conforme avanzaban.

Nos llevamos dos aviones flotadores a Vieques para poder cargar tanta comida como fuera posible. Nuestro piloto se veía como si fuera a jugar videojuegos, en lugar de volar entre dos islas destrozadas por un huracán, con su playera y sus pantalones azules, remarcados por una gorra camuflada. Seguimos por la calle de rodaje hasta una pista más pequeña, donde rebotamos hasta despegar. Veinte segundos después volábamos ruidosamente sobre el océano azul, bordeado por playas turísticas totalmente desiertas. Los yates de lujo estaban firmemente atracados en el puerto y los campos de golf estaban abandonados. En tierra firme, los ríos se veían tan llenos, que parecían a punto de reventar. La tierra parecía saturada de agua después de dos huracanes y lluvias interminables. Tres semanas después de María, los árboles se veían como al principio de la primavera: unas cuantas hojas verdes brotando, en lugar del follaje normal del trópico. Después de algunos minutos volando sobre mar abierto, giramos hacia la izquierda y descendimos hacia una pista pequeña junto a la costa. Había dos aviones pequeños estacionados en la terminal y muy pocas señales de actividad.

Mi meta era ver cómo podíamos apoyar a dos cocinas máximo durante dos o tres semanas, hasta que llegara la ayuda federal. Escuché que los isleños recibían CLC, pero ésa no era la forma más sustentable o deseable de alimentar a la gente. Nuestro reto era encontrar la manera de pagar por esta expansión. Pero yo sentía la urgencia en ese momento, la necesidad de alimentar a personas que estaban perdiendo la esperanza. Podíamos resolver lo de los fondos después.

La terminal del aeropuerto de Vieques no nos tranquilizó sobre el estado de la isla. No había electricidad, lo que implicaba que no había luz ni aire acondicionado. La única guardia de seguridad en el lugar se abanicaba con un panfleto turístico. Varias ventanas estaban rotas y aún había sacos de arena afuera de la entrada. Había entregas de gasolina en la isla más o menos cada tres días, y cuando llegaban, había filas que duraban tres o cuatro horas, ya que cada isleño intentaba llenar su tanque. Las escuelas sólo abrían en la mañana y los niños regresaban a casa antes del mediodía, cuando el calor se volvía insoportable. La principal empresa de la isla, W Retreat & Spa, estaría cerrada todo un año intentando limpiar, reparar paredes y cercas, y restaurar el paisaje para tener algo que valiera varios cientos de dólares la noche. Con 400 empleados que mantenían a varios miembros de su familia, la pérdida del W fue un golpe duro para la economía de Vieques.

Condujimos a través de decenas de árboles y postes caídos, y pilas de escombros junto al camino hacia el pueblo de Esperanza, en la costa sur. Íbamos a entregar un camión de comida cocida e ingredientes crudos a un restaurante vacío en la playa llamado Bili. Su chef, Eva Bolívar, era amiga de José Enrique y llegó un día a El Choli, sabiendo que queríamos ayudar a Vieques. Ofreció colaborar con nosotros y nos pusimos de acuerdo para realizar entregas regulares de ingredientes y comida preparada, como hoy.

Hacía calor y la tarea de descargar el camión fue mucho peor porque las charolas de aluminio estaban mal empacadas y acomodadas. Se derramó la salsa pegajosa y el olor atrajo moscas mientras sudábamos y cargábamos las charolas hacia el restaurante. Se suponía que nos recibirían docenas de voluntarios, pero no había comunicaciones en la isla. Estábamos solos.

—Necesitamos hacerlo bien —le dije a mi equipo—. Estamos haciendo un desastre.

Les regalamos un poco de comida a una docena de personas que pasaban por ahí, pero el área estaba básicamente desierta. Las pocas personas a nuestro alrededor estaban ocupadas limpiando los negocios para cuando volvieran los turistas en el futuro. Así que decidimos cargar un par de camionetas y dirigirnos a los albergues y centros médicos, donde sabíamos que habría gente necesitada.

La escena del Refugio George era cruda. Alrededor de 100 personas estaban durmiendo en catres o en colchones de plástico. Estaba limpio y ordenado, pero sin vida: los únicos residentes a mediodía eran los enfermos y los ancianos, viendo televisión o tomando sus medicinas. Había una pequeña cocina que recibió agradecida nuestra comida, pero tenían buenas noticias: también recibían comida de las escuelas. Era la primera señal de que nuestra labor con el Departamento de Educación estaba funcionando. Dos semanas antes habíamos presionado a Julia Keleher para ordenar que las cocinas escolares ayudaran a las comunidades. No estaba segura de tener el poder para hacerlo o si sus escuelas tenían la capacidad de cocinar para mucha gente. Ni siquiera sabía si sus órdenes llegarían a las escuelas porque la comunicación era muy mala. Pero aquí, en Vieques, estaba la prueba: un modelo funcional para resolver el problema de alimentar a los más necesitados.

Fuimos al hospital principal de la isla donde el huracán había aplastado cualquier servicio médico común. Afuera, un generador gigantesco tosía y sacaba humo negro mientras luchaba para proveer electricidad intermitente al hospital. Dentro no había aire acondicionado y las enfermeras se abanicaban con papel. El edificio principal no tenía pacientes, pues la electricidad iba y venía en lapsos enloquecedoramente cortos. Los ventiladores y las luces se prendían, y luego se apagaban. El aire revivía y luego se detenía en un calor sofocante. Los techos goteaban agua hacia los pasillos vacíos. Afuera, un caballo salvaje paseaba por el estacionamiento vacío. La directora, la doctora Betzaida Mackenzie, me dijo que había una vieja ley que obligaba a las escuelas a producir comida en momentos como éste, pero la comida era sólo uno de sus múltiples problemas: tenían una carpa pequeña con aire acondicionado afuera de la puerta principal para un puñado de casos de emergencia.

Retomamos nuestro camino, pasando más caballos salvajes y el ocasional gallo perdido, hacia la plaza principal de Isabel Segunda, donde acomodamos mesas bajo un toldo blanco para crear un poco de preciada sombra. La plaza atraía una muestra del Vieques después del huracán. En un costado estaban algunas tropas de la guardia nacional, afuera de las pequeñas oficinas de gobierno. Del otro lado de la plaza, sobre un escenario de concreto, había un perchero improvisado con donaciones para los isleños necesitados y algunas lonas para canalizar el agua de lluvia hacia cubetas. Una mujer nos dijo que no se había bañado durante casi un mes, desde María. Los veteranos indigentes se mezclaban con los niños que iban a la escuela, algunos sin zapatos, mientras empezamos a servir nuestra comida.

—No recibimos la cantidad de comida que necesitamos. La gente come lo que tiene en su casa —me dijo Gypsy Córdova García, presidente del consejo municipal—. Están intentando llevar comida a los mercados con el poco efectivo que tienen. Recién hoy pusieron dos cajeros automáticos en la alcaldía. El banco estaba abierto, pero no podían actualizar la información. Sólo tenían información anterior al huracán. Así que incluso si tenías dinero, no podías sacarlo porque no tenían nada actualizado. Los trabajos del gobierno son todo lo que tenemos ahora porque la industria privada es inexistente.

Muchas personas simplemente dejaron Vieques, dijo García, y esperaba que muchos más las siguieran.

—La gente está sufriendo —dijo—. Sufren por la falta de bienes y servicios, pero su espíritu es bueno. Queremos restaurar la isla y lo haremos.

Y sí, la fila para los nuevos cajeros automáticos en la esquina de la plaza era tan larga como nuestra fila para comer. También se movía con más lentitud.

Junto a nuestra mesa de comida, mi amigo Roberto Cacho demostraba una solución sencilla para los problemas de la isla: un filtro de agua Merlin Eco que funcionaba con paneles solares. Puso un tubo en una cubeta de agua de lluvia y bombeó agua limpia, potable, por otro tubo. El aparato podía purificar un galón en sólo un minuto.

—Aquí faltan muchas cosas pero lo que sí tienen es mucho sol y mucha agua de lluvia —dijo Roberto, quien desarrolló originalmente el W Retreat & Spa de Vieques.

Uno de mis mejores chefs locales se unió a nosotros para servir la comida: Carlos Pérez, de El Blok. Le dejamos la mitad de las charolas de comida y le dijimos que las distribuyera. Yo confiaba en que podía llevar la comida a la gente necesitada.

Antes de regresar a la isla principal, me detuve en el Club de Niños y Niñas para alimentar a los niños ahí. Hicieron una fila y esperaron pacientemente para recibir un plato de arroz con pollo.

—¿Quién tiene hambre? —pregunté. Todos levantaron la mano.

Fue algo tan simple. Era tan poco lo que se necesitaba hacer para mejorar la vida de la gente. Al mirar a esos niños hambrientos, no podía comprender por qué era tan difícil empoderar a mi equipo de chefs para volver a hacer feliz a la gente.

Mi amor por alimentar a los niños implicó que regresáramos tarde al aeropuerto. Llegamos para descubrir que nuestro avión se había ido sin nosotros. Nos sentamos en la pista de aterrizaje, esperando que otro avión volviera por nosotros. El lugar estaba casi desierto, salvo por un bar bajo una palapa, escondido detrás de un par de generadores ruidosos, donde compré algunas latas de cerveza. Las abrimos y nos sentamos a ver cómo otro avión flotador llevaba a un puñado de pasajeros rodando hasta el final de la pista de despegue. De pronto, cuando iba pasando frente a nosotros, se abrió la puerta de la carga. Tenía que hacer algo: la carga podía caerle a alguien encima o desequilibrar al avión en el aire. Empecé a correr tras el avión tan rápido como podía en el calor tropical, moviendo mis brazos y gritando por encima del ruido del turbopropulsor. De alguna manera, afortunadamente, el piloto me vio y se detuvo a cerrar la puerta.

Si yo no los iba a ayudar, ¿quién lo haría?

ERA EL FINAL DE MI TERCERA SEMANA EN LA ISLA Y CADA VEZ estaba más impaciente con las grandes instituciones de caridad y las organizaciones sin fines de lucro que tenían tanto dinero y estaban haciendo tan poco. Al Ejército de Salvación le gustaba mostrar fotos de su gente entregando comida, pero nunca dijeron de dónde venía. A la Cruz Roja no le importaba si la comida estaba fría o caliente. Oxfam estaba recaudando dinero para lo que llamaba una crisis, pero no creyeron que fuera una crisis tan grande como para mandar más de una persona a Puerto Rico. Y luego estaba la World Central Kitchen, con sólo tres empleados de tiempo completo por el mundo, ahora preparando más de 100.000 comidas al día. Ya habíamos cruzado la marca del medio millón de comidas en total con un pequeño contrato con FEMA, muchas donaciones pequeñas y algunas líneas de crédito y tarjetas de crédito que estaban al tope desde hacía mucho.

La escena en El Choli rezumaba actividad. Los generadores en que nos apoyábamos estaban encendidos todo el tiempo para mantener las luces prendidas y las estufas calientes. Había un traqueteo constante de los carritos que metían ingredientes y sacaban charolas de comida caliente. Raspaban las paelleras con palas gigantes para mezclar las hierbas y las verduras con montañas de arroz blanco. Las ollas vacías se limpiaban con una manguera cerca de los camiones de comida. Los voluntarios usaban megáfonos para avisar a los que esperaban en la fila que sus órdenes estaban listas. Ventiladores inmensos trataban en vano de enfriar el ambiente para los cocineros, tanto afuera de la arena como adentro, en la cocina principal. En las filas de sándwiches, otros voluntarios, usando guantes azules, vitoreaban y cantaban cuando rompían récords diarios. Por toda la pared había cajas gigantescas de mandarinas frescas: alguien había llevado diecisiete pallets de deliciosa fruta dulce, pero nadie sabía por qué. Una conversación casual con un proveedor dos semanas antes de pronto se había convertido en una entrega masiva de 70.000 dólares en fruta que alguien acababa de firmar de recibido. Afuera, nuestros camiones de comida esperaban llenarse, junto con los Jeeps de la policía armada de Seguridad Nacional.

De pronto FEMA me buscaba de nuevo y sentí que la presión pública finalmente estaba dando resultados. Dos días antes, la agencia había colado la noticia de que iban a cambiar a su líder en Puerto Rico. El anuncio recibió muy poca atención de los medios, los cuales ya habían pasado a historias más interesantes. Después de la masacre en Las Vegas, rápidamente se obsesionaron con Harvey Weinstein, el magnate de Hollywood, y sus asquerosos abusos sexuales. Así que tal vez los reporteros estaban demasiado ocupados para leer entre líneas cuando FEMA dijo que había "expandido el liderazgo del equipo a cargo de los esfuerzos de recuperación en Puerto Rico".[1] Por encima del director regional del Caribe, Alejandro de la Campa, iban a poner a su superior, Michael Byrne, quien ahora sería "el coordinador federal". De la Campa estaría trabajando con los funcionarios locales. "Mientras Byrne estará encargado de las necesidades operacionales actuales, De la Campa se enfocará en trabajar con los alcaldes y sus necesidades de recuperación a largo plazo", declaró FEMA.

Era una falta de decisión clásica de FEMA: si De la Campa era bueno en su trabajo, debió quedarse al mando. Si no era bueno, debieron despedirlo o trasladarlo. En cambio, FEMA ahora tendría dos jefes: uno a cargo y otro de adorno. No es de sorprender que la agencia no lograra dirigir esta crisis.

Por alguna extraña coincidencia, el cambio de liderazgo sucedió sólo dos días antes de que el vocero de la Cámara, Paul Ryan, visitara la isla.

Junto con Byrne, tuvimos contacto con Marty Bahamonde, un antiguo dirigente de relaciones exteriores y uno de los pocos funcionarios de FEMA en Nueva Orleans después de que Katrina sumergiera a la ciudad una década antes.[2] Bahamonde ahora era director de Operaciones en Desastres y se volvió uno de mis contactos principales en FEMA. En la mañana que llegó Ryan, Bahamonde me envió un correo electrónico presentándose y preguntando si podía reunirme con el nuevo jefe en una hora, en el centro de convenciones.

Nos vimos afuera, en la banqueta, porque por supuesto yo todavía no tenía un pase para entrar. Aun así, la reunión salió sorprendentemente bien. Byrne se sentía optimista sobre nuestro trabajo y me hizo todas las preguntas correctas. Yo quería saber si estaba dispuesto a negociar y parecía que sí. Admitió que la oficina de Ryan lo estaba presionando mucho.

—José, tu equipo está haciendo un trabajo impresionante sin recursos —dijo.

Estuve de acuerdo. Incluso le dábamos comida caliente a la guardia nacional como una organización pequeña sin fines de lucro. Se cubrió la cabeza con las manos y negó incrédulo.

—Podemos ayudarlos a proveer comida para la isla —dije—. Puedo quitarles un problema de encima. Si me lo dicen y me empoderan, puedo proveer un cuarto de millón de comidas al día durante tres semanas, quitándoles la presión y dándole a la gente lo que necesita. Entonces podemos empezar a movernos si sienten que la operación está bajo control. Pero ahora mismo he ido a cada parte de la isla y puedo ver que no está bajo control.

Asintió y dijo:

—José, hay muchas cosas burocráticas, pero no estoy

aquí para decirte que no puedes. Estoy aquí para ver cómo podemos hacer que suceda. Déjame trabajar en esto. Soy bueno para eso.

Byrne tenía mucha experiencia en limpiar los bloqueos logísticos —sobre todo en los puertos— que estaban ahogando la recuperación de la isla.

Hablamos sobre mi conferencia de prensa, que obviamente le había picado la cresta a FEMA. Pero le dije a Byrne que yo tenía cuidado de cómo hablaba sobre FEMA.

—Siempre hablé de los grandes hombres y mujeres de FEMA —dije—. Sólo comenté que FEMA estaba rota.

—Te lo agradezco —contestó.

Después de nuestra reunión le escribí de inmediato a Byrne pidiendo de nuevo un contrato, esta vez para más comidas durante más tiempo: 250.000 comidas al día, a 6 dólares cada una, durante tres semanas. Era mucha más comida a un costo mucho menor que nuestro contrato anterior o su última oferta.

No era el único que de pronto quería ser amable con Puerto Rico. Un día después de amenazar con sacar a FEMA de Puerto Rico (junto con el ejército, la policía, los bomberos y el personal de primeros auxilios), Donald Trump declaró que nunca dejaría a los isleños. "El maravilloso pueblo de Puerto Rico, con su espíritu sin igual, sabe lo mal que estaban las cosas antes de los huracanes. ¡Yo siempre estaré con ellos!", escribió. Era una completa contradicción de sus sentimientos del día anterior, lo que hacía dudar a todos de que fueran reales.

Fui hacia nuestra operación de sándwiches y vi a los voluntarios extender muchas rebanadas de pan, jamón y queso. Iban bien encaminados hacia romper otro récord, preparando 18.000 sándwiches en un solo día. Estábamos produciendo más sándwiches en un día que la cantidad total de comida que preparamos durante nuestros primeros tres días en Santurce.

Empecé a llorar. La verdad es que no teníamos contrato y no teníamos manera de cubrir nuestros gastos, a pesar de todas las conversaciones sobre la cantidad de comida y las cifras diarias.

—Casi lo logramos —les dije—. Casi lo logramos. Hubiéramos podido alimentar a toda la isla.

Salí, bajo el sol abrasador y el calor, hacia las paelleras. Necesitaba subirme el ánimo y no había nada como unas cuantas paelleras gigantes para lograrlo. Había estado repitiendo una canción en mi cabeza después de escuchar a los cocineros cantar unos días antes. Algunos músicos callejeros les habían cantado una canción popular que adaptaron un poco para sí.

Voy subiendo, voy bajando.
Voy subiendo, voy bajando.
Tú vives como yo vivo, yo vivo cocinando.
Tú vives como yo vivo, yo vivo cocinando.

El verso original era "yo vivo vacilando". Pero yo prefería su versión adaptada, y también mis chefs, porque todas las buenas misiones necesitan un himno. La cantamos fuerte y con orgullo junto a las paelleras y me sentí renovado. Empecé a creer que FEMA iba a reaccionar.

Había estado hablando con un amigo de Washington, Jimmy Kemp, el hijo de Jack Kemp, quien era el mentor y la inspiración de Ryan. Jimmy era consultor de Relaciones Gubernamentales y también dirigía la Fundación Jack Kemp, trabajando para desarrollar la siguiente generación de líderes. Prometió ayudarme a navegar el pantano de la asistencia en desastres de Washington y le creí.

La visita de Ryan cambió todo y nada al mismo tiempo. Acababa de guiar a la Cámara para que pasaran un paquete de asistencia de 35 mil millones de dólares un día antes, incluyendo más fondos para FEMA y cierto préstamo para apoyar a Puerto Rico. Sólo era una primera oleada de ayuda, pero ya era algo de qué presumir. Las declaraciones públicas de Ryan, junto con las de un pequeño grupo de legisladores de ambos partidos de la Cámara que estaban de visita, eran lo que normalmente esperarías de cualquier visita política del continente. "No olvidamos que son estadounidenses", dijo. "Una gran cantidad de ellos peleó a nuestro lado en nuestras guerras. Lo diré de nuevo: estamos comprometidos con ayudar a Puerto Rico y a las Islas Vírgenes para que reciban lo que necesitan para sobrevivir este difícil momento".[3] Sonaba como una bofetada directa al tuit de Donald Trump de un día antes.

FEMA empezaba a cambiar; lo sabía por el tipo de lenguaje que usaban en público. En la conferencia de prensa de esa mañana empezaron a hablar sobre comprar comida a proveedores locales y entregar comidas calientes. Sonaba justo como nuestra operación en World Central Kitchen. Estaba feliz.

Me había sentado en unos escalones afuera de la arena, con mis pantalones llenos de aceite y tinta, fumando un puro, intentando tranquilizarme, cuando sonó mi teléfono.

Era Elizabeth DiPaolo, de FEMA. Me dijo que las noticias de la conferencia de prensa los habían presionado y la agencia quería diseñar un plan sólido.

—¿Realmente puedes hacerlo? —preguntó, hablando de la expansión masiva que yo propuse.

—¿Recuerdas que tengo treinta restaurantes? —contesté—. Sé cómo hacerlo. Prometo de menos y entrego de más.

No era un alarde cualquiera. Para alimentar a la isla necesitaba crear el restaurante más grande del mundo y lanzarlo en tiempo récord. Mi solución no era sólo abrir más cocinas. En ese momento, estábamos operando con diez cocinas por toda la isla. Para ir de 100.000 comidas al día a 250.000 necesitábamos toda una nueva fábrica y ya había encontrado la solución: comida de avión. La cocina más grande de la isla no estaba en la arena, sino con el principal proveedor de comida para las aerolíneas: Marivi Santana y su empresa, Sky Caterers. Alexandre Vargas, un amigo de Barcelona, me presentó a Santana. Ella podía producir una comida empacada de sándwich de jamón y queso, fruta, agua y colaciones en grandes cantidades, por alrededor de 5 dólares. También podía preparar comidas calientes a precios competitivos.

La empresa de Santana iba a despedir a sus empleados porque el huracán había arruinado el transporte aéreo y el turismo de la isla. Una sociedad con nosotros podía alimentar a la isla y levantar su empresa al mismo tiempo. A mí me parecía una gran solución y claramente una mejor que sólo lanzar más CLC a la pobre gente de Puerto Rico. Sin embargo, Santana no estaba segura. Aun si quería seguir con el plan, su padre —que era uno de los dueños— se resistía a hacer el trato por razones que no quedaban claras.

Aun así, habíamos conseguido comida y la habíamos preparado en grandes cantidades semanas atrás, cuando nadie sabía dónde buscar provisiones y la isla estaba en mucho peor estado. De una u otra forma, cubriríamos las grandes necesidades. Era como abrir un restaurante y no saber cuántos clientes van a ir. Incluso si empiezas lento, sabes que puedes seguir creciendo si haces un gran trabajo.

ESTÁBAMOS POR CUMPLIR CUATRO SEMANAS DESDE QUE EL huracán tocó tierra y había pocas señales de que FEMA estuviera lidiando adecuadamente con la crisis humanitaria. Por encima de todo, aún había una inmensa carencia de agua potable, el ingrediente más importante para la vida. Transportar agua embotellada era extremadamente caro y difícil. El ejército sólo había llevado 3,3 millones de galones de agua potable en el último mes, lo que representaba sólo un galón para cada puertorriqueño. En público, los funcionarios presumían que el 72 por ciento de la isla tenía agua, pero tener agua no era lo mismo que tener acceso a ella: sin electricidad para encender las bombas o los filtros, no había agua en las tuberías de sus hogares. Sólo 15 de las 167 plantas de tratamiento y 16 de más de 2.000 bombas tenían electricidad regularmente.[4] Esas cifras cuadraban con lo que yo escuchaba al entregar la comida. El suministro de agua —si funcionaba en absoluto— iba y venía. En cualquier caso, la recomendación oficial era hervir toda el agua si es que salía de la llave en absoluto. Eso por sí solo significaba que el agua no era potable, dado que nadie tenía electricidad para hervir el agua y la mayoría de las personas carecían de gas propano. En una isla tropical, dentro de la economía más grande del mundo, era imposible comprender o aceptar estas dificultades cotidianas para sobrevivir.

Yo parecía disco rayado con mis preguntas para FEMA: ¿Cuántos camiones cisterna de agua han entregado? ¿Cuántos pozos pueden limpiar? ¿Dónde están sus filtros de agua para limpiar esos pozos? ¿Por qué no pagan para que vengan camiones cisterna del continente? La eterna respuesta era subir los hombros con impotencia: no tenemos suficiente dinero, me dijeron. Hablaban sobre contratos, pero yo sentía que se escudaban en sus palabras. Esto no era una cuestión de contratos, sino de vidas. Empecé a pensar que ni siquiera estábamos tratando a la gente de Puerto Rico tan bien como al ganado. Al menos las vacas pueden comer pasto y beber agua de lluvia. Pero el gobierno de la isla no se ponía de acuerdo sobre si el agua era segura para beber o no, confundiendo a la gente. En una isla del Caribe hay manantiales naturales donde toda esa agua de lluvia emerge limpia y lista para beber. Las agencias oficiales necesitaban probar el agua y decirles a los isleños adónde ir. Yo no podía entender por qué el gobernador Rosselló permitía que esto sucediera. ¿Por qué se mostraba tan renuente a zanjar el asunto para que su pueblo pudiera tener agua limpia? ¿Qué mayor prioridad podría haber para un funcionario electo en la isla? Mientras tanto, al gobierno federal —con todo su dinero— no parecía importarle meterse y resolver el problema crítico del agua limpia.

Yo lloraba mucho. No por cansancio o por la gente que conocía, sino por la incapacidad del gobierno federal de ayudar a las personas, aquellas que habían pagado por esa ayuda. Por eso pagan impuestos los puertorriqueños: para solucionar cosas en los buenos y malos momentos. Aquí estábamos, una organización sin fines de lucro ofreciendo soluciones del sector privado a una Casa Blanca republicana y al Congreso, y luchábamos por poder trabajar con el gobierno para ayudar a los estadounidenses.

Había señales de que FEMA estaba mejorando lentamente con su nuevo liderazgo en la isla. Nos dijeron que ahora sí estaban dispuestos a discutir un segundo contrato, el cual necesitábamos desesperadamente. Estábamos preparando alrededor de 100.000 comidas al día desde trece cocinas por todo Puerto Rico. Desde el término de nuestro primer contrato, una semana antes, habíamos producido más de medio millón de comidas con fondos federales limitados. Pero escuchamos otra clase de noticias también: FEMA estaba negociando directamente con nuestro servicio de banquetes para las aerolíneas, pidiendo 50.000 comidas calientes y sándwiches al día.

Me reuní con mi equipo en un cuarto de concreto, sin ventanas, muy adentro de la arena. Necesitábamos hablar sobre esta decisión crucial: ¿Seguiríamos creciendo o empezaríamos a reducir la producción? ¿Podíamos continuar el crecimiento si FEMA se llevaba nuestro servicio de aerolíneas? No me importaba quién cocinara la comida, mientras alguien lo hiciera; la prioridad era alimentar a la gente y revivir la economía local lo más posible. El reto no era sólo sobre crecimiento, era sobre entregar las comidas a los lugares necesitados con grandes colaboradores e información en tierra. Estábamos quemando grandes cantidades de dinero —hasta 400.000 dólares al día— por la cantidad de comidas que preparábamos.

Mucho dependía del estado real de nuestra relación con

FEMA y la Cruz Roja, algo que no era fácil de descubrir. Habíamos pedido un contrato para 250.000 comidas al día durante veintiún días para cubrir las necesidades de la isla. Nos contestaron sobre un contrato de catorce días para 120.000 comidas al día. Era un gran aumento desde su última oferta de 20.000 comidas al día, aun si no estaba cerca de lo que podíamos producir o de lo que necesitaba la gente en Puerto Rico.

—Es una cifra viable —dijo Erin—. En realidad no sé cómo podemos preparar 250.000. No tenemos manera de entregar esa cantidad, basado en nuestra infraestructura actual.

—Por eso he estado hablando con la mujer del servicio de banquetes en el aeropuerto —expliqué.

Erin, quien había estado negociando con FEMA, dijo que publicarían la solicitud de licitaciones a medianoche. Necesitábamos tener una respuesta lista. No se trataba de dinero, sino de cómo podíamos seguir alimentando a la gente.

—Lo mejor que nos puede pasar es que alguien más tome la licitación y así terminemos nuestro trabajo —dije, bromeando a medias. No tenía idea de que alguien ya lo había hecho y no había cumplido con el contrato.

SIN LA AYUDA DE FEMA NECESITÁBAMOS OTRO GRAN APOYO Y sólo quedaba uno que valiera la pena: la Cruz Roja de Estados Unidos. Estaba intentando contactar a Gail McGovern, directora general de la Cruz Roja, para ver si podía ayudarnos, pero no me contestaba. Una semana antes, Gail me había mandado un correo electrónico con lo que sonaba como una queja por mi (amable) pregunta sobre lo que estaban haciendo en Puerto Rico.

"Primero, me gustaría agradecerte por todo lo que estás haciendo en Puerto Rico para ayudar a la gente necesitada después del huracán María, así como por tu trabajo en Texas después del huracán Harvey", escribió. "Desastres de esta magnitud requieren la colaboración de muchas organizaciones, y la Cruz Roja de Estados Unidos se complace en trabajar con agencias de gobierno, otros grupos sin fines de lucro, organizaciones de fe, negocios como el tuyo y muchas otras instituciones para coordinar los esfuerzos de asistencia en emergencias y ayudar a la gente necesitada".

Era curioso que dijera que la Cruz Roja estaba trabajando junto con otras organizaciones sin fines de lucro, porque yo no veía que estuviera sucediendo en Puerto Rico. La Cruz Roja no era una organización más, era efectivamente un brazo del gobierno, dado su carácter, su papel en el desarrollo de las estrategias de atención masiva y la posición que compartía con FEMA en las reuniones de cuidados masivos. Sin embargo, en todos mis viajes por la isla nunca vi un camión o un albergue o cualquier otra operación de la Cruz Roja. Además de eso, su descripción de mi organización sin fines de lucro, World Central Kitchen, como "negocios como el tuyo" simplemente estaba mal.

"Sr. Andrés, por ciertas fuentes comprendo que ha expresado preocupación acerca de la respuesta operativa en desastres de la Cruz Roja de Estados Unidos, en particular ahora en Puerto Rico", continuaba. "Me gustaría tener la oportunidad de programar un encuentro con usted —junto con nuestro director de Operaciones en Desastres, Brad Kieserman— para darle una imagen completa de todo lo que la Cruz Roja de Estados Unidos está haciendo para responder a esta avalancha simultánea de desastres naturales y humanos, incluyendo los huracanes Harvey, Irma, María y los terribles tiroteos en Las Vegas (y, por supuesto, el huracán Nate, que se dirige hacia el golfo este fin de semana). Si está dispuesto, por favor hágame saber cuándo estará disponible y haré lo mejor que pueda para acoplarme a su agenda. En lo personal, será un privilegio conocerlo; mi esposo y yo cenamos recientemente en el MiniBar para celebrar su cumpleaños y fue una noche inolvidable".

Me hizo feliz que hubiera disfrutado de mi restaurante, pero no podía comprender qué tenían que ver todos esos otros desastres con Puerto Rico. Las Vegas había sido terrible, pero esa tragedia no involucraba una población de más de 3 millones de estadounidenses sin comida, agua y electricidad durante un mes. La Cruz Roja tenía ingresos anuales de 3 mil millones de dólares y parecía impotente aquí, mientras que mi pequeña organización sin fines de lucro alimentaba a 100.000 personas al día.

La Cruz Roja no dijo nada después de que FEMA nos retirara su apoyo una semana antes. Hoy necesitaba hablar con Brad Kieserman para saber si podíamos trabajar juntos, antes de firmar cualquier nuevo trato con FEMA. Finalmente nos comunicamos.

—Primero que nada, tu equipo y tú están haciendo un trabajo fantástico —dijo—. Mi equipo me ha mantenido al tanto. Realmente creo que lo que están haciendo refleja una generosidad de espíritu increíble. Me encantaría ser parte de su equipo y que ustedes formen parte del nuestro.

"No hemos tenido una misión tradicional de alimentación en Puerto Rico —admitió, por los problemas de logística que presenta trabajar en una isla. En cambio, la Cruz Roja se estaba enfocando en lo que él llamaba "la distribución de provisiones de emergencia", como generadores portátiles y cargadores manuales para los teléfonos celulares. También estaban llevando camiones satelitales por toda la isla para ayudar a reunir a la gente. Dijo que tenían treinta camiones entregando estas provisiones limitadas—. No podemos entregar comidas calientes —dijo—. Nunca hemos podido. Ni siquiera está en nuestra misión. No tenemos esa clase de equipo, pero te diré que sí podemos ayudar a repartir tus sándwiches. Podemos ser uno de tus socios. Podríamos ayudar.

Eso no me sonaba a mucha ayuda. Ya teníamos a Seguridad Nacional y cientos de voluntarios que entregaban nuestros sándwiches, así como nuestros camiones de comida y las cocinas alternas. De nuevo, me sorprendió lo poco que estaba haciendo la Cruz Roja en Puerto Rico. Y me decepcionó que no mencionaran un apoyo económico para los sándwiches que querían entregar. Aun así, yo prefería ser positivo.

—Brad, probablemente debimos haber tenido esta conversación hace veintiún días —dije.

—Probablemente —dijo riéndose—. Probablemente.

—He visto cómo trabaja tu gente y he aprendido mucho de ellos —dije—. Los vi en Houston cuidando a 500 personas en una iglesia. Vi su trabajo entregando las comidas de los Bautistas del Sur con sus camiones. Obviamente comprendo que ésta es una isla y ustedes no preparan la comida. Los sándwiches, me parece, son una gran idea y sería fantástico que la Cruz Roja y la World Central Kitchen los entregaran juntos a la gente de Puerto Rico. Pero lo más importante es la operación de comida caliente. Ojalá tuviéramos aquí los Cambros que tenían los Bautistas del Sur, pero inventé menús que se pudieran entregar a distancias de una hora y que tuvieran una buena cantidad de calorías para alimentar a la gente.

"La pregunta que siempre les hago a todos es: desde el gobierno federal, las organizaciones sin fines de lucro, el sector privado, ¿quién está realmente a cargo de alimentar a la gente? Porque tienen hambre. Hay una hambruna real ahí afuera. Hay diferentes razones para ello que tienen que ver con la economía, la falta de agua y la falta de gas, pero ésta es una conversación que necesitamos dejar para después porque no podemos permitir que esto vuelva a suceder en territorio estadounidense.

"Quizá por lo que vi de la Cruz Roja después de Sandy y en Houston esperaba algo similar aquí. Siempre fueron partícipes de la alimentación de la gente, aun cuando no prepararan la comida. Pero en parte creo que la Cruz Roja me ha decepcionado a mí y al pueblo de Puerto Rico. He visto todas las noticias sobre lo que la Cruz Roja está haciendo, pero mi percepción de quién tiene que alimentar a los estadounidenses en un estado de emergencia siempre ha recaído en la Cruz Roja como líder. No necesariamente en la preparación de la comida, pero sí en hacer que suceda. Me cuesta mucho trabajo creerlo ahora.

Brad sonaba apenado.

—En verdad lo entiendo —dijo—. Y acabas de sacar un tema importante a colación. Soy consciente de lo que está pasando en la isla. Debemos hablar sobre cómo alimentamos a la gente en un desastre, pero seré el primero en decirte que, cuando la gente está en una isla, es un ambiente operacional muy distinto. No porque queramos tratar a alguien de forma distinta, sino por nuestras líneas de suministros.

Mi experiencia había sido diferente, por supuesto. Las líneas de suministros funcionaban, incluso sin estar en toda su capacidad. Estábamos comprando suficiente comida, además de que el ejército de Estados Unidos podía crear líneas de suministros en cualquier parte del mundo en cuatro semanas, ya no digamos lo que podía hacer en su propio territorio.

—Pero estoy de acuerdo contigo —continuó—. Alimentar a los estadounidenses en un desastre, dondequiera que estén, es una conversación. Con tu experiencia, tu red y tus habilidades, es una conversación que tú y yo debemos tener.

Insistí en los Cambros, lo que nos ayudaría enormemente para transportar la comida. Probablemente era el consumidor más grande de charolas de aluminio de todo el Caribe, pero no eran lo suficientemente buenas. Algunas veces goteaban, como había pasado en Vieques, y no eran reutilizables. Le había pedido a FEMA algunas y ordenado más por mi cuenta, pero todavía no llegaban. Lo menos que podía hacer la Cruz Roja era traer algunas de sus famosas cajas rojas. Pero Kieserman no respondió y pareció estar más interesado en la entrega de algunos sándwiches.

—Sí creo que habrá sinergia entre la Cruz Roja y la World Central Kitchen en el futuro —dije—, para que podamos alimentar a la gente en el primer día después de un desastre, no veintiocho días después.

Habíamos preparado y entregado cientos de miles de comidas y ahora querían entregar nuestros sándwiches. Le pedí de nuevo apoyo económico.

—¿Hay manera de que la Cruz Roja nos ayude económicamente?

—Sí revisé la parte financiera de este asunto antes de llamarte —dijo Kieserman—. Seré sincero. Nuestra recaudación de fondos para esto no está yendo particularmente bien. Es probable que ya haya sobrepasado mi presupuesto operativo, y que haya gastado más dinero del que hemos recaudado sólo poniendo camiones satelitales en tierra. Como tú, no recibo nada de FEMA. No nos dieron transportación gratis en los cargueros, y yo solía trabajar en FEMA. Era jefe del consejo. Gastamos cada dólar de los donadores para comprar provisiones. Espero que eso no nos impida ser socios.

Quedé estupefacto. No tenía idea de que la Cruz Roja, con un ingreso mayor a 3 mil millones de dólares, sólo gastaría en Puerto Rico lo que hubiera recaudado para esta crisis. Pensé que eran los principales proveedores de ayuda humanitaria en cualquier desastre estadounidense. Pero definían su ayuda en cada desastre a partir de su recaudación de fondos, no de su preocupación humanitaria por la cantidad de estadounidenses que luchaban por sobrevivir.

—Sólo probaba a ver si tenía suerte —dije—. Tal vez, si nos hubiéramos asociado hace dos o tres semanas, habríamos podido alimentar a la gente de Puerto Rico más rápido.

Le ofrecí parte de nuestro reciente cargamento de fruta y 4.000 sándwiches.

—No puedo agradecerte lo suficiente por tu llamada —dijo Kieserman—. Sé que dijiste que crees que eres David y nosotros Goliat, pero honestamente, en lo que respecta a esta operación, nosotros somos David y tú Goliat.

Colgamos y lancé mi botella de agua contra la pared.

McGovern me envió rápidamente un correo electrónico de seguimiento. Me aseguró que Kieserman estaba completamente autorizado para tomar decisiones a nombre de la Cruz Roja, pero tampoco me dio ningún detalle sobre cómo sería nuestra asociación y pareció importarle más que me callara la boca.

"Me agrada que hayamos podido encontrar una manera de trabajar juntos a favor de la gente de Puerto Rico", escribió. "Ahora que somos socios, si tienes alguna inquietud, por favor compártela con nosotros para que podamos trabajar internamente para resolverla".

Pero no éramos socios y no teníamos un trato ni nada por el estilo.

"No creo que socios sea la palabra adecuada ahora, pero estoy feliz de que finalmente estemos colaborando para alimentar a los puertorriqueños", contesté. "En las siguientes semanas y meses seré franco y abierto sobre lo que vi en Puerto Rico. Será desde un punto de vista pragmático, intentando mejorar la presteza de todos y aclarar las vías de responsabilidad. En mi humilde opinión sobre la Cruz Roja, siempre la vi entregando comidas calientes a la gente necesitada en Estados Unidos. Aun cuando ustedes no son los productores, sino la rama de distribución, era un papel importante [...] Así que nadie me ha podido contestar esta simple pregunta. ¿Quién estaba a cargo de alimentar a 2 millones de personas?".

Le aseguré que sólo hablaba por el bien de los estadounidenses que necesitaban nuestra ayuda. "El gobierno federal y las grandes organizaciones sin fines de lucro, nosotros defraudamos a la gente de Puerto Rico y necesitamos asegurarnos de que nunca se repita esta historia", escribí.

No recibí una respuesta.

Había una buena razón para que no me dieran más detalles sobre sus operaciones. La pretensión de que la Cruz Roja no tenía dinero para María no era cierta. De acuerdo con la Cruz Roja misma, juntaron 65,5 millones de dólares para las víctimas de María. De ese dinero, 18,1 millones de dólares se destinarían a "elementos de asistencia y alimentación". Dijeron que pagaron 8,5 millones de comidas y colaciones "servidas con socios", pero eso extiende la definición de comidas hasta un punto que la mayoría de la gente no comprende. Incluso entonces, la Cruz Roja no pudo gastar todo el dinero que juntó: su gasto total ascendió a 30 millones de dólares, dejando todavía 35,5 millones de dólares sin utilizar. La Cruz Roja se regaló generosamente el 9 por ciento de ese efectivo sobrante —o 3,2 millones de dólares— para sus gastos generales de gestión.

Durante los seis meses que siguieron a María, de acuerdo con Kieserman, la Cruz Roja distribuyó 634.000 "comidas a granel", como arroz o frijoles, fruta y verdura. Distribuyeron otras 492.000 "comidas preparadas", incluyendo algunos de los sándwiches que hicieron mis voluntarios. La gran mayoría de lo que distribuyeron es lo que llamaban cajas de comida "no perecedera" o CLC, dulces, cereales, galletas saladas y alimentos deshidratados. La Cruz Roja asegura que la cantidad total de esas provisiones de anaquel ascendían a 11,5 millones de "comidas". FEMA, el Ejército de Salvación y otros proveyeron gran parte de esa comida. En realidad, la Cruz Roja era un servicio de distribución que funcionaba a través de una sola empresa proveedora de alimentos, Caribbean Produce, un proveedor similar a José Santiago. En algún punto tuvieron 50 camiones en el camino, entregando fruta y verdura, así como botellas de agua y el arsenal de CLC de FEMA.

En lugar de alimentar a la gente, la Cruz Roja decidió desde un principio que sus prioridades eran la comunicación para las familias, algunas "baterías portátiles" para celulares, equipos de purificación de agua y provisiones para hacer reparaciones en casa, como equipos de limpieza y lonas. Después de un mes, tenían dos camiones manejando por toda la isla, permitiendo a la gente hacer llamadas satelitales a sus familias y cargar sus teléfonos celulares. No está claro cómo es que cargar tu teléfono —ya sea en un camión o con un cargador manual— pudiera suplir la falta de torres de telefonía celular en las afueras de San Juan.

Los artículos más pesados para transportar eran las botellas de agua, e incluso la Cruz Roja se dio cuenta un mes después del huracán de que la distribución de dichas botellas no era sustentable. "Hicimos ciertos cálculos algunas semanas después y vimos que, si seguíamos distribuyendo botellas de agua a este paso, y si nuestros socios seguían distribuyendo botellas de agua a este paso, la cantidad de basura superaría el espacio de la isla para desecharlas", dijo Kieserman después, en lo que sonaba como un eco del desastre ambiental de Haití. "Así que nos movimos rápidamente para comprar equipos de purificación de agua y tabletas de purificación".

La Cruz Roja gastó 3,6 millones de dólares en albergar y desplegar a su personal y sus voluntarios en sólo un mes, más de 900.000 dólares en salarios en tres meses.[5] En su mejor momento, la Cruz Roja dijo tener 500 voluntarios en la isla, después de preposicionar 50 antes de que el huracán tocara tierra. Muchos de esos voluntarios formaron "equipos de evaluación", reuniendo información de las comunidades sobre las provisiones que tenían o si había electricidad. Incluso gastó la cantidad colosal de 3,4 millones de dólares en transporte y almacenamiento, una cifra que incluye el costo de trasladar las provisiones desde los almacenes en el continente, pero no el costo de la comida que entregó Caribbean Produce.

Es curioso que una organización como la Cruz Roja, normalmente tan visible en desastres, estuviera tan oculta. Sus entregas de millones de comidas eran visibles en los caminos, pero no se reportaban en las reuniones y correos electrónicos de FEMA, ni se les mencionaban a los alcaldes con quienes trabajábamos. Tenían un contrato de 1,4 millones de dólares con FEMA y ellos habían recaudado 65,5 millones de dólares, lo que los volvía un David muy grande y a nosotros un Goliat muy pequeño.

¿Alguna vez consideraron apoyar las comidas calientes en Puerto Rico, como normalmente hacían en el continente con los Bautistas del Sur? "Consideramos nuestras opciones cada día", dijo Kieserman después. "A mi parecer, conforme avanzábamos, que la Cruz Roja intentara replicar un modelo de comidas calientes no iba a cubrir las necesidades de las comunidades que intentábamos atender, las cuales, de lo contrario, no veían cubiertas esas necesidades".

Algunas organizaciones sin fines de lucro empezaron a ayudar a los puertorriqueños de inmediato. Mercy Corps (con ingresos anuales de una doceava parte de los de la Cruz Roja) se enfocó en la gente más necesitada —padres solteros, madres con infantes, ancianos y discapacitados— en las áreas más afectadas. Entregaron nuestra comida y miles de tarjetas de débito con fondos de hasta 200 dólares para ayudar a los isleños a salir adelante. Pero sabían que el efectivo no era suficiente. "Si sólo diéramos las tarjetas, gastarían todo el dinero en agua", dijo Javier Álvarez, su director de Respuesta Estratégica. "Así que complementábamos la distribución de tarjetas con filtros de agua".

Mercy Corps normalmente responde en emergencias globales, pero esta temporada era diferente. "Respondimos con Harvey y con éste por la magnitud", dijo Javier. "Nos topamos con personas muy tristes y molestas de que la ayuda no llegara tan rápido como querían. En la mayoría de las comunidades que visitamos no había apoyo federal". La información que recopilaron sobre la gente necesitada fue clave para su labor. Para ello, trabajaron con la Universidad de Puerto Rico, la cual había desarrollado un vasto sistema de reporte llamado Rescates, para que los voluntarios comentaran los problemas.

Comparado con un desastre internacional, Puerto Rico fue atípico por los peores motivos. A Javier lo impactó el contraste entre la gran cantidad de gente en las oficinas centrales de FEMA en el centro de convenciones y la pequeña cantidad de ayuda que se distribuía por toda la isla. "En una respuesta internacional hay todo un sistema de coordinación y entrega", explicó. "Por lo general tenemos un sistema de subgrupos: tenemos un grupo de agua y un grupo de comida. Está muy bien organizado. Lo dirigen las Naciones Unidas, y organizaciones humanitarias como nosotros coordinan y ayudan. Cualquier respuesta en emergencias siempre es caótica, pero es una situación muy extraña cuando ves que hay recursos, pero no cubren las necesidades de la gente".

ME PREOCUPABA QUE FEMA NEGOCIARA SU POSIBLE CONTRATO directamente con mi servicio de banquetes en el aeropuerto, Sky Caterers, en lugar de con nosotros. No es fácil manejar la asistencia alimentaria a gran escala: necesitas estar al tanto de la calidad de la comida, como nosotros hacíamos todos los días, y necesitas saber cómo y dónde hacer tus entregas. Nosotros habíamos cometido varios errores en las últimas cuatro semanas desde María, pero también habíamos aprendido mucho sobre cómo hacer lo correcto en Puerto Rico.

—No estamos aquí para que nos den una medalla —le dije a Erin—. Estamos aquí para impulsar a todos para que alimenten a la isla. Si perdemos el contrato porque la Cruz Roja o FEMA toman nuestra idea y firman con ellos, con todo gusto les dejo robarse la idea. No somos orgullosos. Es su papel. Es su trabajo. No estamos aquí para alimentar a la gente. En realidad, estamos aquí para asegurarnos de que la gente esté alimentada.

Kimberly Grant, directora general de ThinkFoodGroup, preguntó si el nuevo contrato no sería una trampa. ¿Nos estarían tendiendo una trampa al insistir que entregáramos botellas de agua que nadie podía conseguir? ¿Qué pasaría si nos auditaban? ¿Teníamos el papeleo suficiente para respaldar cada comida? ¿Y qué pasaría si nuestros intermediarios o socios hacían algo poco ético o inaceptable? Estos contratos eran tan grandes que podían hundir World Central Kitchen y meterme en problemas legales.

—No me importa —dije—. Pueden manchar mi nombre y mandarme a la cárcel y quitarme mi empresa. Estamos hablando de riesgos mientras la gente pasa hambre y bebe agua con orina de animales.

—No se trata sólo de nosotros, sino de los proveedores —dijo Kimberly—. Son los más pequeños. Se trata de ellos.

Kimberly es mi directora general, pero también es una buena amiga. Me estaba protegiendo, al igual que a mi familia y a mi empresa. Además de que tenía experiencia con contratos federales. Tomé la decisión de alimentar a la gente. Pero no podía dejar que otros sufrieran las consecuencias de mi decisión unilateral.

—Asegurémonos de que todos están protegidos —contesté—. Pero ya prometieron que van a ofrecer comida caliente. Si tenemos que irnos mañana, les diremos a todos que nos quedamos sin dinero y sin apoyo. Lo diremos en Univision y con Anderson Cooper y en Fox News.

El día siguiente iba a ser trascendental: estábamos a punto de llegar al millón de comidas, un sueño imposible cuando empezamos a cocinar cuatro semanas atrás, preparando sólo 2.000 comidas en un día. Ahora discutíamos sobre el segundo millón de comidas.

No nos preocupaban las auditorías. Teníamos montañas de papeles para rastrear cada comida entregada y habíamos anotado cada orden. Pedíamos ver la identificación de quienes recogían las comidas, junto con una carta o algún papel oficial de la organización que las solicitaba. Desde nuestros primeros días, Ginny Piñero se había encargado de organizar nuestro papeleo y nuestros formatos. Registrábamos todo. Pero nos preocupaba cuánto dinero estábamos gastando al producir tanta comida cada día, y cuándo nos pagarían, si es que lo harían en absoluto. Encima de todo, nuestro corto trato para operar en la arena estaba a punto de llegar a su fin, tras veintiún días de producción.

—No se suponía que estuviéramos aquí —le recordé a mi equipo—. Estamos aquí porque la necesidad está aquí. Así que tendremos que detenernos cuando ya no sea necesario alimentar a la gente de Puerto Rico.

Si FEMA y la Cruz Roja no nos necesitaban o no nos querían porque estaban alimentando a la isla sin nosotros, por mí no había problema. Podíamos recoger todo e irnos a casa. Pero si no estaban haciendo esa labor esencial, entonces necesitábamos quedarnos. Era algo muy simple, incluso en un mundo donde necesitábamos entregarnos a la complejidad de la situación para lograr algo.

Se habló de un tercer contrato, de extenderlo posiblemente hasta diciembre, pero parecía muy lejano. Si íbamos a estar tanto tiempo aquí, cocinando cantidades tan grandes, necesitábamos analizar una fuerte expansión de las cocinas satelitales. Estas cocinas nos daban un alcance tremendo y yo quería que sirvieran comida en un radio de una hora de viaje. Pero no todas podían expandirse fácilmente. Y si no podíamos asociarnos con el servicio de comida de aerolíneas, quizá necesitábamos considerar la compra de una empresa de banquetes.

Necesitaba saber si FEMA hablaba en serio respecto al nuevo contrato, pero no quería preguntar directamente, así que llamé a Marty Bahamonde, de FEMA y colgué. Me devolvió la llamada de inmediato.

—Lo siento, Marty, me equivoqué de número —dije y colgó.

—En realidad, no era una equivocación —le dije a mi equipo que estaba intrigado—. Lo hice para ver si me devolvería la llamada. No van a echarse para atrás si estamos ocupados y particularmente si somos humildes.

Erin estaba preocupada de que sólo pudiéramos expandirnos tan rápido como nuestro proveedor, José Santiago.

—La comida seguirá llegando —le aseguré—. Santiago me dijo personalmente que tal vez tendrían problemas con un producto u otro, pero que la comida seguiría llegando. Sólo tendremos que ser lo suficientemente creativos para que, si no tienen puré de papa en polvo, podamos usar sémola, y si no tienen sémola, podamos usar trigo.

Si no conseguíamos otro contrato, íbamos a mantener una operación mínima, con pocas cantidades de comida en algunas cocinas donde más se necesitaran, como Vieques. Y si FEMA negociaba a nuestras espaldas con Sky Caterers, sólo podíamos esperar que la empresa de banquetes consiguiera un buen precio, como nosotros. Pero en mi experiencia era poco probable.

—No saben cómo negociar —le dije a mi equipo—. FEMA no negocia precios bajos.

Llamé a mi contacto en FEMA, Elizabeth DiPaolo, para ver si podía decirme qué estaba pasando realmente.

—Parte de mi plan de alimentar a 250.000 personas al día era involucrar a esta empresa de banquetes del aeropuerto, algo que nunca ha sido un secreto —empecé—. Acaban de llamarme y dijeron que justo firmaron un contrato con FEMA para empezar con 50.000 comidas. Me dio mucho gusto porque está sucediendo y es parte de mi plan para expandirnos, usando los recursos de la isla. ¿Estás consciente de ello?

—Sólo están preparando almuerzos fríos empacados —dijo DiPaolo—. No sé nada de comida caliente.

—Me dijeron que alguien de Washington firmó un contrato con ellos ayer por 50.000 comidas calientes —contesté—. El dueño dijo que está trabajando con FEMA porque dice que me he portado mal con FEMA. Pero no es verdad. He sido insistente. Si yo fuera FEMA, los habría contratado hace veintiún días.

DiPaolo dijo que no sabía nada al respecto.

—Es como si fuéramos dos personas distintas negociando para alimentar al pueblo estadounidense —dije, antes de prometer regresar a las oficinas de FEMA para recoger una nueva versión de mis mapas de la isla—. Sólo quiero protegerme para que no me saquen —bromeé—. Todavía no tengo un pase de FEMA. Es un sueño para mí. Me sentiré muy decepcionado sin él.

CAPÍTULO 8

TRANSICIONES

PREPARAMOS NUESTRA COMIDA NÚMERO UN MILLÓN SIN PERder el ritmo a los veintidós días de iniciar operaciones en Puerto Rico. Mi plan original era cocinar quizá 10.000 comidas al día durante cinco días y luego volver a casa. Pero éste era el tercer día en que preparábamos al menos 100.000 comidas diarias y podíamos crecer más. Trabajábamos en trece cocinas repartidas por toda la isla y claramente había demanda de nuestros sándwiches y nuestras comidas calientes.

Sacamos un comunicado de prensa y grabé un video en el sitio que ahora se había convertido en mi oficina central: la banqueta de cemento frente a la entrada de El Choli, donde se tomaban las órdenes de comida y salían las preparaciones. "Hola, gente de Estados Unidos, gente del mundo. Hoy tenemos grandes noticias", empecé. "Después veintiún días en esta hermosa isla de Puerto Rico puedo decirles que la iniciativa Chefs For Puerto Rico, de la World Central

Kitchen, está a punto de llegar al millón de comidas preparadas por hombres y mujeres de Puerto Rico. Es un gran día. Los amo a todos".

Antes de María, ése habría sido el mejor día del año por una razón culinaria completamente distinta. Michelin acababa de anunciar sus calificaciones para los restaurantes de Washington y mi restaurante *avant-garde* Minibar conservó sus dos estrellas por segundo año consecutivo. Me perdí la llamada de Michelin porque estaba revisando las inmensas cantidades de pollo y arroz que había en las paelleras afuera de la arena. Sin importar que las comidas cuesten unos cuantos dólares o cientos de dólares, haces lo mejor que puedes con los ingredientes que tienes. Al final, es lo mismo.

Este acontecimiento fue un nuevo motivo para que los medios recordaran a Puerto Rico. El *Washington Post* declaró en su encabezado que habíamos servido más comidas calientes que la Cruz Roja.[1] Un vocero de esta organización dijo que habían "servido" lo que consideraban el equivalente a 1,6 millones de comidas en la forma de 150.000 CLC, 302.000 "comidas empacadas" y 1,4 millones de libras de productos de despensa, como latas, arroz y galletas. Esas cifras pueden parecer impresionantes hasta que recuerdas que una sola lata de frijoles pesa alrededor de una libra y cuesta menos de un dólar. El hecho de que consideraran eso comida, aunque pudieras cocinar el arroz o no, te daba una idea muy clara de quién y cómo era el líder en asistencia humanitaria en Estados Unidos. FEMA le dijo al *Post* que había entregado 14 millones de comidas, pero eso incluía las nuestras y el resto eran casi todas CLC. Esas comidas, en su propio estimado, sólo equivalían a un poco más de dos días de lo que la isla había necesitado en las primeras tres semanas después de María.

Utilizamos la marca del millón de comidas para pedirle a la gente que donara directamente a la World Central Kitchen porque el único límite para lograr nuestro cometido era el efectivo. Necesitábamos un nuevo contrato con FEMA urgentemente. Tan sólo nuestros gastos de comida ascendían a cientos de miles de dólares diarios.

Al día siguiente, FEMA nos envió un aviso por correo electrónico para proceder con un trato que nos pareció adecuado: 120.000 comidas al día, a 6 dólares por comida, durante los siguientes 14 días por alrededor de 10 millones de dólares. No cubría las necesidades de la isla, al menos de acuerdo con los propios estimados de FEMA, de 6 millones de comidas al día, pero era sustancialmente más comida a un precio más bajo que nuestro primer contrato, el cual especificaba 20.000 comidas a 10 dólares cada una. Era un reconocimiento de que nuestra labor iba en la dirección correcta: paga menos por comida para llegar a más gente.

Nos reunimos con nuestro consultor de FEMA, Josh Gill, en el bar del penthouse del AC Hotel, donde nos conocimos semanas atrás. Gill no se veía contento, aun cuando estábamos a punto de cerrar otro trato, lo que implicaba que él estaba cerca de obtener otra tajada del dinero que se usaría para alimentar a la isla. Habló negativamente sobre trabajar con FEMA en Puerto Rico. Describió un mundo lleno de poder político, intrigas y resentimientos, y yo no podía saber si era real o no. Se vendía a sí mismo como el único que podía navegar ese pantano —por un precio ofensivamente grande—, describiendo una organización extraña que era al mismo tiempo incompetente y poderosa.

—Una de mis contrapartes está íntimamente vinculada con FEMA y políticamente cerca de Brock Long —declaró, usando palabras que eran tan graves y tan vagas a la vez, que yo no comprendía lo que en verdad quería decir—. Debes ser consciente del capital político que hay, y es mucho —me advirtió—. Necesitas tener cuidado con las conversaciones, por lo que se comparta de boca en boca. Los rumores en Puerto Rico son lo peor que he visto, y he trabajado en desastres por todas partes desde Katrina, pero estos son los peores.

Gill también dejó claro que no había nada que pudiéramos hacer para recuperar lo que habíamos gastado en la semana perdida entre los dos contratos con FEMA. No harían que el nuevo contrato funcionara retroactivamente y nosotros no estábamos dispuestos a hacer cálculos imprecisos. La brecha entre los dos representaba más de medio millón de comidas, o 3 millones de dólares del último precio de FEMA. Tendríamos que absorber esos gastos nosotros mismos. Tuvimos la suerte de que nuestro trabajo llamara tanto la atención —en redes sociales y en los medios tradicionales—, ya que eso atrajo suficientes donaciones pequeñas y grandes para cubrir la insuficiencia de dinero.

Por su parte, Gill estaba sobre todo preocupado por evitar las trampas que pudieran cancelar el contrato. Visitó un albergue y vio la entrega de nuestras comidas, las cuales incluían botes de yogurt que la gente había donado.

—¿Están enviando cubiertos con las comidas? —preguntó después—. Vi a la gente comer el yogurt con los dedos. FEMA ha tenido representantes de contratos en el pasado que van a los lugares de incógnito. Detalles como ése importan. Sólo quiero asegurarme de que alguien no vaya a un albergue y vea a la gente comer yogurt con los dedos.

FEMA todavía insistía que entregáramos una botella de agua con cada comida, pero para todos era difícil y caro conseguirlas.

—Hace dos semanas vi que salió un contrato por 178 millones de botellas —dijo Gill.

Yo quería saber si podíamos escribir un contrato que indicara "hasta 240.000 comidas al día", en lugar de 120.000 exactamente. Si especificábamos una cifra mayor y tomábamos algunos días para alcanzar esa cantidad, estaríamos violando directamente el contrato a menos de que la redacción nos diera explícitamente cierto espacio para crecer. Quizás ése podría ser el discurso en un tercer contrato, si se materializaba.

Era momento de hablar sobre la comisión de Gill. Yo necesitaba dejar claro que su tope de 250.000 dólares era por todo su trabajo, no por cada contrato. De lo contrario, en un contrato de 14 días, de 240.000 comidas, tendría la inmensa ganancia de 1,68 millones de dólares, incluso con el costo bajo que negociamos, de 50 centavos por cada comida.

—No se trata de que cada contrato te dé una nueva comisión —opiné—. Te dije claramente: vas a recibir un tope de 250.000 dólares por todo. Creo que es lo justo.

—No es justo —dijo Gill—. Hemos quemado una cantidad excepcional de capital político.

—Quizás podamos aumentarlo un poco, pero estamos pidiendo que haya un tope de 250. Lo negociamos antes —dije.

—También nos dimos la mano con el primer acuerdo —insistió, sonando cada vez más molesto.

El primer contrato ya le había dado 70.000 dólares. Si no lo topábamos ahora, podía llevarse a casa cerca de 1 millón de dólares, incluso con un contrato más pequeño. Además, quizás habría un tercer contrato.

—No sabes si habrá más contratos —dijo Gill—. Comprendes el capital político que hemos quemado. Es mucho. Está bien.

—Tú me metiste en este problema —bromeé—. Sabes que fui de mucha ayuda para ti.

—Tú sabes que nosotros fuimos de mucha ayuda para ti —contestó—. FEMA rechazó tu propuesta en el último correo electrónico. La rechazaron. No voy a discutir porque ésta no fue la conversación que tuvimos.

—Para mí es inmoral —dije—. Es demasiado para todos.

—Eran 250 por contrato —insistió—. Necesito discutirlo con mi equipo.

Gill se fue, dejándome con mi equipo. Estábamos discutiendo que Gill ganara otros 70.000 dólares con los dos contratos y mi equipo temía que me creara problemas con FEMA. ¿Por qué arriesgarme por una cantidad de dinero tan pequeña? Pero para mí era cuestión de principios.

—Es mucho dinero —insistí—. Es dinero por no hacer nada.

—Con 15 millones de dólares puedes alimentar a mucha gente —dijo Kimberly, mi directora general.

—¿Él es el único que sabe cómo cerrar un trato? Es como una mala película —dije—. Debimos haber tenido esta reunión en un callejón oscuro.

CONDUJIMOS HACIA EL CORAZÓN DE LA ISLA CUATRO SEMANAS después del huracán y apenas empezaban a crecer brotes de follaje en los árboles desnudos. Se sentía como si fuera el inicio de la primavera a mitad del Atlántico, un cambio de estación que rara vez se presenta en estas islas verdes, tropicales.

Íbamos hacia Naguabo, del otro lado del bosque El Yunque, en San Juan, donde habíamos abierto nuestra cocina más inusual: no en una escuela culinaria ni en un restaurante, sino en una iglesia atendida enteramente por voluntarios. Una de las razones para abrirla ahí era su locación tan aislada, lo que implicaba que sus comidas podían llegar a poblaciones difíciles de atender de otra manera. También involucraba largos viajes para nosotros, ida y vuelta por caminos de un solo sentido, que subían laderas increíblemente empinadas.

Después de una hora de subir por caminos tortuosos y angostos, cuyos bordes ya habían colapsado en varios deslaves, llegamos a una iglesia octagonal en el pueblo de Peña Pobre, encaramado entre varios picos azotados por el viendo, con vista a la selva, los lagos y pequeñas casas de concreto. El ojo del huracán había pasado directamente sobre estas montañas.

En el primer piso de la iglesia, escondida bajo la entrada principal, había una pequeña cocina donde voluntarios de edad avanzada revolvían ollas gigantescas de arroz, verduras y carne sobre nueve quemadores de gas. La cocina estaba iluminada con un solo foco en el techo y una ventana hacia el exterior. Una ventanilla se abría hacia un recinto largo con mesas plegables, donde los demás voluntarios servían la comida preparada de nuestras charolas de aluminio. Almacenaban provisiones e ingredientes —latas de chícharos y frijoles, bolsas de arroz— en cada esquina y a lo largo de cada pared. El aire estaba cargado con el aroma dulce del caldo, el arroz, el pollo y las verduras.

En el centro de todo estaba un joven que se veía mayor de lo que era; vestía jeans amplios y una playera azul inmensa. Eliomar Santana trabajaba como director en una escuela técnica, pero su verdadera misión era ser pastor de esta iglesia: Jesuscristo Monte Moriah. La sonrisa alegre de Eliomar era tan luminosa que fácilmente podías perder de vista su determinación y su compasión. Desesperado por encontrar ayuda para su comunidad de 270 almas, escuchó en la radio sobre un chef que cocinaba para la gente necesitada. No sabía mi nombre ni nada sobre mí, así que fue a las oficinas centrales de FEMA y preguntó ahí. No sabían de qué estaba hablando, pero le contaron de los chefs que estaban en la arena, así que se fue para allá.

—Sentía en mi corazón la necesidad de cocinar —dijo—. Intenté encontrar a alguien que nos ayudara.

Se encontró primero con nuestros voluntarios afuera de la arena, quienes dijeron que no. Ése no era nuestro modelo: nosotros le dábamos a la gente la comida preparada y sólo proveíamos a cocineros profesionales con ingredientes para que abrieran cocinas. No teníamos dinero de sobra y no podíamos dejar ingredientes en lugares sin chefs, donde no tuviéramos control sobre la calidad de la comida. Además, teníamos una cocina en Fajardo, que no estaba muy lejos, y ellos les podían ayudar.

Eliomar no se quedó con la negativa.

—¿Puedo hablar con tu supervisor? — preguntó.

Erin salió y también le dijo que no.

—Es un poco difícil hacer esto —explicó, sabiendo que yo también me negaría.

Pero entonces Eliomar mencionó lo mucho que esto significaría para su comunidad, cómo todos trabajarían juntos en ello.

—Quiero hacer más que sólo dar comida —dijo—. Y mi iglesia hará lo mismo. Quiero cocinar.

Erin empezó a llorar y lo abrazó, diciendo que se encargaría de que así fuera. No me pidió permiso porque sabía que mi respuesta sería no. Además, se enorgullecía en crear una organización sin escalafones, donde la gente pudiera tomar decisiones rápidamente. Teníamos nuestra manera de hacer las cosas y no era ésa. Por otra parte, era un momento en que la gente realmente tenía hambre. Era un momento para arriesgarse, para abrir más cocinas y confiar en la comunidad. Era un buen mensaje.

Eliomar regresó a su iglesia y encontró al pastor principal en medio de la misa.

—Dejemos las misas y empecemos a cocinar mañana —le dijo a su superior.

Al día siguiente apareció en El Choli con toda su congregación: camiones enteros de gente que quería cocinar. Ése fue el principio de la operación de asistencia alimentaria que unió a su comunidad. Empezaban a las 6:00 a.m. y cocinaban hasta las 10:30 a.m., antes de servir las comidas todos los días a las 11:00 a.m. Pedían equipo prestado a la comunidad y almacenaban las provisiones donde encontraban espacio, incluyendo el cuarto del hijo de Eliomar.

Cuando empezaron a pedir donaciones, su hijo rompió su cochinito y le dio ocho monedas de 25 centavos para ayudar.

—Llevamos comida a los indigentes y a quienes no tienen —dijo Eliomar—. También entregamos a otros pastores para que cuiden a sus comunidades. La gente no tiene efectivo y no tiene trabajo. Y el sistema electrónico del Programa de Asistencia Nutricional Suplementaria (SNAP, Supplemental Nutrition Assistance Program) [cupones] no funciona. No hay dinero para gasolina y el lugar más cercano donde podemos comprar alimentos está a treinta minutos de distancia.

Ni siquiera había los servicios más elementales. La zona no tenía electricidad ni agua: el equipo de la iglesia tenía que manejar hasta un arroyo cercano para tener agua fresca y llevarla de vuelta a la aldea.

Subimos las escaleras hacia el santuario, donde Eliomar había reunido a sus voluntarios, alrededor de ochenta personas, muchos todavía con sus delantales y gorras de malla. Tenían entre siete y setenta años. Me los presentó y empezaron a aplaudir antes de mostrar un video en la inmensa pantalla de un proyector junto a un letrero que decía DIOS ES AMOR. Me senté en el piso de mármol con las piernas cruzadas mientras el video mostraba fotos interminables de la iglesia cocinando y entregando comida. Fue demasiado para mí y no pude contener el sentimiento. Intenté tallarme la cara y jalarme las orejas, pero empecé a sollozar. Profundamente.

—En nombre de todos, gracias —dijo—. Es un privilegio que ofrezcas tu tiempo para venir aquí.

Les agradecí a todos por permitirnos servirles. Les conté

la historia de cómo crecimos de la nada con la ayuda de todos los chefs y los voluntarios que tuvimos.

—Saca lo mejor de la gente —dije—, en este momento tan, tan difícil.

Entonces Eliomar le pidió a su congregación que formara un círculo alrededor de mí, juntando sus manos. "Así es cómo rezamos" dijo. Todos empezaron a decir sus propias oraciones en voz alta, cerrando con una cascada de *gracias* en eco. Terminamos aplaudiéndonos unos a otros y posando para una foto todos juntos.

FEMA quería saber cómo íbamos a alimentar a la gente y cómo podíamos entregar la comida. Esta sencilla iglesia mostró cómo podíamos hacerlo y por qué nos importaba. Es mejor dar que recibir. Pero todo lo que FEMA quería hacer era recibir. Fueron tan, tan estúpidos. Pudimos haber abierto cien de estas cocinas comunitarias y nadie habría pasado hambre. Pudimos haber producido suficiente comida para todos y tratar a la gente con respeto. Esta iglesia era especial, pero no era la única. Esta clase de espíritu comunitario podía encontrarse por toda la isla, mientras sus habitantes intentaban recuperarse de la catástrofe. La gente dice que todos en Puerto Rico quieren robarte. Eso no es lo que yo vi, y no es cierto. *Es mejor dar que recibir.*

Salimos hacia el estacionamiento, donde los voluntarios cargaban charolas de aluminio con macarrones cremosos y jamón con maíz y guisantes, además de salchichas y pollo. Extendí mi mapa en la entrada y marqué la iglesia como nuestra cocina más reciente. Estaba oficialmente en el mapa. Señalé una cocina del Ejército de Salvación que no estaba lejos y le pregunté al equipo de la iglesia si los habían visto o recibido su comida, dado que el equipo entregaba cientos de comidas en un radio de veinte millas desde Peña Pobre. Dijeron que no.

ESE MISMO DÍA, EL GOBERNADOR ROSSELLÓ VIAJÓ A LA CASA Blanca para encontrarse con el presidente Trump y su gabinete en un último esfuerzo por obtener más apoyo del continente. En público, Rosselló habló con tacto y respeto, pidiéndole a Trump que hiciera más mientras se cuidaba de sonar como si lo estuviera alabando. Cuando los reporteros entrevistaron a ambos líderes en la Oficina Oval, la diferencia entre ellos fue tan grande como la isla. Rosselló alabó a Trump excesivamente por las cosas más nimias, mientras que Trump se alabó a sí mismo excesivamente por cosas que creía verdaderas. Ninguno de los dos parecía estar vinculado con nada de lo que veíamos en Puerto Rico.

—Ha sido una situación muy, muy difícil para muchas personas, lo admito, y especialmente para la isla —dijo Trump, comentando lo obvio—. Si hablas de llevar comida ahí, lo hicimos. La distribución fue muy difícil porque los caminos estaban bloqueados e incluso la gente de Puerto Rico no tenía acceso a su propia comida, en muchos casos porque era deplorable el estado de los centros de distribución y los caminos después de la tormenta, y en algunos casos también por su estado antes de la tormenta. Dicho lo cual, paso a paso, ya está solucionado.

Así que Trump sabía que la gente “no tenía acceso a su propia comida”, pero pensaba que era por los caminos. Y ahora pensaba: “ya está solucionado”. O era tremendamente ignorante de la situación alimentaria en la isla, o intentaba engañar a la prensa y a la gente que lo veía desde casa.

Una segunda pregunta llegó al fondo del asunto sobre la veracidad de su información. Los medios conservadores seguían los rumores de que la causa de la crisis alimentaria era la corrupción del gobierno local: los funcionarios que acumulaban comida para sí mismos. Era una buena forma de rendirse, de pretender que no había nada que el gobierno pudiera hacer para resolver esta crisis de hambre en Estados Unidos. Fox News comentó que el FBI investigaba quejas de que los funcionarios locales daban prioridad a provisiones para sus partidarios.[2] El FBI dijo que no sabían si las acusaciones eran ciertas, pero eso no impidió que la historia se hiciera viral. No tengo duda de que hubo mucha corrupción y favoritismo, pero no era la única razón de que la gente tuviera hambre en Puerto Rico.

En cualquier caso, Trump ya había tomado una decisión. “Bueno, estoy trabajando muy de cerca con el gobierno sobre eso porque ha habido corrupción en la isla y no puede ser. Saben, estamos mandando muchas provisiones, estamos mandando cantidades tremendas de comida y agua y todo”. Washington estaba enviando cantidades tremendas de CLC, pero tanto el agua como la comida eran completamente inadecuadas. Rosselló dijo que estaban investigando “si se dieron malos manejos de la comida” y prometió que “lo iban a pagar caro” si resultaba ser verdad.

En cuanto a su propio esfuerzo federal, Trump parecía pensar que estaban entregando comida y agua en helicópteros en grandes cantidades. “Hay zonas en Puerto Rico donde literalmente tuvimos, y todavía tenemos que —aunque cada vez menos—, entregar comida y provisiones por helicóptero porque los caminos desaparecieron y los puentes desaparecieron", explicó. Quizá vio su propio video de la Casa Blanca demasiado rápido para comprender lo que los helicópteros estaban haciendo y cuántas tomas estaban repetidas. Porque yo, por lo pronto, no había logrado que los helicópteros militares entregaran comida.

Un reportero le preguntó a Trump cómo calificaba la respuesta de la Casa Blanca en una escala del 1 al 10. "Yo diría que 10", dijo modestamente, señalando comentarios de James Lee Witt, director de FEMA en tiempos del presidente Clinton. Witt dijo que les daría un 10 por su trabajo en la recuperación después del huracán. "Creo que hicimos un trabajo fantástico y se nos está dando el crédito", dijo Trump. "Fue muy gratificante saber que el caballero que trabajó para Bill Clinton cuando fue presidente nos diera un 10 y eso incluía Puerto Rico. Nos dio un 10 y me pareció muy amable. Y creo —realmente creo— que está en lo correcto. Hemos hecho realmente un gran trabajo".

Le hicieron la misma pregunta a Rosselló y la esquivó prometiendo que restaurarían la electricidad a la mitad de la isla el mes siguiente. Trump no estaba satisfecho y presionó al gobernador para que lo alabara.

—¿Estados Unidos —nuestro gobierno— hizo un gran trabajo cuando llegamos? —preguntó—. El ejército, el personal de primeros auxilios, FEMA, ¿hicimos un gran trabajo?

—Usted respondió inmediatamente, señor —dijo Rosselló, esquivando la pregunta de nuevo—. Pero si considera que [...] hemos recibido alrededor de 15.000 personas del Departamento de Defensa en Puerto Rico, alrededor de 2.000 funcionarios de FEMA, del Departamento de Salud y Servicios Sociales y otros, la respuesta está ahí. ¿Necesitamos hacer mucho más? Por supuesto que sí. Y creo que todos aquí reconocen que hay mucho trabajo por hacer en Puerto Rico.

Rosselló fue demasiado sutil. Trump terminó por volver a los comentarios del antiguo funcionario de Clinton con su calificación de diez.

—Aunque no lo conozco, quisiera agradecerle por lo que dijo.

Yo no les daría a Trump ni a Rosselló un diez por su trabajo. Y claramente no me daría a mí mismo más de un cinco porque había mucho más que necesitábamos hacer. No logramos llegar a toda la gente que necesitaba nuestra ayuda. Las únicas personas que merecen un diez son los voluntarios y el personal de primeros auxilios, quienes fueron tan generosos con su trabajo. Pero como líderes, no merecíamos nada cerca de una calificación perfecta.

ME GUSTABA SALIR DE SAN JUAN TANTO COMO PODÍA. NO SÓLO para escapar la intensidad de la inmensa fábrica de alimentos, sino también para recabar información sobre lo que sucedía por toda la isla y respecto al estado de nuestras operaciones satelitales. Necesitaba ver por mí mismo dónde estaba la necesidad real y cómo podíamos cubrirla. Con el tiempo, era claro que la gente se ajustaba a la vida después del huracán. Y llegaría un momento, probablemente pronto, en que necesitaríamos modificar lo que hacíamos porque la vida en la isla también cambiaba. Ésta era una de las razones más importantes que nos diferenciaban de lo que yo veía en FEMA y en las otras organizaciones sin fines de lucro. Nuestras operaciones de inteligencia ayudaban a moldear lo que hacíamos y dónde lo hacíamos. Su información parecía, a lo sumo, caduca y en el peor de los casos, inexistente.

Me gustaba visitar nuestras cocinas de las escuelas culinarias para revisar la calidad de su comida. Con ocho de éstas, producían grandes cantidades de comidas calientes y necesitábamos realizar visitas periódicas para asegurarnos de que hubiera la cantidad adecuada de pollo en cada plato. Era muy fácil reducir los ingredientes más caros para ahorrarse dinero, mientras se les negaba a las personas de Puerto Rico la buena comida que merecían.

Pero mis mejores viajes eran con lo que llamaba nuestras operaciones SEAL: nuestros camiones de comida. No eran perfectos. Eran camiones viejos y propensos a descomponerse, así que las distancias que les exigíamos recorrer todos los días eran una carga pesada. Iban a zonas donde la policía de Seguridad Nacional sólo viajaba con armas y chalecos antibalas. Pero nuestros socios de los camiones de comida tenían la determinación de servir a la gente necesitada y nunca experimentaron ningún problema mientras entregaban hasta 1.500 comidas al día. Ahora, un mes después de María, ya conocían sus rutas y a sus comunidades muy bien. Eran amigos de sus clientes, conocían sus historias familiares y agendas diarias. Habían aprendido qué días eran mejores y en cuáles las personas mayores estaban en sus casas y no podían ir hacia los camiones, así como en cuáles los niños ayudarían a servir la comida.

Teníamos diez operando, pero dos de ellos eran el alma y el corazón de nuestra operación, manejados por dos hermanas, Xoimar y Yareli Manning. Eran dos de nuestras socias originales desde el día uno de la operación en el restaurante de José Enrique, en Santurce. El mensaje de texto de Enrique para que se nos unieran fue el primero que recibieron luego de varios días sin señal en sus celulares después del huracán. Llegó justo a tiempo.

—Iba a dejar Puerto Rico y me iba a mudar a Estados Unidos —dijo Xoimar—, porque no podía soportarlo. Quería poder continuar con mi negocio. Mi generador no era lo suficientemente grande para alimentar mi cocina. No tenía electricidad, ni agua, ni señal, ni una escuela para mi hija. Mi amiga en Florida me dijo que fuera a su casa. Estoy muerta y éste es el fin del mundo. Pensé en irme tan pronto como pudiera.

Las hermanas empezaron su negocio de camiones de comida una década atrás, después de ver un programa de televisión sobre un camión de comida en Carolina del Norte llamado Chirba Chirba Dumplings. El esposo de Xoimar volteó y le dijo: "Eso es lo que vamos a hacer". La escena de los camiones de comida apenas empezaba y compraron un camión al día siguiente. Su negocio, Yummy Dumplings, tuvo un gran éxito; abría seis días a la semana, con dobles turnos jueves y viernes, hasta el día en que María cayó. Xoimar dirigía Yummy Dumpings y Yareli dirigía The Meatball Company, normalmente en un estacionamiento para camiones de comida que ellas empezaron en San Juan. Yareli había visitado todos mis restaurantes en Washington, D.C., y nunca pensó que terminaríamos trabajando juntos.

Eran intrépidas e incansables: manejaban horas cada día en camiones viejos sin recepción celular, hasta lugares en los que nuestros amigos de Seguridad Nacional esperaban ver armas e ilegalidad. En cambio, encontraron familias que luchaban por sobrevivir y estaban encantadas de verlas.

—Esto me dio la esperanza de que todo mejoraría. Trabajábamos y estábamos ocupadas. Era mejor que estar sentadas en casa. Se sentía tan bien y tan correcto. Estoy dispuesta a hacerlo para siempre —dijo Xoimar.

A mí me encantaba su espíritu y su actitud práctica, y amaba particularmente a su familia. La hija de diez años de Xoimar, Lola, me recordaba a mis propias hijas no hace mucho, y llegaba todos los días a trabajar sin quejarse de nada. Yo le decía que descansara un poco de la línea de sándwiches, pero nunca me hacía caso. Estaba tan impresionado con ella, que prometí pagarle la universidad.

Las calles deterioradas de Loíza, en la costa noreste, eran la ruta común del camión Yummy Dumplings.

—Éste es el barrio de mi papá —me dijo Xoimar mientras caminábamos por las calles haciendo entregas detrás del camión—. Aquí pasó su vida cuando era joven. Así que, para mí, servir a la gente con la que creció es importante.

Los niños de ahí salían corriendo para saludarla y los ancianos la abrazaban en cada parada. Sólo habían visto a su alcalde una vez desde la tormenta, entregando algunos pañales y agua. Yummy Dumplings era el proveedor más grande de asistencia en la zona. El camión de comida se estacionó cerca de un diamante de béisbol y el equipo chifló para anunciar su llegada. Docenas de niños, algunos en bicicletas, salieron de todas partes para conseguir un plato de macarrones con queso, arroz con caldo de carne, una manzana y una botella de agua.

—Vengo dos veces a la semana e intento darles una

comida distinta cada vez —dijo Xoimar—. Esta gente la está pasando mal.

Manejamos unas cuantas calles más donde algunas personas todavía estaban varadas por las inundaciones. Uno de ellos tenía 91 años, Teodoro Figueroa Rodríguez, conocido como Lolo, cuyo jardín completo estaba bajo el agua. Me puse botas de plástico y caminé por el agua sucia para llevar suficiente comida hasta esta casa aislada. Lolo era un veterano de la guardia nacional y necesitaba ayuda. Su hija trabajaba largas jornadas como enfermera en San Juan, así que estaba solo casi todo el día.

—Gracias por cuidarme y por no olvidarme —me dijo—. Me da mucho gusto que la gente joven como tú cuide de la gente como yo.

Al día siguiente quería encontrar una parte de la isla que estuviera todavía más afectada para ver cómo estaban. Para ello, mis amigos de Seguridad Nacional insistieron en acompañarme, sólo en caso de que encontráramos los peligros de los que tanto se hablaba pero nunca se veían, y por lo que iban armados hasta los dientes. Felizmente dije que sí porque necesitábamos otro auto, así que me subí al Jeep con el funcionario de deportación Alex Sabel y la agente especial Krystle Intoe. Con suficientes sándwiches y botellas de agua en la parte trasera del Jeep, nos fuimos hacia Aguadilla, dos horas al oeste de San Juan, donde supuestamente las condiciones eran precarias. Pero a medio camino decidimos detenernos en otro pueblo pobre, Morovis, en el centro de la isla, sólo para probar suerte mientras buscábamos zonas con personas que tuvieran hambre. En la mitad del pueblo vimos una camioneta estacionada junto al camino con un par de funcionarios locales entregando CLC.

Nadie las quería. Nosotros les ofrecimos nuestros sándwiches para que los distribuyeran y los aceptaron felizmente.

Un poco más lejos había una larga fila de gente afuera de una sencilla choza de lámina, de donde salía humo por debajo del techo corrugado. Mi instinto me dijo que eso era exactamente lo que buscaba: una señal de que la vida culinaria volvía a la isla. El humo salía de una hoguera de carbón donde giraban lentamente diez asadores gigantescos, manipulados por una larga cadena de bicicleta, donde rostizaban docenas y docenas de pollos. El aroma del pollo y las especias del adobo que goteaban hacia el carbón era suficiente para que se te hiciera agua la boca desde una cuadra antes. Un pollo entero con un plato de frijoles con arroz costaba menos de 9,25 dólares y fácilmente podía alimentar a cuatro personas. Era varios dólares menos que cada una de las CLC que no podían distribuir cerca de ahí. Ésta era la comida que la gente de Puerto Rico quería comer, a un precio que pudieran costear: sólo un par de dólares por una comida sustanciosa y deliciosa. De hecho, estaba tan rica, que cualquiera en Washington o Nueva York pagaría dos o tres veces su precio con tal de comerla.

El restaurante, llamado Maelo's Chicken Fever, acababa de volver a abrir y parecía ir muy bien. Le pregunté a los clientes formados si sabían de gente que estuviera en dificultades cerca y varios me indicaron el pueblo de San Lorenzo. El puente se había caído con las inundaciones que siguieron a María y estaban aislados del resto de Morovis. El viejo cruce de río era un vado y si la corriente no era demasiado fuerte, se podía cruzar en auto.

—Esto es bueno. Están regresando a la vieja forma de vida de los puertorriqueños —les dije a mis amigos de HSI mientras comíamos un par de platos del delicioso pollo—. Pero hay comunidades que están aisladas y necesitamos mantener el estado de urgencia para seguir trayendo comida y agua. El problema alimentario todavía está vigente.

Nuestra misión era encontrar a estas personas y ayudarlas. Aguadilla era sólo una más de nuestras cocinas satelitales donde yo iba personalmente a revisar la calidad de sus preparaciones. Este viaje a San Lorenzo parecía mucho más importante. Manejamos otros diez minutos hasta el río, donde el puente inmenso de concreto había colapsado. Una parte estaba debajo de nosotros, de un lado del río. La otra parte estaba en la otra orilla del río. La sección media no se veía.

Abajo, el vado era claramente visible, pero corría junto a una caída pronunciada en el fondo del río y la corriente parecía demasiado fuerte y turbulenta para nuestro Jeep. Un par de personas lo cruzaban a pie por el borde del vado, pero cuando llegaron a la mitad del río, cayeron a una profundidad hasta las rodillas, pues el terreno estaba disparejo. Se veía como un camino complicado, con la caída del río tan cerca, la corriente tan fuerte y el fondo con tanto moho resbaloso. Un movimiento en falso y te caerías de boca en el agua. Más adelante había un cable colgado de un lado del río hacia el otro, pero no parecía ofrecer mucho apoyo. Estaba muy lejos de donde caminaban las personas, sobre una parte del río donde la corriente parecía todavía más fuerte.

Saludamos a algunas de las personas que cruzaban el río a pie y nos dijeron que había alrededor de mil personas en San Lorenzo. Los encontramos en medio del río, les dimos las pocas cajas de sándwiches que nos quedaban y ellos las llevaron hacia el otro lado. Decidí regresar con comida preparada para todo el pueblo. Por ahora, podíamos ir hasta nuestra cocina en Manatí, donde no nos esperaban, o podíamos volver al restaurante de pollo rostizado y apoyar a la economía local. No fue una decisión difícil.

Alex, mi escolta de Seguridad Nacional, me ayudó a cargar los sándwiches hasta la mitad del río para entregárselos a las personas que iban a San Lorenzo.

—Tengo cuarenta y seis años y esto es lo más loco que he hecho en mi vida —dijo.

Alex era un funcionario de deportación, pero uno inusual. Nacido en Argentina y criado en Colombia, ahora vivía en Phoenix, Arizona, donde trabajaba en apoyo de la gente que pasaba por alguna clase de trauma.

—Tenemos estas habilidades policiales para ayudar a las personas en general. Sólo tienes que abrir la ventanilla un poco más —explicó—. Muchos de nosotros también somos inmigrantes, sabes.

—Nunca pensé que fuera a ayudar a la gente trabajando con el Servicio de Inmigración y Control de Aduanas —bromeé. De hecho, tenía personal en el continente que me preguntaba por qué yo, un defensor de los inmigrantes y la reforma migratoria, trabajaba tan de cerca con la gente detrás de las deportaciones de Trump. Pero las fotos en Twitter sólo contaban la mitad de la historia. Sólo podía decir que, aun cuando el Servicio de Inmigración separaba familias, había buenas personas ahí que sí ayudaban.

Mientras íbamos de vuelta a Maelo's, me arrepentí de no haber cruzado todo el río. Quería ver San Lorenzo por mí mismo y preguntarle a la gente cómo estaba. Entonces, por suerte, tuve mi oportunidad: en el camino, cerca de unas excavadoras que quitaban árboles caídos a causa del huracán, había un convoy de tres Humvees del ejército.

Salté de nuestro Jeep para hablar con el grupo que se encontraba al interior de estos vehículos, una combinación pequeña e inusual de policía militar e ingenieros de la fuerza aérea. Estaban en la misma base y un día, por aburrimiento, decidieron ver qué podían hacer juntos. Los ingenieros eran especialistas en sistemas de agua y los policías sabían que había plantas descompuestas de tratamiento de aguas. Ahora estaban a punto de reparar la planta de tratamiento local para que volviera a funcionar. Les pregunté si nos podían ayudar a cruzar el río en sus Humvees y estuvieron de acuerdo, una vez que terminaran sus reparaciones algunas horas después.

—Si tan sólo dejáramos que la gente en el campo hiciera lo que necesita hacer, como tú y yo y todos estos hombres y mujeres, las cosas operarían mucho más fácil y más rápidamente —les dije—. Si tuviéramos que coordinarnos con las oficinas centrales, tomaría tres días.

Nos dieron su teléfono y regresamos a Maelo's por nuestro pollo. Mucho pollo: 500 porciones, de hecho. El restaurante estaba encantado de conseguir una orden por 120 pollos. Dos personas empezaron a desempacar más pollos junto a la choza, mientras una tercera insertaba los pollos en largos asadores de metal, ocho pollos en cada vara de seis pies.

—Esto es lo que todos deberían hacer —dijo Alex, el funcionario de deportación—. Cualquiera en una posición de influencia debería hacer cosas como ésta y asegurándose de que las cosas sucedan.

Reparé en un grupo de cinco mujeres que bebían cerveza en una de las mesas y les pregunté de dónde eran. Por azares del destino, resultó que eran las cocineras de la escuela y acababan de terminar de trabajar. Habían cocinado no sólo para sus estudiantes, sino 700 comidas más para su comunidad. Era otra señal de que el plan de alimentación escolar funcionaba.

Junto con la reapertura de Maelo's, parecía que la recuperación alimentaria de Puerto Rico se desarrollaba rápidamente en otras zonas también. Ya no era la crisis de hacía un mes y tendríamos que adaptarnos de la misma manera. Quizá podíamos dirigir el dinero de FEMA hacia los restaurantes locales para ayudar a llegar a las áreas más necesitadas. Podíamos coordinarnos con los alcaldes y los restaurantes locales para alimentar a la isla y revivir la economía local al mismo tiempo. Pero primero teníamos que averiguar en qué condiciones se encontraban esas zonas necesitadas.

Cargamos la parte trasera del Jeep con charola tras charola del delicioso pollo rostizado, junto con pilas de arroz y frijoles. El aire adentro estaba cargado con el aroma de este delicioso pollo y fue muy difícil no comerlo mientras íbamos de vuelta al río. No creo que haya habido un camión de Seguridad Nacional que oliera tan bien. El costo total de estas 500 comidas de pollo fue de 1.130 dólares, lo que salía en aproximadamente 2,26 dólares por persona. Era un modelo excelente de cómo podíamos continuar si FEMA se abriera hacia una nueva forma de pensar sobre expandir nuestro alcance por toda la isla.

Ésa fue la buena noticia. La mala noticia fue que no pudimos localizar a los Humvees del ejército. El teléfono satelital no funcionó o el equipo no contestó la llamada. Fuimos hasta la planta de tratamiento de aguas, pero no había señal de ellos. No teníamos opción: llevaríamos el pollo del otro lado del río nosotros mismos. Sólo que esta vez yo estaba decidido a cruzar.

Empezamos a desplazarnos hacia la mitad del río. Para empezar, el fondo estaba resbaloso, pero sólido, y el agua corría rápido, pero baja. Conforme llegamos a la mitad, el terreno empezó a ser pedregoso: el vado de concreto se había roto y era difícil conservar el equilibrio. El agua de pronto se volvió más profunda y turbulenta, y luchamos por no caer de cara contra el río. Algunos de los lugareños nos encontraron a la mitad y parecía que podían cruzar con más facilidad que nosotros. Quizás era la práctica de las últimas semanas.

En mi tercer cruce, mientras cargaba una charola de arroz caliente, me tropecé con una piedra y me caí con fuerza. Por instinto sostuve el arroz encima de mi cabeza. Nada impediría que llegara la comida, incluso si eso significaba que mi rodilla recibiera todo el golpe. Estaba empapado y mi rodilla se sentía como si algo estuviera roto, pero el arroz seguía caliente y era comestible. Mis teléfonos satelitales no sobrevivieron la caída tan bien como la comida.

Continuamos hasta que todas las charolas de pollo y de arroz estuvieron del otro lado del río, donde algunos lugareños nos encontraron con sus camiones para llevarnos hasta el centro del pueblo.

—Somos una isla dentro de la isla —me dijo uno de ellos—. Estamos rodeados de agua.

Había pocas señales de orden en San Lorenzo. Las casas que se habían caído con el huracán simplemente seguían ahí. No había señal de una economía funcional y los lugareños estaban contentos de vernos. Uno de los hombres mayores me dijo que ya había distribuido nuestra primera entrega de comida, primero a los ancianos y luego a los enfermos. Sólo esta ronda final sería para los jóvenes sanos. La gente en el continente piensa que los puertorriqueños —sobre todo quienes viven en las zonas pobres y rurales de la isla— son corruptos o criminales. Pero estas personas de San Lorenzo ponían primero a su comunidad; cuidaban de los más débiles antes de cuidarse a sí mismos.

—Ya tenemos comida —dijo uno de los hombres—. Tenemos provisiones. Lo que necesitamos son generadores para mantener frío el hielo. ¿Nos puede conseguir uno?

En ese momento supe que habíamos llegado a algo mucho más importante que el otro lado de un río traicionero. Habíamos llegado al punto donde la isla empezaba a levantarse por su cuenta, al menos en términos de comida y agua. La vida estaba lejos de ser normal, pero si San Lorenzo —supuestamente el poblado más afectado de la zona— estaba bien en cuanto a comida, podíamos empezar a disminuir nuestra asistencia alimentaria. Podíamos mantener algunas cocinas abiertas para concentrarnos en los lugares que necesitaran más ayuda, pero no necesitábamos que todas funcionaran a su máxima capacidad durante mucho más tiempo. Si seguíamos siendo demasiado grandes por mucho tiempo, iríamos en contra de todos esos restaurantes como Maelo's, justo cuando intentaban recuperar su negocio. Pero si cerrábamos demasiado pronto, descuidaríamos a la gente que todavía vivía en condiciones terribles, quienes aún necesitaban asistencia alimentaria en una economía que luchaba por recuperarse sin electricidad y sin agua.

De vuelta al río nos encontramos otra vez con los Humvees del ejército. Habían llegado antes que nosotros y se fueron a otra misión de reparación, luego de regresar para ver si podían rastrearnos. Nos encantó poder cruzar el río de regreso en sus Humvees. Pasaron por encima de los hoyos y cruzamos brincando en menos de un minuto.

Al día siguiente llegamos a nuestro mejor récord de comidas producidas: 145.637 en un solo día, desde dieciséis cocinas, para sumar un total de más de 1,5 millones de comidas desde el comienzo de nuestra operación. Al mirar hacia atrás, al inicio, menos de un mes antes, esto era un logro sorprendente. Pero ya era tiempo de pensar en cómo podíamos reducir la operación.

ANTES DE TOMAR UNA DECISIÓN DEFINITIVA QUERÍA VISITAR las partes más remotas de nuestra operación: las islas lejos de la principal. Tomé otro avión flotador desde San Juan en un corto vuelo hasta la pequeña isla de Culebra, que en realidad está más cerca de Saint Thomas que de la isla principal de Puerto Rico. Parece un paraíso turístico del Caribe, con playas de arena blanca y palmeras, y con una pequeña pista de aterrizaje entre colinas. Si no fuera por el hecho de que la armada de Estados Unidos la usó para prácticas de bombardeo hasta 1975, Culebra podría haber sido famosa. En cambio, esta isla de siete millas de ancho pasaba desapercibida incluso en Puerto Rico.

Un par de empleados limpiaban y dirigían el mostrador de renta de autos en la terminal del minúsculo aeropuerto. Lo que me dijeron fue toda una sorpresa: la isla se había recuperado más que la isla principal y *preferían* seguir pasando desapercibidos. Tenían electricidad para su jornada laboral, de 6:00 a.m. a 6:00 p.m., aunque claramente no había turistas que cuidar. Había más Jeeps para rentar de los que había visto en el aeropuerto de San Juan, así que pagué uno y me fui al pueblo.

Encontré fácilmente el edificio de gobierno: había una docena de voluntarios afuera, quienes entregaban provisiones a un puñado de gente que se detenía para recogerlas. Había pallets de agua embotellada y cajas y cajas de CLC. Algunas de las comidas militares venían de Carolina del Sur y otras de Ohio. Había cajas de galletas saladas y carne enlatada de Georgia. Un mes después de María, la gente todavía repartía esta versión plástica de comida fabricada. No era sorpresa que casi nadie las quisiera.

Nuestras comidas calientes llegaron en barco hasta el pequeño muelle frente a la oficina de gobierno. Tan pronto como llegaron las charolas de arroz con pollo a la orilla, uno de los voluntarios gritó: "¡No más raciones! ¡Ahora tenemos comida de verdad!". A bordo estaban mis propios voluntarios de Dame Un Bite, una versión puertorriqueña de Seamless o de GrubHub. Los jóvenes voluntarios de playera roja eran incansables al entregar comida, subir escaleras de edificios sin electricidad ni elevadores funcionales. Dirigían el mostrador principal de El Choli, a donde llegaban las órdenes, y aquí estaban de nuevo, en este rincón alejado de Puerto Rico. El simple hecho de ver sus playeras me llenaba de esperanza. Nos ayudaron a servir sándwiches y platos de arroz con pollo a los isleños, mientras alguien ponía "Despacito" en un altavoz portátil.

Regresamos al aeropuerto y volamos a Vieques, donde quería ver cómo había progresado la vida en las últimas dos semanas. Fuimos al sur, al restaurante Bili en la playa, donde cocinamos nuestra comida para la isla y revisamos sus provisiones. Pero lo que me llamó la atención fue el restaurante de al lado, llamado Bananas, el cual su dueña, Kelly Soukup, iba a reabrir ese día.

—Estamos perdiendo dinero, pero tenemos que abrir para el personal y todos los demás —me dijo—. Estamos aquí para quien venga. Es lo que es. No puedes quedarte en tu casa sin electricidad todo el tiempo, ¿cierto? Esperamos que venga gente.

Me encantó su espíritu y lo que decía sobre la recuperación de los restaurantes en Puerto Rico. Le di un poco de efectivo para ayudarla porque ambos sabíamos que no había turistas para levantar su negocio. Todavía no.

—Compra lo que necesites —dije.

—¿Estás seguro? —dijo—. Porque quiero llorar. Nadie ha hecho eso por mí. Por lo general damos, damos y damos.

Volvimos a Isabel Segunda para explorar la economía alimentaria del pueblo principal. Había más señales de vida en medio de todas sus dificultades. Noté una pequeña pizzería abierta, llamada Mama Mia, así que entré. El lugar estaba medio lleno y sus clientes llenaban por completo el lugar con sus conversaciones. Salía comida de la cocina aun cuando no tenían agua. No eran exactamente las condiciones más sanitarias para cocinar, pero con pizza puedes improvisar más fácilmente que con otra clase de comida.

Todos estos pequeños pasos me enviaban otra clara señal: era momento de reducir nuestras operaciones. Nuestro contrato con FEMA, firmado sólo unos cuantos días atrás, duraría algunos días más. No había ningún indicio de un tercer contrato. Faltaba sólo un par de días para que dejáramos la arena y la empresa que manejaba el espacio pedía constantemente más dinero, con poco aviso, pues intentaba reponerse del colapso de su negocio habitual. Yo no quería cerrarlo completamente; Puerto Rico por supuesto no estaba listo para eso. Sin los fondos constantes de FEMA, de todas maneras necesitábamos encontrar dónde estaban las comunidades más necesitadas.

Conforme nos preparábamos para dejar El Choli, alcanzamos unas cifras récord que demostraban de lo que éramos capaces e indicaban lo que pudimos haber hecho de haber tenido una sociedad real con FEMA y las organizaciones sin fines de lucro más grandes: produjimos más de 146.000 comidas al día durante nuestros últimos dos días en la arena, rebasando el umbral de las 2 millones de comidas el día en que nos fuimos. Fue una actuación heroica: en un solo día sobrepasamos toda la preparación de comida y sándwiches de nuestros primeros diez días de asistencia alimentaria. La única decepción vino de FEMA. Ese mismo día nos enviaron un correo electrónico para cesar toda la producción una vez que completáramos el contrato. “Nuestra unidad de atención masiva ya no la necesita y ha decido cancelar los servicios de producción/distribución de comida”, escribieron.

FEMA seguía completamente ignorante de las necesidades en la isla o habían contratado a otro productor masivo de comidas y sándwiches. Lo más probable es que la explicación fuera un poco de ambas. En cualquier caso, ya no querían trabajar con nosotros.

Nuestros 2 millones de comidas se comparaban muy bien con el gran total de CLC que había distribuido el ejército de Estados Unidos: 9 millones de paquetes de plástico de algo que alguna vez fue comida.[3] Considerando todas las provisiones de CLC del ejército, incluyendo otros 3 millones que enviaron a FEMA, representaba sólo dos días de lo que FEMA pensó que la isla necesitaba comer. Si eres todavía más generoso e incluyes "las comidas no perecederas", mejor conocidas como latas, el ejército de Estados Unidos —con su gran presupuesto y sus grandes capacidades de transporte— repartió a la isla alrededor de catorce días de comida. Sospecho que la mayoría de esas CLC nunca se entregaron, sino que las guardaban en almacenes gigantes. En algún lugar de la isla hay un arsenal masivo, como al final de la película *Los cazadores del arca perdida*.

En nuestro último día en El Choli me fui con mi equipo de los camiones de comida, los abracé y les di las gracias. Reuní a mis cocineros en las paelleras para cantar una última canción:

> *Voy subiendo, voy bajando.*
> *Voy subiendo, voy bajando.*
> *Tú vives como yo vivo, yo vivo cocinando.*
> *Tú vives como yo vivo, yo vivo cocinando.*

Nuestras nuevas oficinas centrales estaban cerca del aeropuerto de San Juan, en el Vivo Beach Club: un *resort* a la orilla del mar que iba a estar cerrado durante varios meses. Pero mientras renovaban sus habitaciones y el paisaje, su inmensa cocina estaba en muy buenas condiciones. Establecimos una nueva línea de sándwiches en una de las salas de conferencias vacías, cuidando de no ensuciar la alfombra con mayonesa. Afuera, mis cocineros podían tomar sus descansos con vista al mar en el café vacío de la playa. No nos tomó mucho tiempo volver a preparar miles de comidas al día.

Seguimos teniendo mucho apoyo público. Lin-Manuel Miranda fue a ver nuestra cocina y a darnos las gracias. Ya había grabado una gran canción, "Almost Like Praying", para recaudar fondos para la asistencia después del huracán. La canción incluía los nombres mágicos en taino de varios municipios de la isla y la cantaban superestrellas latinas, como Jennifer López, Gloria Estefan y Luis Fonsi. Llamó a la canción "una carta de amor para Puerto Rico" y advertía que no permitieran que la fatiga de la compasión los hiciera ignorar el sufrimiento de la isla.

En sus entrevistas, Miranda reconoció el paralelismo histórico con su más grande éxito: Hamilton mismo pidió ayuda exterior después de que un huracán devastara la isla de Saint Croix en agosto de 1772, no lejos de Puerto Rico.[4] La visita de Lin-Manuel Miranda levantó el ánimo del equipo y éste describió nuestro trabajo como algo "realmente inspirador", lo que era en verdad inspirador para todos nosotros también. Mientras recaudaba fondos para nosotros con una campaña en Facebook, se unió alegremente a Erin, mi jefa de Operaciones, cuando ella cantó la primera canción de su musical *In The Heights*.

Su visita era el tipo de cosas a las que nos aferrábamos mientras otras personas no nos apoyaban tanto. Aun cuando nuestra relación formal con ellos ya había concluido con nuestro contrato, FEMA siguió cuartándome un poco y a nuestra operación de asistencia alimentaria. Era un pleito insignificante que decía mucho sobre su actitud y la toma de decisiones en medio de la mayor crisis humanitaria en la historia de Estados Unidos. Un reportero de BuzzFeed le preguntó a FEMA sobre el término de nuestra relación y Marty Bahamonde, quien me había ayudado por teléfono, descartó nuestro trabajo, presentando nuestra asistencia alimentaria como alguna clase de estrategia de mercadotecnia para mis restaurantes.

Me describió como "un hombre colorido que tiene mucha presencia en medios" y "un hombre de negocios que busca con qué promover sus negocios".

No mentiré. Este ataque me dolió porque mancillaba la reputación de todos los Chefs para Puerto Rico. La isla siempre estaba envuelta en rumores cínicos de corrupción y FEMA los removía intencionalmente. ¿Por qué recurrir a una caricatura tan falsa?

"Nos criticó mucho públicamente y nos decepcionó que tomara ese camino", le dijo Bahamonde a BuzzFeed. "Teníamos una buena relación laboral y le pagamos mucho dinero para hacer ese trabajo. No era un voluntariado, así que nos decepcionan algunos de sus comentarios públicos".[5]

Pero esta explicación también era falsa. FEMA no me pagó mucho dinero para trabajar. Pagaron mucho dinero a una organización sin fines de lucro, World Central Kitchen, para reembolsarnos por los gastos masivos de producir millones de comidas para los puertorriqueños. No me pagaron un centavo por mi trabajo y mis negocios nunca se vieron compensados por mi tiempo o por el trabajo de ninguno de mis chefs ni de los ejecutivos que ayudaron en Puerto Rico.

Entonces, ¿qué los había alborotado después de terminar su trato con nosotros? ¿Y acaso esos sentimientos fueron la causa de la ruptura en primer lugar?

Los comentarios de BuzzFeed eran la venganza por un artículo en la revista *Time* de un mes antes, en el clímax de nuestra discusión sobre el segundo contrato, cuando FEMA dijo que no habría más trabajo y que deberíamos cerrar antes.

"La gente tiene hambre hoy. FEMA debería estar en el negocio de cuidar a los estadounidenses en este momento", le dije a *Time*. "El gobierno de Estados Unidos ha fracasado".[6]

Incluso después de un tiempo, sostengo lo que dije entonces. No había un sentido real de urgencia en FEMA o dentro de la administración de Trump. No lograron proveer el cuidado adecuado para los ciudadanos estadounidenses que luchaban sin comida ni agua. Le expliqué a *Time* que mi primer contrato con FEMA —por sólo 20.000 comidas al día durante una semana— no estaba ni remotamente cerca de lo que la isla necesitaba ni de lo que necesitábamos para cubrir nuestros gastos. "FEMA me utilizó como una marioneta para mostrar que realmente estaban haciendo algo", le dije a la revista.

Tal vez debí haber sido más diplomático en mis comentarios en público, pero la situación era urgente y mi presión pública parecía ser la única cosa que lograba romper con la burocracia gubernamental y el aburrimiento de los medios. ¿Quién más iba a hablar a favor de los ciudadanos estadounidenses en Puerto Rico, y de qué otra manera iban a lograr comer algo más que no fueran CLC de plástico durante semanas?

FEMA admitió con BuzzFeed que la burocracia estaba en el centro del problema. "La agencia reconoció que sólo esta organización, World Central Kitchen, era capaz de ofrecer comidas calientes en la isla, pero dijo que FEMA sólo podía ofrecerle a Andrés contratos de emergencia a corto plazo cada dos semanas, no los contratos a largo plazo que él quería porque tendría que pasar por un proceso de licitación debido a las leyes federales de contratación pública", escribió BuzzFeed, citando a un funcionario diciendo que "era una frustración suya lo que veía como un estorbo burocrático".

En eso podemos estar de acuerdo. También estaba frustrado con la burocracia que implicaba que no pudiera haber contratos de varias semanas mientras se realizaba el proceso de licitación. Una emergencia es una emergencia y una larga negociación de contratos no ayuda en nada a la gente que necesita agua y comida. Pero estuve feliz con mis contratos de dos semanas y estuve todavía más feliz de competir con cualquiera en el precio. Yo sólo quería alimentar a más gente.

Además, como descubrimos después, FEMA intentaba hacer contratos inmensos con personas sin experiencia, sin capacidad para entregar las comidas y con un registro de fracasos. Sus argumentos, como los comentarios a BuzzFeed, parecían más por orgullo y políticas internas que por cualquier otra cosa.

Para ese momento, FEMA misma había entrado a la industria de los sándwiches, al comprar y distribuir hasta 100.000 sándwiches diarios gracias a nuestros amigos, el servicio de banquetes para las aerolíneas. Les dijeron a nuestros amigos de Seguridad Nacional que dejaran de apoyarnos, algo que ignoraron, según los propios agentes de HSI, quienes me lo dijeron personalmente. Ellos habían logrado aumentar la velocidad justo en el momento en que todos necesitaban bajarla, porque la isla ya se recuperaba lo suficiente por su cuenta. Para cuando lograron copiar una parte de nuestra operación de asistencia alimentaria, ya era demasiado tarde para inundar a Puerto Rico con comida gratis. En cambio, era tiempo de ser listos, hábiles y precisos, cualidades que FEMA todavía luchaba por conseguir.

Una semana después, a mediados de noviembre, la operación de sándwiches terminó abruptamente. No hubo transición ni aviso.

NUESTRAS COCINAS SATELITALES Y NUESTROS CAMIONES DE comida aún servían en las áreas más remotas, así como en los asilos, donde existía una gran necesidad de comida. Todavía preparábamos varios miles de sándwiches al día, mientras producíamos alrededor de 30.000 comidas diarias.

Llevé provisiones a las montañas de Utuado, donde el chef Jeremy Hansen, de Spokane, Washington, había estado cocinando en una cocina escolar durante dos semanas. Dejó sus restaurantes —Santé e Inland Pacific— porque veía la crisis y quería ayudar. "Al estar en casa y ver lo que pasaba, no sentí que hubiera una respuesta suficiente ahí", dijo. "Me sentí obligado realmente a resolverlo y hacer lo que estuviera en nuestras manos. Éstas son las cosas que he querido hacer toda mi vida. Es una gran parte de por qué amo cocinar. Te cambia la vida de muchas formas. Mira a la gente; son maravillosos".

Hansen producía unos cuantos cientos de comidas al día hasta que lo entrevistaron en la radio local sobre su cocina comunitaria. Al día siguiente sirvió 4.480 comidas mientras la gente se formaba afuera. También iba a las montañas, donde era difícil que la gente llegara a un lugar como su cocina, sobre todo si eran pobres y viejos.

Pero, ¿qué pasaba con sus restaurantes en casa? ¿Cómo iban? "Estarán bien", dijo. "Estoy en contacto con mis amigos. Es algo rutinario. Están haciendo su labor. Lo realmente increíble es que casi no me importa. Ojalá pudiera hacer algo como esto para siempre. Es mejor que cualquier cosa".

Hansen era como mis otros chefs asociados: estaba inspirado para volverlo a hacer en la siguiente crisis. En ese sentido, Puerto Rico fue el principio de todo un nuevo movimiento que podría cambiar la asistencia alimentaria para los años venideros. "He trabajado durante veinticinco años e intentado hacer de todo para obtener una estrella Michelin", dijo. "Pero esto es más significativo que nada. Me encantaría poder seguir haciendo cosas como ésta".

Fui desde Utuado a un pueblo todavía más remoto donde Erin había escuchado que alguien necesitaba provisiones médicas vitales. Me pareció difícil ignorar estas peticiones, especialmente porque podía aprender mucho sobre la situación real del interior. Una mujer de cuarenta y ocho años, Lilia Rivera, padecía de un asma severa y ya no tenía inhaladores Advair. Algunos años antes había sufrido un derrame químico en el trabajo, se había quemado los pulmones y ahora no podía respirar cómodamente sin ayuda médica. El pueblo de Lilia, Río Abajo, estaba completamente alejado del resto de la zona montañosa. El puente alto de concreto que surcaba el barranco hacia el camino principal se había caído con las inmensas inundaciones que arrasaron con las montañas tres días después de que María tocara tierra.

En el continente puedes comprar Advair en tu farmacia local y conectarlo de inmediato a tu respirador. Pero el huracán no sólo había dejado a Lilia sin provisiones de su medicina; su respirador necesitaba electricidad y la obtenía de su auto, donde el humo del escape empeoraba su asma. La guardia costera la había ayudado antes con baterías nuevas para auto, pero ahora ya no tenía Advair. Para llegar a ella teníamos que estacionarnos en el camino principal, bajar hasta la orilla lodosa del río y cruzar hacia el otro lado donde habían improvisado una escalera amarrada a los pilares rotos de concreto que sostenían lo que quedaba del puente de cuarenta pies de altura. Parecía como si los restos del puente pudieran colapsar en cualquier momento.

Del otro lado pedimos ayuda para llegar a la casa de Lilia, más allá de la montaña, donde le di tanto la medicina que necesitaba desesperadamente como unas lámparas solares, incluyendo una que también podía utilizar para cargar su teléfono. Sus ojos brillaron con sorpresa. Parecía frágil: su respiración era pesada y se recargaba en un bastón. Pero la mirada de asombro y felicidad en su rostro fue inolvidable. "Gracias por toda la alegría que nos has dado y por todas las bocas que has llenado", dijo.

Empezó a llover con fuerza, así que nos fuimos de regreso hacia el puente. No sabíamos si una inundación repentina empezaría a caer por el barranco, eliminando lo poco que quedaba de nuestro camino a casa. Conforme crecían y crecían las gotas de lluvia, corrimos hacia el otro lado y nos subimos al auto para volver a San Juan.

La noche se cerró, cubriendo cada casa con su manto oscuro. Junto al costado del barranco noté un bar abierto en la oscuridad, con algunas personas que bebían latas de cerveza. Nos detuvimos para hablar y les di el resto de mis lámparas solares para iluminar su noche. Compartimos una cerveza y escuché sus historias sobre la vida en la oscuridad, sin dinero, sin agua limpia y sin comida. Esperaban que la electricidad volviera pronto; habían escuchado que así sería, en poco tiempo. Pero estaban felices de haber sobrevivido: el río se había llevado casas que estaban ocho pies por encima del puente colapsado, así que esa noche bebían por ser los afortunados que habían sobrevivido.

Esa lata de cerveza sabía como nada en el mundo. Sabía como algo que no podías encontrar en San Juan o en el continente. Era la sensación de estar vivo.

ESTÁBAMOS AHÍ PARA AYUDAR A ALIMENTAR A LA GENTE. PERO mientras la recuperación se daba lentamente, cada vez veíamos más necesidades médicas urgentes simplemente porque viajábamos por toda la isla y nos comunicábamos ampliamente por nuestro trabajo. Alrededor del mismo tiempo en que ayudamos a Lilia, conocí al doctor Juan del Río Martín, un cirujano de trasplantes español en el hospital Auxilio Mutuo, en San Juan. Los españoles construyeron el hospital hacía más de un siglo y aún lo dirigían, algo que mostraban orgullosamente con banderas y emblemas en los edificios más viejos como evidencia de su herencia hispánica. Uno de estos es hogar del centro de trasplantes, donde mi amigo es director y trabaja con su equipo para salvar la vida de pacientes con cáncer avanzado. Como otros hospitales, el Auxilio Mutuo sufrió graves daños con María, se inundó mucho y carecía de electricidad. Ahora, un mes después del huracán, lidiaba con una segunda oleada de emergencias: una severa carencia de inmunosupresores para evitar que el sistema inmunológico de los pacientes rechace los trasplantes.

Esto estaba tan lejos de mi campo de experiencia, que no sabía por dónde empezar. ¿Qué tan difícil era la situación en la isla si los médicos no tenían estos medicamentos? Sólo pude pensar en mandar correos electrónicos a personas con buenas conexiones, así que le escribí al doctor Jim Yong Kim, presidente del Banco Mundial en Washington. Jim cofundó Partners in Health en Haití, un servicio médico a bajo costo para la comunidad internacional. Como antiguo catedrático de la Escuela de Medicina de Harvard, después dirigió programas de VIH/SIDA para la Organización Mundial de la Salud. Si alguien sabría cómo resolver este problema, era él. Amablemente se hizo cargo, poniéndome en contacto con el personal en jefe del Hospital Infantil de Boston.

El hospital estaba comprometido con ayudar a Puerto Rico, para lo cual enviaba múltiples cargamentos de medicinas a la isla en sociedad con varios otros grupos. Para su primer cargamento reunieron 4.000 libras de medicamentos y provisiones. Me dijeron que creían estar bien conectados con las necesidades médicas de la isla, pero no tenían idea de esta carencia tan crítica en el centro de trasplantes. El doctor Del Río y su equipo ya casi no tenían unidades de epinefrina o adrenalina, esencial para sus cirugías. Pero la lista completa era de hasta diez medicamentos que necesitaban con urgencia. La situación era mucho peor de lo normal, me dijo el cirujano, porque el huracán había dejado a muchos pacientes sin tratamiento durante más tiempo del usual. Los pacientes llegaban con tumores enormes porque estaban tan ocupados lidiando con lo más básico de la supervivencia, que habían retrasado su cuidado médico.

El primer cargamento de los medicamentos esenciales para trasplantes llegó con la ayuda de Direct Relief, una organización internacional médica sin fines de lucro, sólo una semana después de que le escribiera a Jim y a Paul. Otro, liderado por Jeffrey Akman, decano del hospital de la Universidad George Washington, en D.C., llegó una semana más tarde.

Cuando ves un desastre humanitario, siempre puedes ayudar, incluso si es algo de lo que no sabes nada. La fiera urgencia del momento implica que actúes hoy, no mañana.

INCREÍBLEMENTE, CASI DOS MESES DESPUÉS DE MARÍA, AÚN había partes de la isla que se veían exactamente como si el huracán hubiera pasado por encima de ellas ayer. En el pequeño aeropuerto de Humacao, en la costa este de la isla, era imposible transitar por el camino de acceso. Todavía estaba bloqueado por postes y cables de luz y de teléfono. Incluso, era difícil *caminar* por ahí. Sólo te quedaba esperar que no hubiera vuelto la electricidad en ciertas zonas. Un pequeño hangar en el costado de la pista de aterrizaje era testigo de la fuerza de la naturaleza: los aviones estaban casualmente estrellados contra el edificio y un helicóptero estaba destruido por completo; casi no podías reconocer su armazón. Unos cuantos minutos más adelante en el camino vimos autos formados a lo largo de varias cuadras afuera de un supermercado local. Aguardaban una entrega de agua y comida, así que la vida cotidiana cesaba mientras la gente esperaba su oportunidad para comprar los artículos más esenciales para la vida.

En Punta Santiago, donde María tocó tierra primero, el área parecía una zona de demolición. Las gasolineras estaban en el suelo y las casas abandonadas. Un residente mayor, don Alfonso, vivía en algo que estaba derruido y a la vez se mantenía en pie. Podías ver su cocina desde la calle porque toda la fachada de su casa había desaparecido, junto con casi todo el techo. Todo lo que quedaba era su recámara, pero el plástico que le servía de techo goteaba. Después de varias semanas de prácticamente vivir a la intemperie, en lo que quedaba de su hogar, todavía no se veía por ningún lado una lona de FEMA. Prometimos comprarle una nosotros para ayudarlo a mantenerse seco.

Iniciamos las entregas en este vecindario tan pronto como vimos las fotos en redes sociales de un letrero que la gente del pueblo pintó en el camino, al final de la calle de don Alfonso: *SOS ¡Necesitamos agua/comida!* Imagínate lo desesperado que debes estar para pintar ese mensaje en el camino con la esperanza de que un helicóptero o un avión lo vea y venga a tu rescate. Nosotros tuvimos un camión de comida haciendo entregas aquí sólo tres horas después de ver su llamado de auxilio. Pronto empezamos a entregar comida caliente en un centro comunitario cercano, pero venir aquí siempre me hacía sentir estúpido. ¿Cómo podíamos quejarnos de nuestros problemas cotidianos mientras estas personas sufrían tanto y sin quejarse?

Una cuadra después había un pequeño asilo de ancianos que fue testigo de lo peor de la tormenta. En cuestión de minutos, el agua llegó rápidamente a cuatro pies de alto, amenazando las vidas de cinco pacientes dentro. Un vecino rompió una ventana, ató el extremo de una cuerda a una columna de concreto en su casa y amarró a cada paciente con el otro extremo, para evitar que se los llevara la corriente. Sacó a los pacientes a una escalera para que subieran a su balcón en el segundo piso.

Varias semanas después de su escape, estos frágiles estadounidenses todavía dormían en colchones empapados con agua de mar. Sus camas estaban rotas y les empezaba a crecer un moho oscuro, al igual que en el interior de muchas casas. La directora del asilo, Violeta Guerrera, no tenía dinero para remplazar las camas, así que prometí comprárselas yo mismo.

Esto era Estados Unidos y la gente no quería nuestra compasión, querían nuestro respeto. La forma de mostrar ese respeto es proveerles las cosas que necesitan cuando las necesitan.

EMPEZAMOS A ENCONTRAR MANERAS DE REDUCIR NUESTRA producción todavía más. Sólo faltaban un par de semanas para el Día de Acción de Gracias y queríamos darles a nuestros compatriotas un último empujón. ¿Qué mejor manera de decirles que eran importantes para Estados Unidos que con un plato de pavo? También queríamos agradecer a todos nuestros voluntarios y socios con una gran cena de Acción de Gracias. Poco después bajaríamos nuestras cifras en algunos lugares.

Visité a Eva Bolívar en Vieques, la dueña del restaurante Bili, y estuvimos de acuerdo en reducir nuestras comidas diarias a 500 hacia finales de mes. Todavía necesitaba ayuda para completar su hipoteca de 6.000 dólares mensuales hacia finales del año y prometimos ayudarla a levantar su restaurante. Vieques seguiría luchando por su recuperación, pues las provisiones de gasolina pararon abruptamente y los isleños se vieron obligados a hacer fila durante horas para esperar el siguiente cargamento.

Otras cocinas seguirían abiertas más tiempo. En el *resort* del Hilton, en Ponce, al sur, el chef Ventura Vivoni producía miles de comidas en un rincón de la gran cocina del hotel para hacer entregas en las montañas, al norte de la ciudad. La gente no quería gastar su preciada gasolina, así que la comida tenía que viajar hacia ellos. Le prometí a Vivoni que lo apoyaríamos, incluso si reducíamos nuestra producción.

Al acercarse el Día de Acción de Gracias, nosotros nos acercábamos a un récord épico: 3 millones de comidas en los dos meses que habían transcurrido desde el huracán. Antes de preparar el pavo para mil voluntarios y sus familias, quería ver algunos de los rincones más afectados de la isla, así que regresé a Punta Santiago. El barrio casi no había cambiado. La gasolinera todavía estaba destruida y los postes de luz, hechos de concreto reforzado, seguían tirados en la banqueta, como lápices rotos. Afuera del asilo había una pila de colchones mohosos que olían como un escusado tapado. Pero adentro, los pacientes dormían finalmente en algo parecido a una cama.

Manejando de regreso a San Juan, el camino estaba bloqueado por un grupo afuera de una pequeña iglesia católica que no había visto antes. Había un nacimiento inflable en el techo, cerca del letrero sobre la puerta que decía Parroquia de Nuestra Señora del Carmen. Afuera había una banda preparándose para tocar en un escenario y una deliciosa parrillada gigantesca con brochetas de pollo y frituras de bacalaíto. Adentro, una bandera de Puerto Rico estaba colgada detrás del crucifijo gigante. Abajo, pegados a la pared, había letreros escritos a mano que contaban la historia de cómo había sobrevivido su comunidad. Paz. Perseverancia. Humanidad. Vida.

El pastor José Colón me dijo cómo el agua había subido hasta encima de las bancas, pero no se notaba con las paredes blancas recién pintadas. Detrás de la iglesia, abajo de lonas azules, guardaba pallets y cajas de comidas para distribuirlas a su comunidad. La comida venía de donaciones privadas; pidió ayuda al gobierno, pero no llegó nada.

Le conté lo que habíamos hecho para alimentar a la isla y me hizo una pregunta muy sencilla.

"¿Por qué viniste a Puerto Rico? ¿De dónde surgió la idea?".

Por primera vez me quedé sin palabras.

"No sé. No tenía un plan. Mi idea sólo era alimentar a la gente".

EPÍLOGO

TENÍAMOS CASI 3 MILLONES DE RAZONES PARA DAR GRACIAS. Tres millones de comidas para los puertorriqueños hambrientos, preparadas por tantos chefs —de la isla y del continente— y no menos de 20.000 voluntarios que trabajaron en un total de 24 cocinas y 7 camiones de comida. Queríamos agradecerles con una cena especial de Acción de Gracias —esa tradición típicamente estadounidense— para nuestros cocineros, socios y cuantos voluntarios pudiéramos acomodar en varias mesas largas dentro de una sala de conferencias del Vivo Beach Club.

Presenté a Eliomar Santana, de la iglesia en las montañas de Naguabo, y expliqué cómo había escuchado un rumor sobre un pastor que quería cocinar y que, si alguien me hubiera preguntado al respecto, yo por supuesto hubiera dicho que no. Ahora Eliomar había cocinado miles de comidas y nos había inspirado a todos. Él dio las gracias, particularmente por todos nosotros, y nos abrazamos.

Les advertí a todos que tuvieran cuidado.

—Bueno, yo ya me corté —dije—, así que por favor dejen que corte el pavo alguien que sepa cómo usar un cuchillo.

Les di las gracias a tantos chefs como pude nombrar y a todos los que no. Les agradecí a nuestros voluntarios y a nuestros proveedores de comida, especialmente a José Santiago. Y les di las gracias también a José Enrique y a su hermana, Karla, por haber iniciado todo esto.

—¿Saben qué sucedió? Necesitábamos un restaurante y ellos nos dieron el suyo —dije—. Necesitábamos un estacionamiento y ellos nos consiguieron uno. Y empezamos a cocinar sancocho, el mejor sancocho en la historia de la humanidad. Y empezamos a preparar sándwiches, los mejores sándwiches con mayonesa en la historia de la humanidad. Y luego en el estacionamiento empezamos a recibir camiones de comida. Y empezamos a recibir paelleras. ¡Paelleras! Un tipo loco llamado Manolo vino desde Miami porque quería cocinar arroz. Su equipo y él han preparado cientos de miles de comidas de arroz con pollo, día tras día. Chefs For Puerto Rico eran muchas personas, pero necesitábamos ángeles, y los que tuvimos fueron los camiones de comida. Llegaron a nosotros y no teníamos gasolina, pero intercambiamos comida por gasolina. Y eso era bueno, porque alimentábamos a la gente.

Sobre todo, quería agradecer a la gente de Puerto Rico: todas esas comunidades afectadas y desinteresadas, las cuales dijeron que había otros que necesitaban más nuestra ayuda.

—Cuando encuentras personas tan generosas, ahí es cuando realmente aprecias la belleza y el significado de la frase *We, the people* (Nosotros, el pueblo). No es *Yo, la persona*.

Ésa es la isla de Puerto Rico. Gracias, Puerto Rico. Gracias a los chefs por ser parte de esto y por alimentar a tanta gente. ¡Viva Puerto Rico! ¡Puerto Rico se levanta!

Terminamos de la única manera que sabíamos: cantando nuestro himno tan fuerte como podíamos:

Voy subiendo, voy bajando.
Voy subiendo, voy bajando.
Tú vives como yo vivo, yo vivo cocinando.
Tú vives como yo vivo, yo vivo cocinando.

¿Cómo es que unos cuantos chefs y voluntarios lograron tanto en tan poco tiempo? Porque no éramos sólo unos cuantos cocineros que sabían usar cuchillos y que tenían la habilidad de crear grandes sabores. Los restaurantes son negocios complicados y los grandes chefs necesitan ser grandes administradores, no sólo de gente, sino también de órdenes, provisiones e inventarios. Si no puedes administrar bien, no importa qué tan buen chef seas; tu restaurante fracasará. Resulta que esas habilidades son increíblemente útiles en una zona de desastre. David Thomas, chef ejecutivo de mis restaurantes Bazaar, era un ejemplo perfecto de la clase de genio logístico que necesitas para dirigir estas operaciones de asistencia. En su trabajo habitual supervisa cuatro restaurantes de 10 millones de dólares, donde se encarga de órdenes diarias de 10.000 o incluso 20.000 artículos. Aun así, Puerto Rico fue otra cosa. "El mero volumen de las cosas que cruzaban la puerta era una locura", dijo. "Y Puerto Rico no tiene los servicios de distribución alimentaria más confiables. La poca confiabilidad era un gran reto. Todos quieren decir: 'Sí, no hay problema, tendremos su orden', pero luego no llega, lo que implica que en algún punto habrá un hueco entero en la producción, y esto no puede suceder".

Los chefs comprenden cómo crear orden a partir del caos, de la misma manera en que saben controlar el fuego para cocinar grandes platillos. Hubo muchos momentos durante los primeros días en que no sabíamos qué hacer. La conversación era algo parecido a esto: *¿Qué carajos hacemos ahora? Bueno, simplemente, cocinemos. ¡Ése es un buen plan!* La revista *Harvard Business Review* sacó un artículo recientemente en el que hablaba sobre aceptar la complejidad, y citaba el gran ejemplo de un hormiguero.[1] Cada hormiga trabaja con información local y no tiene una idea amplia de lo que sucede. No tiene un plan y obviamente no hay liderazgo, sin embargo, juntas logran hazañas increíbles de organización e ingeniería. Lo que hicimos nosotros fue entregarnos a la complejidad a cada segundo. Sin planear, sin hacer reuniones, a base de improvisar todos los días. La vieja escuela quiere que planees, pero nosotros necesitábamos alimentar a la gente. Enviábamos camiones de comida para las personas que se desmayaban en las filas para conseguir comida porque habían pasado dos semanas después del huracán y no tenían ni siquiera CLC. Yo no llamé a un experto en pintura ni en historia del siglo IX; llamé a expertos en entregar comida a la gente en muy poco tiempo y con un presupuesto limitado: cocineros, cocinas y proveedores.

Si teníamos un plan, era unirnos para lograr tanto como fuera posible. Con El Choli fuimos el restaurante más grande del mundo. Punto. Y si juntamos todas las cocinas y los camiones de comida, fuimos la empresa restaurantera más grande construida en tan poco tiempo. ¿Cuántas empresas de restaurantes pasan de uno a dieciséis restaurantes en menos de dos semanas, sin fondos? Todos constantemente decían que necesitábamos tener un plan, pero nunca nos organizamos. ¿Cuántos días vas a pasar organizándote cuando la gente tiene hambre? La gente comía raíces. Ciudadanos estadounidenses comían raíces. No era un país lejano en otro continente. Era territorio de Estados Unidos. La pasión por ayudar a nuestros compatriotas era motivo suficiente para mantenernos unidos en contra de todas las probabilidades y la razón de que cocináramos para tantas personas.

EL HAMBRE Y LA SED SON DIFÍCILES DE VER, SOBRE TODO EN UNA situación de recuperación ante un desastre como el de Puerto Rico. Ni siquiera te das cuenta de cuáles son los problemas hasta que te adentras en las comunidades y hablas con la gente.

Les dábamos comida preparada y cocinada ese mismo día. Lo hacíamos localmente para revivir cierta actividad económica, para crear las condiciones propicias que le permitieran a la gente volver a sentirse bien. Y de paso, también restaurábamos su orgullo y creábamos las condiciones adecuadas para que regresaran la ley y el orden. La gente se comporta de forma extraña cuando tiene hambre: se meten en las tiendas para robar comida y se arriesgan a que los arresten o les disparen si no hay otra manera de alimentar a sus familias. Por eso mis amigos en HSI me dijeron que entregar nuestra comida facilitaba mucho su trabajo. Era mucho más fácil acercarse a alguien con un sándwich que con un arma, sin importar que igualmente portaras esa arma.

Los gobiernos y las organizaciones sin fines de lucro existen para servir al pueblo: ¿Cuál es el punto de la asistencia en desastres si no te importa la gente que necesita esa ayuda? No puede haber una prioridad mayor que la comida y el agua, aun cuando los funcionarios de FEMA me dijeran lo contrario. Por eso alguien necesita ser el responsable de la entrega de agua y comida en una crisis: un zar de la comida que pueda romper con la burocracia para salvar y reconstruir vidas. No podemos dejar esta tarea vital a los voluntarios mayores de la Convención de Bautistas del Sur.

Con la comida como prioridad debemos ir a cualquier zona de desastre con un plan de acción prefabricado. Sabemos dónde se dan los huracanes, tornados y terremotos. Sabemos dónde habrá cada vez más de ellos mientras el cambio climático avance frente a nuestros ojos. Y sabemos que los primeros días después de una catástrofe son críticos en términos de comida y agua. Podemos almacenar provisiones y alertar a los trabajadores de rescate para que estén pendientes antes de un desastre predecible, como un huracán. Podemos distribuir sistemas de comunicación de emergencia, como teléfonos satelitales, en caso de que se caiga la red de telefonía celular. Necesitamos equipos de emergencia listos para entrar en las zonas de desastre no más de veinticuatro horas después, así como tenemos equipos de búsqueda y rescate para sacar a personas entre los escombros de un terremoto. No empiezas a trabajar después de que sucede la emergencia.

No hay dos zonas iguales y nunca puedes planear para

absolutamente todo con anticipación, pero necesitas estar preparado para algunas cosas cuando la comida es una prioridad. Necesitas filtros para purificar el suministro de agua que puedas encontrar, en lugar de intentar enviar grandes cantidades de botellas de plástico. Necesitas generadores, especialmente para las arenas grandes. En la arena de San Juan, la mitad de la cocina no funcionaba. La gente dijo que era un negocio privado, pero en una emergencia le pertenecía a la gente de Puerto Rico. En emergencias, las ciudades deberían tener el poder de reclamar estas cocinas gigantescas temporalmente para servir a la gente. Deberían alimentar a mucha gente porque las cocinas son lo suficientemente grandes para hacerlo. Los departamentos de Educación deberían tener el poder y el presupuesto para expandir la producción de comida en las cocinas escolares, a fin de que puedan servir a sus comunidades. Francamente, estoy sorprendido de que estos planes no estén implementados todavía. Con esa clase de ideología, pudimos haber cuidado a la isla con la mitad de la gente en FEMA.

También podemos innovar en la entrega de comida. En lugar de comprar y tirar millones de platos y cubiertos desechables, podemos entregar platos y cubiertos reutilizables al principio de un desastre. Créeme, la gente los cuidará si sabe que ese plato y esos cubiertos de emergencia le garantizarán una comida caliente al día siguiente.

¿QUÉ ES LO QUE SALIÓ MAL CON LA ASISTENCIA EN DESASTRES EN PUERTO RICO?

La respuesta más simple es: casi todo. Cuando ves un fracaso tan épico, te das cuenta de que estos son problemas sistémicos. El sistema falló de principio a fin, en cada nivel del gobierno, desde las agencias federales hasta las instituciones de caridad sin fines de lucro. No es porque fueran malas personas con intenciones maliciosas. Lo dije desde el principio: había muchas buenas personas que intentaban hacer cosas buenas. Pero su forma de pensar y su organización estaban mal, y los resultados no fueron del todo buenos.

Éste no es sólo mi punto de vista, los pensamientos de un chef que no terminó la escuela secundaria. Refugees International hizo su propia evaluación de la asistencia en el desastre de Puerto Rico dos meses después del huracán, en lo que fue su primera misión dentro de Estados Unidos en sus treinta y ocho años de historia. A partir de su inmensa experiencia internacional quería comparar las mejores prácticas extranjeras con lo que pasaba en Estados Unidos. Las conclusiones, publicadas cuando nosotros empezábamos a disminuir nuestra producción, fueron impresionantemente negativas.

"En general, nuestro equipo se encontró con una respuesta mal implementada y poco coordinada por parte de las autoridades federales y puertorriqueñas, la cual prolongaba la emergencia humanitaria en tierra", dijeron. "Mientras que la comida y el agua embotellada ya están ampliamente disponibles, y los hospitales y las clínicas funcionan otra vez, miles de personas todavía no tienen un acceso sustentable a agua potable, electricidad y lugares secos y seguros dónde dormir".

El grupo recomendó un liderazgo y una coordinación más sólidos con los grupos comunitarios y los funcionarios locales, mucha mejor información y comunicación, determinar quiénes son las personas más vulnerables para proveer ayuda urgente y aplicar las mejores prácticas internacionales en desastres futuros.

"Desafortunadamente, la respuesta al desastre catastrófico en Puerto Rico no tuvo el liderazgo requerido de los altos mandos del gobierno de Estados Unidos para apoyar una respuesta más efectiva y pronta por parte de FEMA", concluyeron. "La respuesta aún está mal coordinada y carece de transparencia. Los sobrevivientes del desastre todavía enfrentan condiciones horrendas de vida y una falta de información sobre cuándo y si acaso se les brindará ayuda".[2]

No hay sustituto para el liderazgo principal, empezando por el de la Casa Blanca, con el presidente de Estados Unidos.

Pero los fracasos obvios de Trump no contaban toda la historia. Hay una clase de mentalidad generalizada que conlleva a estos fallos sistémicos. Después de todo, no es como si los funcionarios del gobierno y de las organizaciones sin fines de lucro no planearan para un desastre, no tuvieran reuniones interminables y no enviaran largos correos electrónicos a gigantescas listas de contactos. Lo intentaron y fracasaron.

Sin embargo, sus actitudes estaban modeladas a partir de una visión escalonada que no estaba vinculada con la realidad y no eran los únicos que creían que era la mejor forma de lidiar con un desastre. Las visiones escalonadas se prefieren en zonas de desastre, pero están basadas en el miedo y no tienen éxito al final. Como escribió Erik Auf der Heide, experto en manejo de desastres: "La desafortunada creencia de que la gente entrará en pánico en los desastres o se volverá inusualmente dependiente de la ayuda de las autoridades puede ser una razón para que las planeaciones en desastres y las autoridades de emergencia muchas veces se apoyen en un modelo de 'orden y control' como la base de su respuesta. [...] Este modelo asume que el liderazgo firme, centralizado y paramilitar puede superar los problemas que se presenten a partir del sufrimiento público disfuncional por los efectos de un desastre. [...] Las autoridades pueden desarrollar planes elaborados que detallen cómo dirigirán la respuesta en un desastre sólo para descubrir que la ciudadanía, ignorante de estos planes, ya actuó por su cuenta".[3]

En cuanto al miedo y la anarquía, Puerto Rico demostró que esas expectativas generalizadas estaban completamente infundadas. Jorge Uribarri, el agente especial adjunto a cargo del primer equipo de HSI con el que nos asociamos, nos dijo que todo su equipo de agentes vio sólo una situación potencialmente peligrosa durante miles de misiones a lo largo de varios meses. Hubo sólo un saqueo en un supermercado en la punta este de la isla, el día que el huracán tocó tierra. Incluso entonces —en los rincones más empobrecidos y derruidos de la isla—, sus agentes no vieron violencia.

Lo que funciona en un desastre es la toma de decisiones focalizada. Eso quedó claro por el contraste entre las respuestas del sector público y del privado en el huracán Katrina en Nueva Orleans, como señala Atul Gawande. "Yo hablo de Katrina porque en ese momento había dos clases de listas de verificación en acción", dijo en Harvard. "Una era la clase de protocolos que había establecido FEMA, todos sobre el control centralizado. Y en ese instante en que los protocolos realmente dictaban lo que la gente en la periferia tenía que hacer en todo momento, hasta en sus decisiones más básicas, esa ideología no pudo estar a la altura de la magnitud del desastre y de su complejidad. Simplemente no era algo con lo que FEMA hubiera lidiado antes y el resultado fue un fracaso total. La gente hizo el equivalente a detenerse en los puentes y decir que la entrega de agua no estaba en su lista.

"En cambio, Walmart manejó la situación al decirles primero a sus gerentes de tienda: 'Es una situación que está más allá de cualquier cosa con la que hayamos lidiado. Todos van a tener que trabajar más allá de su puesto. Hay algunas cosas clave que necesitamos que hagan. Número uno, hagan todo lo que puedan por salvar a la gente utilizando su buen juicio. Y dos, comuniquen todo lo que hagan a diario, en el centro, en su centro de control, y también, entre ustedes'. Porque si querían evitar que se volviera un caos, como sucedió por la forma en que distintas tiendas manejaron la situación, necesitaban comunicación. Así que se enfocaron en la comunicación. Y como resultado, se difundieron grandes ideas muy rápido. Las tiendas abrieron tres farmacias para asegurarse de que los residentes tuvieran acceso a los medicamentos que fueran vitales. Ellos fueron los primeros en llevar equipo de emergencia a los bomberos y la policía, lo que tuvieran disponible en las tiendas. Y llevaron agua a la ciudad dos días antes de que FEMA lo hiciera.

"Tenía que ver con la idea de que, bajo situaciones complejas, es necesario distribuir el poder hacia la periferia tanto como sea posible. Y entonces debes animar a esos equipos en las fronteras a comprender que las personas son falibles. Pero es mucho más probable que los equipos de personas tengan mejores resultados".[4]

Incluso bajo los estándares de una dirección escalonada, el gobierno falló. El Pentágono —el epítome de este tipo de organización— no pudo hacer su labor normal de preposicionar recursos antes de María. Después de que pasara el huracán Irma, los jefes de Defensa enviaron sus recursos a casa en lugar de responder a la amenaza explosiva de María. Ni siquiera nombraron un comandante a cargo, al general brigadier Richard Kim, sino hasta diez días después de que el huracán pasara por Puerto Rico.[5] Para cuando llegaron los militares a Puerto Rico, simplemente ya era un poco tarde. "Estamos reviviendo el escenario de Katrina", dijo el teniente general Russel Honoré, el hombre que salvó a nueva Orleans en 2005. "Empezamos a movernos cuatro días demasiado tarde".

No era coincidencia que Walmart se viera forzado a desechar toneladas de comida en Puerto Rico, porque el gobierno federal no pudo responder a sus peticiones de provisiones de combustible de emergencia para mantener frescos sus productos. La presión de los funcionarios puertorriqueños y los miembros del Congreso no hizo ninguna diferencia. FEMA simplemente eligió no hacer ni decir nada, ni siquiera cuando los ejecutivos de Walmart dijeron que tomaría semanas reabastecer sus provisiones.[6]

El gobierno de la isla tampoco tuvo mucho más impacto. Una líder como Julia Keleher tuvo problemas para comunicarse con sus escuelas. La alcaldesa de San Juan estaba más presente en televisión que en las oficinas centrales del gobierno. El gobernador se vio paralizado por políticas internas cuando se trataba de resolver la crisis de agua para su propia gente desesperada. Estaban tan abrumados por el desastre y por las interminables dificultades, que no pudieron liderar eficientemente.

En cuanto a FEMA, la agencia se mantuvo en un estado de negación, incapaz de ver el desastre ocasionado por sus propios fracasos. Seis meses después de María, Brock Long, el administrador de FEMA, testificó ante miembros del Congreso que el contrato masivo de 156 millones de dólares por comida que hicieron con Tribute y que fracasó en realidad no era un gran problema. "De los 2.000 contratos, sólo se cancelaron tres", explicó. "Tribute fue uno de ellos". Long no dijo cuántos grandes contratos negoció su agencia para alimentar a la gente de Puerto Rico, pero es poco probable que fueran más grandes que ése.

"En conclusión, mi agencia hizo un esfuerzo hercúleo para llevar comida y agua a cada área", continuó después en la misma audiencia. "Es más complejo y no va a suceder tan rápido cuando se trata de la jurisdicción de una isla y los aeropuertos y puertos están completamente destruidos".[7] El "esfuerzo hercúleo" de FEMA fue una novedad para todos los que de hecho llevamos agua y comida a cada área. También era erróneo decir que los aeropuertos y puertos estaban destruidos. Long intentaba engañar a los miembros del Congreso o era increíblemente ignorante de los hechos en tierra. Seis meses después del desastre, FEMA se debía a sí misma y al pueblo de Estados Unidos un mejor recuento de lo que había salido tan catastróficamente mal en Puerto Rico.

El inmenso sector de las asociaciones sin fines de lucro

sufrió por fallos similares. En su peor escenario son tan burocráticas y políticas como el gobierno, con la misión primordial de recaudar fondos para apoyar a su inmenso personal. Sufren de un complejo de salvadores, y creen saber mejor cómo gobernar a las personas, en lugar de fortalecer a los líderes locales y a la economía local. El abuso sexual de Oxfam en Haití fue el peor ejemplo que se tiene de esa mentalidad de superioridad cultural y personal, mezclada con una falta inmoral de respeto y decencia humana.[8]

Éste es el momento de exigirles respuestas a las grandes organizaciones sin fines de lucro. Si seguimos dándoles dinero sin ver resultados, estamos condenados a fallar otra vez. Debemos cuestionar su forma de pensar para recuperar nuestra inversión. Como estadounidense y ciudadano del mundo, me sentí defraudado por la falta de presteza y preparación de la Cruz Roja y el Ejército de Salvación en Puerto Rico. Pudieron hacerlo mejor, pero en cambio sólo fue lo mismo de siempre. Era un desastre aburrido. Sólo una crisis más.

Después del huracán Sandy, el fallo de la visión escalonada de la Cruz Roja fue obvio para sus propios líderes.[9] Richard Rieckenberg, una de las cabezas de atención masiva de la Cruz Roja, explicó en una carta al vicepresidente de la Cruz Roja poco después del desastre: “En lo que respecta a la conveniencia política, nos comprometimos más con crear la ilusión de proveer atención masiva en lugar de comprometernos con la realidad. En el nivel con que yo lidiaba, esto se hizo de una manera cínica y deliberada. Nos enfocamos en hacer que ‘las cifras se vieran bien’ y en ‘mostrar presencia’. Yo tenía una posición interesante como organizador de atención masiva. No se me pidió que creara un plan. En cambio, me entregaron los planes que querían que yo aprobara. Algunos eran absurdos".[10]

Algunas de las organizaciones sin fines de lucro están a la vanguardia, pues aceptan la necesidad del cambio. Mercy Corps se dio cuenta de que el efectivo, la comida y los filtros de agua eran la clave en Puerto Rico. Unieron esas ideas con la grandiosa información que tenían sobre lo que pasaba en tierra, quién necesitaba más ayuda y en qué áreas. "No podemos ofrecer ayuda humanitaria de la forma en que lo hicimos en los Balcanes en los años noventa, con convoyes de comida", dijo Javier Álvarez. "Necesitamos utilizar los nuevos recursos, los negocios privados, las universidades y las redes sociales. Debe hacerse mucho, mucho más rápido. No podemos quedarnos sentados ante los problemas".

Incluso en la Cruz Roja hay señales de que se avecina un cambio. Brad Kieserman dice que, en su opinión, la organización necesita planear para los desastres en un mundo muy distinto. "Si lo que haces es intercambiar tarjetas de presentación en el momento de un desastre, ya llegaste tarde", dice. "Debes comprometerte de antemano. ¿Necesitamos abrirnos más como una comunidad de manejo de emergencias? Sí. Hoy la población mundial está envejeciendo, la infraestructura está envejeciendo, las amenazas se vuelven más agresivas e implacables. Y no creo que nadie pueda negar que la cantidad de eventos climáticos significativos ha aumentado en tamaño y alcance, pero también en frecuencia". Después de todas las inundaciones, incendios forestales y huracanes del último año, Kieserman dice que estos eventos climáticos ya no son atípicos: "No creo que estas cosas sean anómalas. Creo que indican una tendencia. Tampoco creo que sean como lo que solíamos ver antes. Ésa es una distinción importante. Así que ya empezamos a planear de forma diferente. Porque la forma en que planeábamos y la frecuencia y la intensidad para las que se creaban esos planes ya no son la realidad a la que nos enfrentamos".

SÍ, NECESITAMOS ENFOCARNOS EN LA LIBERACIÓN DE QUIEN recibe. Sí, necesitamos cubrir las necesidades donde surjan. Pero vi que algo profundo cambió entre los voluntarios que trabajaron tan duro para alimentar a la isla. Era un trabajo difícil, por supuesto. Sin embargo, también era una de las cosas más satisfactorias que habían hecho. Cocinar los cambió tanto como cambió a la comunidad. Preparar estas comidas renovó sus valores y su identidad: les recordó quiénes somos como estadounidenses y lo que defendemos. En ese sentido, sería bueno que nuestro país y nuestros líderes reformaran la asistencia en desastres locales e internacionales. Podemos encontrarnos ante estas crisis como individuos y como país.

Fue una tarea difícil para mi equipo, lejos de sus familias durante tanto tiempo, sudando en el caos de una zona de desastre tropical. Nuestra operación de asistencia alimentaria fue un reto inmenso para cada uno de ellos. "Fue emocional y físicamente agotador", dijo David Thomas. Aun así, en medio de este intenso esfuerzo de recuperación, experimentaron algunos de los más grandes logros de su vida en cuanto a las relaciones que construyeron entre sí. Thomas nunca olvidará la primera vez que visitó la iglesia en Naguabo. "Todos hacen esto porque honestamente, verdaderamente quieren ayudar", dijo. "Es como el equipo 6 de los SEAL en una situación de guerra", explicó. "Sólo estas personas pueden comprender lo que experimentamos. Ahora somos amigos de por vida".

Para nuestros chefs puertorriqueños, los retos extremos de la recuperación ayudaron a restaurar el sentido de esperanza en sus comunidades. "Tengo una fe renovada en la gente", dijo Ricardo Rivera Badía, de El Churry. "Ves a la gente aquí y no les han pagado en semanas, pero están tan inspirados y felices como el primer día. Se involucraron en la situación y se sintieron empoderados por ella. La tomaron en serio y eso ha renovado definitivamente mi fe en las personas, para ser sincero. Hay muchas historias de gente a la que le ofrecimos dinero y no quisieron tomarlo porque hacían las cosas con el corazón".

También hay muchas personas que estaban listas para dejar la isla, pero encontraron renovado su compromiso. Ginny Piñero, quien administró nuestras órdenes y nos organizó desde los primeros días, dijo que halló un propósito en nuestro esfuerzo de asistencia alimentaria. Había planeado dejar Puerto Rico antes de que cayera el huracán, pues su hijo iba a ir a la universidad en el continente y su carrera necesitaba empezar un nuevo capítulo. Luego su vida cambió. "Me siento cansada, pero me siento satisfecha", dijo. "Me siento completa". Pasó gran parte del último año trabajando en una campaña perdida para el candidato a gobernador David Bernier, ayudando a moldear las políticas del candidato con la esperanza de servir como representante en la junta fiscal de la isla. Cuando habló con él durante nuestra operación de asistencia alimentaria, le contó cómo iba su vida, "Si fueras gobernador, yo estaría en la junta fiscal", dijo. "Ahora no tengo que lidiar con la junta fiscal. Tengo que lidiar con toda la isla". Después de su experiencia, decidió que necesitaba entrar en el servicio público de alguna manera, como su bisabuelo, quien fue gobernador de la isla en los años cuarenta. "Así soy yo", dice. "Soy esa clase de persona. Cuidar de la gente es mi legado. Es un hecho que necesito darle un giro completo a mi carrera. Voy a continuar mi trabajo con organizaciones sin fines de lucro".

En cuanto a Puerto Rico, mis amigos no esperan que nada vuelva a la normalidad hasta 2019. Incluso entonces, Puerto Rico necesitará ayuda en un plazo más largo para restructurar sus deudas y reconstruir su infraestructura. "Simplemente no veo que la gente quiera venir y gastar su dinero inmediatamente", dijo Wilo Benet, uno de nuestros primeros Chefs para Puerto Rico, cuyo grandioso restaurante, Pikayo, estaba cerrado junto con el resto del Condado Plaza Hilton, en San Juan. Su personal estaba desperdigado por todo Estados Unidos, en Texas, Florida e Illinois, y aguardaba el momento adecuado para traerlos de vuelta. Como muchos otros, no dejó de pagarle a algunos de sus empleados que necesitaban ayuda tanto como pudo, incluso sin un negocio funcional. "Tengo muchas ganas de que nos volvamos a reunir", dijo.

Después de las guerras en Irak y Afganistán, a los políticos les gustaba decir que querían ver una reconstrucción nacional en casa. Pues Puerto Rico es casa y necesita reconstruirse. Si podemos encontrar miles de millones para hacerlo en Medio Oriente y en Asia central, por supuesto podemos hacerlo en el territorio estadounidense en el Caribe. Nadie debería hablar de que FEMA se fuera o de que el desastre ya había acabado unos cuantos meses después del huracán. No era así y todavía cocinábamos comidas calientes en Puerto Rico muchos meses después de reducir nuestra producción y la cantidad de cocinas, cuando se suponía que la recuperación ya estaba en marcha. La línea entre la asistencia en desastres y la lucha contra la pobreza es borrosa: el hambre de los ancianos y los enfermos ha empeorado con el colapso económico después de María y con la continua falta de agua limpia y energía confiable. Los últimos estimados dejan la tasa de mortalidad en Puerto Rico en 1.230 personas.[11] La mejor manera de honrar esas vidas estadounidenses es reconstruir el espacio que dejaron.

Tristemente, siempre hay otro desastre a la vuelta de la esquina. Mientras que la mayoría de mi equipo seguía en Puerto Rico, vimos desde lejos cómo un incendio forestal destruía los hermosos viñedos del Valle de Napa. Mi amigo Guy Fieri empezó a cocinar miles de comidas para los evacuados y el personal de primeros auxilios, y dijo que fuimos su inspiración. "Si este hombre es capaz de ir a una ciudad sin electricidad ni agua corriente y puede empezar a alimentar a miles de personas, podemos encontrar una solución para esto", le dijo el chef a una estación de radio local.[12]

En cambio, cuando vimos los incendios forestales en el sur de California a principios de diciembre, supimos que necesitábamos regresar a la cocina. Le llamé a Nate y dijo que estaba en camino antes de siquiera pedirle que fuera. Al trabajar con mi mentor, Robert Egger, en su nueva operación comunitaria, L. A. Kitchen, empezamos a construir un nuevo equipo de diez chefs bajo el liderazgo de Jason Collis, de Plated Events, y de Tim Kilcoyne, de Scratch, en Ventura. En sociedad con la Cruz Roja, cocinamos 50.000 comidas para el personal de primeros auxilios en diciembre y enero, primero para los incendios y luego para los deslaves. El chef David Chang, de Momofuku, llegó para ayudarnos a cocinar en cuanto se empezó a correr la voz sobre nuestra labor. Nuestras operaciones en California demostraron cómo este nuevo modelo de asistencia alimentaria puede funcionar en distintos lugares y crisis, siempre y cuando estés preparado para adaptarte y trabajar con los expertos y los socios locales.

Mucha gente alaba lo que he hecho, pero eso no es lo que debería alabarse. Lo que a mí me sorprende es que nosotros —sin infraestructura ni preparación— pudiéramos estar más preparados y adaptarnos mejor que las organizaciones especializadas en emergencias. Imagina lo que pudimos haber hecho con los socios correctos que deseaban vernos triunfar.

Nuestro más grande logro no fue hacer todo esto, sino que fuimos capaces de crecer a partir de una organización que ni siquiera debía estar ahí a una que tenía mejor información, provisiones y propósito que las personas que se consideraban expertas. Ahora es tiempo para que esos expertos en desastres trabajen con los expertos en alimentación para construir un nuevo modelo de asistencia en desastres que sea efectivo, eficiente y enfocado en las prioridades correctas.

Eso no fue lo que queríamos hacer. No queríamos pelearnos con la burocracia ni restructurar al gobierno. Todo lo que buscábamos era alimentar a la gente. Pero cuando empiezas con una sola meta, aprendes que puedes lograr hasta lo imposible.

Incluso descubres que puedes alimentar a toda una isla.

AGRADECIMIENTOS

No fue casualidad que llamáramos a este libro *Alimentamos a una isla*. Me siento honrado por todo el reconocimiento personal hacia mi trabajo en Puerto Rico. Desafortunadamente parece que cada movimiento necesita un rostro. Pero yo sé, y tú debes saber, que se necesitaron muchas personas, quienes, sin esperar nada a cambio, dieron lo mejor de sí mismas para cumplir un sueño en un momento en que la gente necesitaba comida. Los estadounidenses se unieron para formar un ejército al que se sumaban cientos cada día. La gente reconoció el momento de servir —un momento importante— y eso es lo que hicieron.

Estos son mis agradecimientos a las personas que alimentaron a la isla. Lamento profundamente si no estás en esta lista. Si te olvidé, por favor considera que te estaré agradecido siempre.

Para Nate Mook, quien en tan sólo unas cuantas horas estaba sentado junto a mí en el avión y se convirtió en el mejor amigo que alguien puede tener en una situación como ésta: desinteresado, generoso, sereno en medio del caos. Nate ayudó a construir las operaciones desde el principio e hizo de todo, desde manejar redes sociales hasta ser mi asesor de cabecera.

A José Enrique Montes, su hermana, Karla, su padre, José Antonio Montes, y al equipo de su restaurante José Enrique, en Santurce. Este lugar se volvió nuestro fuerte durante los primeros días en la isla después de María. Y al equipo más leal y trabajador de su restaurante: Iván Lugo, Janiliss Hernández, Miguel Díaz, Erick Rondón, Daniel Sánchez, Denise Ortiz y Andrés Rossy, quienes son mis hermanos de ahora para siempre.

A mis Chefs For Puerto Rico: Wilo Benet, de Pikayo, quien dio lo mejor de sí desde el principio, así como un maravilloso pastelón de carne; José Santaella, de Santaella, quien nos cedió todo su refrigerador de comida; Enrique Piñeiro, de Mesa 364, que se convirtió en nuestra segunda cocina y la inspiración para abrir muchas más cocinas por toda la isla; Víctor Rosado, quien ha viajado con ThinkFoodGroup desde Mi Casa hasta Bazaar Mar; Manolo y Juan Martínez, de Paella y Algo Más, quienes trabajaron más duro y sonrieron más que cualquiera, al entregar miles de comidas extra donde y cuando se necesitaran; Ventura Vivoni, de Vida Ventura, un talentoso chef en el corazón de Puerto Rico, quien trabajó para alimentar a la gente cuando no había cámaras ni reporteros, quién subió montañas y bajó a los valles para entregar comidas todos los días; Eva Bolívar, de Bili Restaurant, quien estuvo a la altura de la ocasión incluso después de que su restaurante quedó tan dañado, y se asoció con nosotros para cocinar cientos de miles de comidas en la hermosa isla de Vieques; Carlos Pérez, de El Block, una roca en Vieques, junto con Eva, quien se aseguró de que nunca olvidaran a la gente mayor; el pastor Eliomar Santana, de la iglesia Jesuscristo Monte Moriah, en Naguabo, quien es mi pastor-chef favorito en el mundo y quien nos dio esperanzas para creer que todo es posible con fe y amor al prójimo.

A mis amigos y socios del Instituto de Banca y Comercio, especialmente a Gonçal Bonmati y Michael Bannett: desde los primeros días empezamos a soñar que podíamos activar nuestras escuelas y alimentar a todos, y ese sueño se volvió realidad gracias a su presencia y disposición para ayudar a la gente de Puerto Rico. Dios no lo quiera, pero sé que las cocinas de IBC estarán ahí para apoyar en otro trágico evento.

A mi equipo: Erin Schrode, mi hermana estadounidense, quien llegó para apoyarnos a Nate y a mí sin una clara idea de lo que hablábamos, pero quien rápidamente se convirtió en la fuerza motriz de muchas de las cosas que hicimos, y quien permaneció en la isla durante muchos meses más, comprometida con alimentar a la gente necesitada; David Thomas, uno de los mejores chefs que conozco, amigo y hermano, quien mostró más pasión que nadie para enfrentar lo que pasaba en Puerto Rico; David Strong quien, me honra decir, me ha ayudado a abrir muchos negocios y que, con tan sólo mirarme a los ojos, comprendía lo que yo necesitaba y qué se necesitaba hacer para que esto sucediera; José Antonio Serrano Pabón, mi repostero de Minibar, y su esposa, Alexsandra Ortiz; Michael Rolón; Ricardo Heredia; Tito Vargas.

A Kimberly Grant, la mejor directora general del planeta, quien a la distancia pudo reconocer que me hundía, al tiempo que nuestras operaciones crecían. Desde las sombras pudo asegurarse de que obtuviéramos financiamiento, administración, abogados y todas las cosas que necesitábamos tener a la mano mientras explotaba la operación.

A Michael Doneff, Margaret Chaffee, Daniel Serrano, Stephanie Salvador y Satchel Kaplan-Allen, quienes mantuvieron a todos al corriente, al trabajar tras bambalinas para garantizar nuestro éxito y hacer que me viera bien todos los días.

A Scott Sinder y su esposa, Jodie Kelley, por siempre apoyarme en cada momento que necesité amigos y abogados. Mucho de mi éxito en la vida es gracias a ellos.

Tantas personas de mi empresa donaron inmensas cantidades de tiempo y esfuerzo para asegurarse de que World Central Kitchen y yo no cayéramos. Siempre dijimos que TFG cambiaría al mundo a través del poder de la comida, pero nunca imaginé que a través de esta empresa tendríamos la oportunidad de servir al mundo unidos. Una vez que perteneces al grupo, es para siempre.

Un agradecimiento especial para los chefs que vinieron conmigo a Houston: Charisse Dickens, Víctor Albisu y Faiz Ally.

Al equipo central en Puerto Rico: Ginny Piñero, no sólo por ser la persona que recibía las órdenes, sino también por ser nuestro contacto en la isla y por ser muchas veces la primera en llegar en la mañana y la última en irse en la noche. También a Jennifer Herrera, Alejandro Pérez, Alejandro Torres, Alejandro Umpierre, Andrés Acosta.

A nuestros chefs de Bon Appétit: Blas Baldepina, David Apthorpe, Khori y Juana Thomas, Ty Paup y Karla Hoyos.

A todos nuestros chefs, cocineros y voluntarios: Carlos

Carillo, Christian Carbonell, Christopher Knapp, Fernando Concepción, Eric Luis López, Israel Rodríguez, Ivonne Ríos Mejía, Javier Mercado, Camile Mercado, José Ríos, José Rubén Martínez, Kalych Padro, Lymari Figueroa, Mariana Carbonell, Giselle "Ñaña" Villa, Dilka Benítez, Rosela Ángela y Yolaida en Loíza, y al chef Jeremy Hansen.

A nuestra operación de arroz: Robert Espina, Stephanie Ortiz, Wandy Ortiz, Javier Liriano Feliciano, Óscar Maldonado, Yamil López, Rawi Leafar Yuri Disla, Juan Torres.

Y a miles de voluntarios sin quienes no hubiéramos alimentado a la isla.

A Rafa Herrera: mientras viajaba por la isla, con múltiples teléfonos, necesitaba a alguien que me llevara, pero nunca hubiera esperado hacer un amigo como Rafa. Hizo mucho más que manejar mi auto: fue el mejor informante que me dio reportes diarios sobre la situación en la isla.

A nuestros ángeles, los camiones de comidas de Chefs For Puerto Rico: Xoimar Manning, Michael Sauri y Alondra Sauri (Yummy Dumplings); Yareli Manning y José González (Meatball Kitchen); Ricardo y Luz Rivera Badía (El Churry); Mariana Lima Limoso (Acai on The Go); José Ortiz y Team Develop (Dame un Bite); Marta González (Ocean Deli); Arturo Carrión y Karlox Ayala (Peko Peko); High Kitchen; Lemon Submarine; Pisco Labis. ¡Saben que los amo! Fueron el corazón de esta operación desde el primer día. Fueron nuestros ojos y oídos para conocer las necesidades de la gente. Ustedes serán mi familia para siempre.

A las cocinas que amablemente tomamos prestadas: José Enrique, en Santurce; Centro Envejecientes, en Vieques; Head Start, en Utuado; Vivo Beach Club, en Carolina; José Miguel Agrelot Coliseum (El Choliseo).

A nuestros principales proveedores y seguidores: Mario Pagán, una de las primeras personas que llamé, quien me presentó a su querido amigo Jorge Unanue, quien fue muy generoso al donar comida de Goya y sus habilidades como piloto de helicóptero para llevarnos a las partes más aisladas de Puerto Rico; Ramón Leal, de Asore, mi hermano puertorriqueño y mi ancla, quien me dio la credibilidad que necesitaba y quien trabajó más duro que nadie en los primeros días y semanas; Ramón González Cordero, de Empire Gas, quien se aseguró de que tuviéramos gasolina en cada situación y trabajó incesantemente para llevar gasolina a quien la necesitara en la isla; Ramón Santiago y Eduardo Santiago, de José Santiago, mis hermanos asturianos y nuestros proveedores favoritos de comida, y el mejor ejemplo de cómo el sector privado trabaja a la perfección; Alberto de la Cruz, de Coca-Cola, quien nos dio agua, conocimiento y contactos cruciales, y quien tuvo las soluciones más claras para los problemas de agua y gasolina en la isla; Viviana Mercardo, de Walmart, quien nos ayudó a brincarnos las filas en Sam's Club y nos apoyó con comida y dinero al principio, cuando nadie más creía en nosotros; Lulú Puras y Guillín Arzuaga, de Mano y Mano, quienes hicieron mucho por entregar comida en las égidas y apoyaron al chef Pineiro desde los primeros días; Bernardo Medina, nuestro experto en medios y comunicación, quien me ayudó a navegar las aguas de los medios puertorriqueños de una forma tranquila y nos apoyó con la imagen de la marca, algo que es más importante de lo que crees porque le da un sentido de unión al equipo; José Luis Labreago, de la panaderia Mi Pan, quien fue tan importante en nuestra operación de sandwiches, junto con las otras panaderias de la isla; Roberto

Cacho, quien nos ayudó a comprender la importancia de los filtros de agua y nos apoyó enormemente desde el principio; y a Andrés López por toda su asesoría legal.

Nuestro agradecimiento a Carlos Vázquez y a todo el equipo de The Place, en Condado, por alimentar a nuestro equipo casi cada noche: gracias por hacernos sentir como en casa, aun cuando estábamos lejos de ella, y por darnos un lugar adónde pertenecer.

Y nuestro agradecimiento especial a todo el equipo del AC Hotel, nuestro hogar durante muchos meses. Siempre fueron pacientes, comprensivos y solidarios, incluso cuando cambiábamos nuestros planes en la noche, en un edificio que lidiaba con la falta de electricidad y el exceso de reservaciones.

A mi equipo en Dorado Beach, incluyendo a Friedel y Federico Stubbe, de Prisa Group, quienes son mis amigos y hermanos, y mi arma secreta para lograr cualquier cosa; Kenny Blatt, por siempre preocuparse por mí y ayudarnos a usar la cocina de Dorado Beach; Arne Sorenson, director general de Marriott Internacional, por todo su apoyo.

A mi amigo y socio Fedele Bauccio, de Bon Appétit Management Company, quien envió chefs para apoyar nuestro esfuerzo sin preguntar por qué. Ahora comprendo cómo su empresa es una de las mejores operaciones de comida del mundo. Y a todos mis amigos en el Compass Group, cuyas múltiples empresas ayudaron de muchas formas.

A Emilio y Gloria Estefan, quienes siempre serán mis hermanos y quienes ayudaron a Puerto Rico de formas tan generosas.

A Daya Fernández, por llamarme desde París con su guía sobre los lugares que necesitaban comida en Puerto Rico y por el contacto con Lulú Puras; David Naranjo, de Rock Orange, por ofrecer ayuda con los aviones y muchas cosas más; Lymari Nadal, por llegar al principio y llevar tantas comidas a Ponce; Luis Fortuño, el antiguo gobernador de Puerto Rico, por todo su apoyo y consejo; al senador Mark Warner, por preocuparse, llamar y preguntar cómo podía ayudarnos.

A Jimmy Kemp, de la Jack Kemp Foundation: gracias por tu gran consejo y tus contactos en el Congreso. A la familia Fonalledas, por darnos productos, ayuda y apoyo moral desde el principio. A Juan Carlos Iturregui, por ser una gran voz de la experiencia.

Nuestro agradecimiento a FreshPoint por donar verduras y sobre todo un camión refrigerador durante semanas. No hubiéramos podido crecer en los primeros días y semanas sin ellos. Gracias también a Mario Sonoza, de Pan Pepín, por toda la comida que donaste, y al grupo restaurantero IRSI, por donar dinero y comida para apoyarnos.

A los alcaldes y senadores de Puerto Rico: gracias por su devoción para ayudar a las personas y por apoyarnos. Ustedes saben quiénes son, y aunque son demasiados para mencionar, mi gratitud no disminuye por ello.

Mi agradecimiento y cariño a Lin-Manuel Miranda, porque tú eres quien eres, y porque un humilde tuit de rap nos dio la energía que necesitábamos para seguir en un momento difícil.

No puedo agradecer lo suficiente a Laurene Powell Jobs: porque nadie hizo más sin esperar nada a cambio. Eres mi hermana y me diste esperanza en un momento de oscuridad en más formas de las que puedes imaginar. También mi gratitud a Stacey Rubin, directora de Emerson Collective, quien creyó en nosotros desde el principio, siempre estuvo a una llamada de distancia y nos abrió las puertas de lo imposible.

A Ted Leonsis y Zack Leonsis, y a toda la familia Monumental: nadie se preocupa más que ustedes por la comunidad en Washington. Y cuando el huracán María azotó Puerto Rico, nadie acudió a nuestra ayuda tan rápidamente como ellos.

A Fred y Karen Schaufeld, por preocuparse por mí desde lejos, por asegurarse de que estuviera bien y por facilitarme la vida cuando volví a casa. A Herb Allen, por todo tu apoyo para facilitar mi regreso a casa y a Jeff Bezos por responder mis llamados de auxilio.

En el gobierno de Puerto Rico, mi agradecimiento a: Beatriz Rosselló, la primera dama, pues, entre otras cosas, nos sentimos orgullosos de asociarnos con su iniciativa Stop and Go; Leila Santiago, de la oficina de la primera dama, por siempre contestar el teléfono cuando necesitábamos ayuda; Julia Keleher, por ser una secretaria de Educación que intentó usar las escuelas para alimentar a la gente; al secretario de Estado Luis Rivera-Marín, por apoyar nuestra operación alimentaria y responder cuando llamábamos; la alcaldesa de Ponce, María “Mayita” Meléndez Altieri, quien se volvió una buena amiga y nos apoyó para ayudar a su comunidad.

En los medios de comunicación, mi agradecimiento a tantos periodistas que sólo hacían su trabajo, el cual fue mucho más que sólo eso. Especialmente a los fotógrafos olvidados, quienes nos dieron muchas pistas sobre dónde necesitábamos entregar comida en la isla. A David Begnaud, de CBS News; Bill Weir, de CNN, y Anderson Cooper, de CNN y 60 *Minutes*: gracias por mantenernos informados y por ayudarnos a alimentar a la gente con su información. A Kim Severson, del *New York Times*; Robin Roberts, de *Good Morning America*, de ABC; al fotógrafo Eric Rojas; a Rubén Sánchez, de Univision, y al analista político Jay Fonseca: gracias por preocuparse y tomarse el tiempo de hacer un gran trabajo cada día.

A nuestros socios de Mercy Corps, especialmente Javier Álvarez, Jerónimo Candela y Neal Keny-Guyer: gracias por ser agentes del cambio. A Luis y Frankie Miranda de la Federación Hispánica: gracias por el gran trabajo que hacen y por darnos credibilidad con su apoyo. A Unidos por Puerto Rico: gracias a toda la junta por el increíble trabajo que hacen y por visitar y apoyar nuestras operaciones.

A Juan del Río Martín, del hospital Auxilio Mutuo, por su trabajo heroico de trasplantes en las peores condiciones después del huracán; a Jeffrey Akman de la universidad George Washington, por enviar medicinas que salvaron vidas; a la guardia nacional en Puerto Rico, quien nos ayudó a completar nuestras misiones sin ninguna planeación o advertencia; a los muchos voluntarios de la guardia costera de Estados Unidos; a los cartógrafos del cuerpo de ingenieros del ejército de Estados Unidos, cuyas habilidades casi no se aprecian pero son increíblemente valiosas, y a los hombres y mujeres de FEMA, quienes estuvieron lejos de sus familias durante tanto tiempo, mientras intentaban hacer el bien para los estadounidenses necesitados.

Mi agradecimiento especial a los múltiples agentes de Investigación de Seguridad Nacional (HSI), sobre todo al agente especial adjunto a cargo Jorge Uribarri, de El Paso, por ayudarme a encontrar a un familiar y por entregar comida y agua en algunas de las zonas más remotas y difíciles desde los primeros días de nuestra operación; al agente especial adjunto a cargo Bernardo Pillot, de Atlanta, y a los supervisores de grupo Andrés Maldonado, Michal López, Walter Rivera, Mike Ortiz, Jerry Conrad, James Clark, Rex Setzer y Ritchie Flores.

A mi familia de World Central Kitchen por creer en nuestra misión: Brian MacNair, Kevin Holst y Jeanette Morelan. Y a nuestra mesa directiva en World Central Kitchen por su apoyo: Fredes Montes, Javier García, Jean Marc DeMatteis, Kevin Doyle, Lizette Corro, Rob Wilder, Víctor Albisu. Especialmente a Robert Egger, quien me mostró cómo la comida puede cambiar al mundo y fue mi primer mentor en todo lo relativo a mejorar la vida de otros.

También a Mike Curtin, quien ha abierto caminos en Washington D.C. con el pensamiento más vanguardista que conozco sobre las asociaciones sin fines de lucro. Y a Bill Shore porque fue en Share Our Strength que empecé a aprender acerca del poder de compartir conocimiento con muchas mujeres en D.C. a partir de las clases Frontline.

A mi médico, Kevin Kelleher, por ir a mi casa de inmediato para curarme.

A mi amada agente Kimberly Witherspoon, quien no hace más que empujar libros a diestra y siniestra en mi favor y siempre es una buena voz que me representa como nadie más. También a mi amiga Kris Dahl, quien representa a mi amigo Richard Wolffe y siempre tiene grandes consejos.

A mi amigo Anthony Bourdain, quien nos demostró su apoyo desde el principio con el poder de un tuit y nos dio una voz fuerte sobre muchos problemas. A Dan Halpern, de Ecco, quien creyó sin dudar que no sólo podía entregarle a tiempo un libro sobre verduras, sino también esta magnífica historia sobre Puerto Rico. Y a Matt Goulding por ser paciente y soportarme mientras lo decepcionaba en el proceso de escribir el libro de verduras, y por escribir mi artículo editorial sobre Cataluña en medio de todo.

A mi amigo de los últimos veinte años, Richard Wolffe, quien ha escrito todas mis sandeces desde que nos conocemos y quien acudió para estar a mi lado sin siquiera pedírselo. Y a su familia, Paula, Ilana, Ben y Max, por seguir de cerca todo lo que pasaba y por llegar el Día de Acción de Gracias para ayudarnos y apoyar a Puerto Rico.

Sobre todo, a mi familia: nada sería posible sin una familia comprensiva. A mi esposa, Patricia Fernández de la Cruz, quien es amorosa, cariñosa y la mejor amiga que un loco como yo puede tener: espero poder ver más atardeceres contigo hasta el fin de mis días. Y a nuestras hijas, Carlota, Inés y Lucía, quienes deseaban estar en Puerto Rico desde el principio y llegaron el Día de Acción de Gracias para ayudar a preparar y servir más de 40.000 comidas. Fue la mejor cena de Acción de Gracias que hemos tenido.

NOTAS

PRÓLOGO

1. Centro Nacional de la Constitución, "How a Hurricane Brought Alexander Hamilton to America", 31 de agosto de 2017, https://constitutioncenter.org/blog/how-a-hurricane-brought-an-important-founding-father-to-america.
2. Carta de Alexander Hamilton a *The Royal Danish American Gazette*, 6 de septiembre de 1772. Consultado en la página web del archivo nacional, https://founders.archives.gov/documents/Hamilton/01-01-02-0042.
3. *The Guardian*, "Trump Attempts to Use Spanish Accent to Pronounce Puerto Rico—Video", 6 de octubre de 2017, https://www.theguardian.com/us-news/video/2017/oct/07/trump-attempts-to-use-spanish-accent-to-pronounce-puerto-rico-video.

CAPÍTULO 1: CUANDO MARÍA TOCÓ TIERRA

1. Pritha Paul, "Hurricane Maria, Now Category 5, Blows Away Roof of Dominica PM's House", *IBT*, 19 de septiembre de 2017, http://www.ibtimes.com/hurricane-maria-now-category-5-blows-away roof-dominica-pms-house-2591299.

2. Mattathias Schwartz, “100 Days of Darkness”, *New York*, 25 de diciembre de 2017.
3. Comentarios del presidente Trump y del presidente Poroshenko de Ucrania antes de su reunión bilateral, Hotel Lotte New York Palace, transcrito por la Casa Blanca, 21 de septiembre de 2017, https://www.whitehouse.gov/briefingsstatements/remarks-president-trumppresident-poroshenko-ukraine-bilateral-meeting/.
4. Abby Phillip, Ed O’Keefe, Nick Miroff y Damian Paletta, “Lost Weekend: How Trump’s Time at His Golf Club Hurt the Response to Maria”, *The Washington Post*, 29 de septiembre de 2017, https://www.washingtonpost.com/politics/lost-weekend-how-trumps-time-at-his-golf-club-hurt-the-response-to-maria/2017/09/29/ce92ed0a-a522-11e7-8c37-e1d99ad6aa22_story.html?utm_term=.322d89eccc63.
5. Christopher Gillette, “Aid Begins to Flow to Hurricane-Hit Puerto Rico”, *Associated Press*, 24 de septiembre de 2017, https://apnews.com/06f5077aff384e508e2f2324dae4eb2e.
6. Terri Moon Cronk, “DoD Continues Round-the-Clock Support Following Hurricanes in Caribbean”, *DoD News*, 25 de septiembre de 2017, https://www.defense.gov/News/Article/Article/1323530/dod-continues-round-the-clock-support-following-hurricanes-in-caribbean/.
7. Deirdre Walsh y Kevin Liptak, “Federal Response to Hurricane Maria Slowly Takes Shape”, CNN, 25 de septiembre de 2017, http://www.cnn.com/2017/09/25/politics/puerto-rico-hurricane-maria-aid-donald-trump/index.html.
8. Donald Trump (@realDonaldTrump), *Twitter*, 25 de septiembre de 2017, https://twitter.com/realdonaldtrump/status/912478274508423168?lang=es; https://twitter.com/realDonaldTrump/status/912479500511965184?ref_src=twsrc%5Etfw&ref_url=https%3A%2F%2Fwww.cnn.com%2F2017%2F09%2F26%2Fopinions%2Ftrumps-lack-of-empathy-about-puerto-rico-reyes%2Findex.html.
9. Abby Phillip, Ed O’Keefe, Nick Miroff y Damian Paletta, *op. cit.*
10. Barbara Starr, Zachary Cohen y Ryan Browne, “US Military Sends Ships, Aircraft to Puerto Rico”, CNN, 26 de septiembre de 2017, http://

www.cnn.com/2017/09/26/politics/us-military-response-puerto-rico-hurricane-maria/index.html.

11. Marco Rubio y Bill Nelson, carta al presidente Donald Trump, 26 de septiembre de 2017, https://www.rubio.senate.gov/public/_cache/files/9e20326b-8beb-4363-acbb-a2bf4114bb63/478FE40F28C96847538E284DB334066C.17.09.26-smr-letter-to-potus-re-pr-w.-signatures.pdf.
12. Abby Phillip, Ed O'Keefe, Nick Miroff y Damian Paletta, *op. cit.*
13. "DoD, Partner Agencies Support Puerto Rico, Virgin Islands Hurricane Relief Efforts", *DoD News*, 26 de septiembre de 2017, https://www.defense.gov/News/Article/Article/1325245/dod-partner-agencies-support-puerto-rico-virgin-islands-hurricane-relief-efforts/.
14. Mattathias Schwartz, *op. cit.*
15. Olga Khazan, "The Crisis at Puerto Rico's Hospitals", *The Atlantic*, 26 de septiembre de 2017, https://www.theatlantic.com/health/archive/2017/09/the-crisis-at-puerto-ricos-hospitals/541131/.
16. Omaya Sosa Pascual, "Hurricane Maria's Death Toll in Puerto Rico Is Higher Than Official Count, Experts Say", *The Miami Herald*, 28 de septiembre de 2017, http://www.miamiherald.com/news/weather/hurricane/article175955031.html.

CAPÍTULO 2: ALIMENTAR AL MUNDO

1. Jerry Adler, "Why Fire Makes Us Human", *Smithsonian*, junio de 2013, https://www.smithsonianmag.com/science-nature/why-fire-makes-us-human-72989884/.
2. Jonathan M. Katz, *The Big Truck That Went By: How the World Came to Save Haiti and Left Behind a Disaster*, St. Martin's Griffin, 2013, pp. 35-52.
3. *Ibidem*, pp. 67-86.
4. *Ibidem*, p. 239.
5. *Ibidem*, pp. 217-244.
6. *Ibidem*, pp. 67-86.
7. *Ibidem*, pp. 204-205.
8. *Ibidem*, p. 106.
9. *Ibidem*, pp. 206-207.
10. *Ibidem*, p. 146.

11. Michele Landis Dauber, *The Sympathetic State: Disaster Relief and the Origins of the American Welfare State*, University of Chicago Press, 2013, pp. 17-23.
12. *Ibidem*, pp. 79-125.
13. Video de FEMA, "Southern Baptist Disaster Relief", 15 de junio de 2013, https://www.fema.gov/media-library/assets/videos/82819#embed-code.
14. Sarah Eekhoff Zylstra, "How Southern Baptists Trained More Disaster Relief Volunteers than the Red Cross", *The Gospel Coalition*, 17 de noviembre de 2017, https://www.thegospelcoalition.org/article/how-southern-baptists-trained-more-disaster-relief-volunteers-than-the-red-cross/.
15. Página web de la asistencia en desastres de los Bautistas del Sur, https://www.namb.net/send-relief/disaster-relief.

CAPÍTULO 3: DESCUBRIMIENTO

1. Jorge Duany, *Puerto Rico: What Everyone Needs to Know*, Oxford University Press, 2017, pp. 9-12.
2. *Ibidem*, pp. 13-19.
3. *Ibidem*, pp. 24-29.
4. *Ibidem*, pp. 30-33.
5. *Ibidem*, pp. 40-44.
6. *Ibidem*, pp. 44-49.
7. *Ibidem*, pp. 92-98.
8. *Ibidem*, pp. 61-63.
9. *Ibidem*, pp. 81-82.
10. Frances Robles, "23% of Puerto Ricans Vote in Referendum, 97% of Them for Statehood", *The New York Times*, 11 de junio de 2017, https://www.nytimes.com/2017/06/11/us/puerto-ricans-vote-on-the-question-of-statehood.html.
11. Oficina del Censo de Estados Unidos, "Puerto Rico", https://www.census.gov/quickfacts/PR.
12. Carmen Sesin, "Over 200,000 Puerto Ricans Have Arrived in Florida Since Hurricane Maria", *NBC News*, 30 de noviembre de 2017, https://

www.nbcnews.com/news/latino/over-200-000-puerto-ricans-have-arrived-florida-hurricane-maria-n825111.

13. John D. Sutter y Sergio Hernández, "Exodus from Puerto Rico: A Visual Guide", *CNN*, 21 de febrero de 2018, https://www.cnn.com/2018/02/21/us/puerto-rico-migration-data-invs/index.html.
14. Jorge Duany, *op. cit.*, p. 3.
15. *Ibidem*, p. 163.
16. Elizabeth Wolkomir, "How Is Food Assistance Different in Puerto Rico than in the Rest of the United States?", Centro sobre Presupuestos y Prioridades Políticas, 27 de noviembre de 2017, https://www.cbpp.org/research/food-assistance/how-is-food-assistance-different-in-puerto-rico-than-in-the-rest-of-the.
17. Cruz Miguel Ortiz Cuadra, *Eating Puerto Rico: A History of Food, Culture, and Identity*, University of North Carolina Press, 2013, pp. 17-21.
18. *Ibidem*, p. 31.
19. *Ibidem*, p. 149.
20. *Ibidem*, p. 233.

CAPÍTULO 4: MUCHA AGUA

1. Conferencia de prensa de la secretaria de Prensa, Sarah Sanders, transcrita por la Casa Blanca, 28 de septiembre de 2017, https://www.whitehouse.gov/briefings-statements/press-briefing-press-secretary-sarah-sanders-092817/.
2. Omaya Sosa Pascual, "Hurricane Maria's Death Toll in Puerto Rico Is Higher Than Official Count, Experts Say", *The Miami Herald*, 28 de septiembre de 2017, http://www.miamiherald.com/news/weather/hurricane/article175955031.html.
3. Danny Vinik, "How Trump Favored Texas Over Puerto Rico", *Politico*, 27 de marzo de 2018, https://www.politico.com/story/2018/03/27/donald-trump-fema-hurricane-maria-response-480557.
4. Informe sobre la competitividad de la economía de Puerto Rico, Banco de la Reserva Federal de Nueva York, 29 de junio de 2012, https://www.newyorkfed.org/medialibrary/media/regional/PuertoRico/report.pdf.

5. Puerto Rico, características del comercio marítimo de la isla y los efectos potenciales de modificar el Acta Jones, Oficina de Responsabilidades del Gobierno de Estados Unidos, marzo de 2013, https://www.gao.gov/assets/660/653046.pdf.
6. Ron Nixon y Matt Stevens, "Harvey, Irma, Maria: Trump Administration's Response Compared", *The New York Times*, 27 de septiembre de 2017, https://www.nytimes.com/2017/09/27/us/politics/trump-puerto-rico-aid.html.
7. Encuentro del presidente Trump con la prensa, transcrito por la Casa Blanca, 27 de septiembre de 2017, https://www.whitehouse.gov/briefings-statements/press-gaggle-president-trump/.
8. Natalie Andrews y Paul Page, "Trump Weighs Waiving Law Barring Foreign Ships from Delivering Aid to Puerto Rico", *The Wall Street Journal*, 27 de septiembre de 2017, https://www.wsj.com/articles/lawmakers-seek-waiver-of-law-barring-foreign-ships-from-delivering-aid-to-puerto-rico-1506529999.
9. Niraj Chokshi, "Trump Waives Jones Act for Puerto Rico, Easing Hurricane Aid Shipments", *The New York Times*, 28 de septiembre de 2017, https://www.nytimes.com/2017/09/28/us/jones-act-waived.html?_r=0.
10. Cruz Roja de Estados Unidos/Notas de la reunión de implementación de memorandos de entendimiento de FEMA, 21 de enero de 2011, https://nmcs.communityos.org/cms/files///NMCS%20Meeting%201-21-11%20Overview%20Notes.pdf.
11. Estrategia Nacional de Atención Masiva: Un mapa del Sistema Nacional de Entrega de Servicios de Atención Masiva, septiembre de 2012, http://www.nationalmasscarestrategy.org/wp-content/uploads/2014/07/national-mass-care-strategy-september-2012-_comp.pdf.
12. Comentarios del presidente Trump a la Asociación Nacional de Manufacturas, transcrito por la Casa Blanca, 29 de septiembre de 2017, https://www.whitehouse.gov/briefings-statements/remarks-president-trump-national-association-manufacturers/.
13. Amanda Holpuch, "San Juan Mayor's Harrowing Plea: 'Mr. Trump, I Am Begging. We Are Dying Here'", *The Guardian*, 29 de septiembre

de 2017, https://www.theguardian.com/world/2017/sep/29/san-juan-mayor-plea-donald-trump-puerto-rico.

14. Abby Phillip, Ed O'Keefe, Nick Miroff y Damian Paletta, *op. cit.*
15. Juana Summers, "Trump Attacks San Juan Mayor Over Hurricane Response", *CNN*, 30 de septiembre de 2017, https://www.cnn.com/2017/09/30/politics/trump-tweets-puerto-rico-mayor/index.html.
16. . Jim Garamone, "DoD Boosts Personnel Aiding Hurricane Relief Efforts in Puerto Rico", *DoD News*, 1 de octubre de 2017, https://www.defense.gov/News/Article/Article/1330602/dod-boosts-personnel-aiding-hurricane-relief-efforts-in-puerto-rico/.
17. "DoD Accelerates Hurricane Relief, Response Efforts in Puerto Rico", *DoD News*, 30 de septiembre de 2017, https://www.defense.gov/News/Article/Article/1330501/dod-accelerates-hurricane-relief-response-efforts-in-puerto-rico/.
18. "FEMA Administrator: Puerto Rico Has 'A Long Way to Go' on Hurricane Recovery", *ABC News*, 1 de octubre de 2017, http://abcnews.go.com/ThisWeek/video/fema-administrator-puerto-rico-recovery-relief-efforts-50208624.

CAPÍTULO 5: EN LA ARENA

1. Omaya Sosa Pascual, "Pesquera reconoce que hay más muertos por María", *Centro de Periodismo Investigativo*, 2 de octubre de 2017, http://periodismoinvestigativo.com/2017/10/pesquera-reconoce-que-hay-mas-muertos-por-maria/.
2. Jim Garamone, "Unified Coordination Group Addressing Puerto Rico Recovery, Governor Says", *DoD News*, 2 de octubre de 2017, https://www.defense.gov/News/Article/Article/1331056/unified-coordination-group-addressing-puerto-rico-recovery-governor-says/.
3. Mark Landler, "Trump Lobs Praise, and Paper Towels, to Puerto Rico Storm Victims", *The New York Times*, 3 de octubre de 2017, https://www.nytimes.com/2017/10/03/us/puerto-rico-trump-hurricane.html.
4. Comentarios del presidente Trump en la conferencia de prensa sobre los esfuerzos de asistencia en el huracán María, transcritos por la

Casa Blanca, 3 de octubre de 2017, https://www.whitehouse.gov/briefings-statements/remarks-president-trump-briefing-hurricane-maria-relief-efforts/.

5. Caroline Kenny, "Trump Tosses Paper Towels into Puerto Rico Crowd", CNN, 3 de octubre de 2017, https://www.cnn.com/2017/10/03/politics/donald-trump-paper-towels-puerto-rico/index.html.
6. "US Military Beefs Up Its Efforts in Puerto Rico as Need for Vital Supplies Grows", *CBS News*, 28 de septiembre de 2017, https://www.cbsnews.com/news/military-efforts-puerto-rico-hurricane-maria/.
7. "USS *Kearsarge* (LH3) Providing Critical Hurricane Relief", *Navy Supply Corps Newsletter*, 6 de febrero de 2018, http://scnewsltr.dodlive.mil/2018/02/06/uss-kearsarge-lhd-3-providing-critical-hurricane-relief/.
8. "Update: US Northern Command Continues Humanitarian Aid to Puerto Rico and the US Virgin Islands", comunicado de prensa del Comando Norte de Estados Unidos, 25 de septiembre de 2017, http://www.northcom.mil/Newsroom/Press-Releases/Article/1323710/update-us-northern-command-continues-humanitarian-aid-to-puerto-rico-and-the-us/.
9. Mary Williams Walsh y Alan Rappeport, "White House Dials Back Trump's Vow to Clear Puerto Rico's Debt", *The New York Times*, 4 de octubre de 2017, https://www.nytimes.com/2017/10/04/business/dealbook/trump-puerto-rico-debt.html.
10. Encuentro del presidente Trump, la secretaria de Prensa, Sarah Sanders, la congresista Jenniffer González-Colón y la administradora de Pequeños Negocios, Linda McMahon con la prensa, transcrito por la Casa Blanca, 3 de octubre de 2017, https://www.whitehouse.gov/briefings-statements/press-gaggle-president-trump-press-secretary-sarah-sanders-congresswoman-jenniffer-gonzalez-colon-small-business-administrator-linda-mcmahon/.
11. David Begnaud, "Woman Behind Botched FEMA Contract to Deliver Meals in Puerto Rico Speaks Out", *CBS News*, 8 de febrero de 2018, https://www.cbsnews.com/news/woman-behind-botched-fema-contract-to-deliver-meals-in-puerto-rico-speaks-out/.

12. Patricia Mazzei y Agustín Armendáriz, "FEMA Contract Called for 30 Million Meals for Puerto Ricans. 50,000 Were Delivered", *The New York Times*, 6 de febrero de 2018, https://www.nytimes.com/2018/02/06/us/fema-contract-puerto-rico.html.
13. Tami Abdollah, "AP Exclusive: Big Contracts, No Storm Tarps for Puerto Rico", *Associated Press*, 28 de noviembre de 2017, https://www.apnews.com/cbeff1a939324610b7a02b88f30eafbb.
14. Carta a Trey Gowdy, director del Comité de la Cámara de Representantes sobre la Reforma de Supervisión y Gobierno, por parte de Elijah Cummings, miembro de alto nivel, y Stacey Plaskett, miembro del Congreso, 6 de febrero de 2018, https://democrats-oversight.house.gov/sites/democrats.oversight.house.gov/files/2018-02-06.EEC%20%26%20Plaskett%20to%20Gowdy%20re.FEMA-Tribute%20Contracting.pdf.
15. *Ibidem*.
16. Ken Klippenstein, "$300M Puerto Rico Recovery Contract Awarded to Tiny Utility Company Linked to Major Trump Donor", *The Daily Beast*, 24 de octubre de 2017, https://www.thedailybeast.com/dollar300m-puerto-rico-recovery-contract-awarded-to-tiny-utility-company-linked-to-major-trump-donor.
17. Frances Robles, "The Lineman Got $63 an Hour. The Utility Was Billed $319 an Hour", *The New York Times*, 12 de noviembre de 2017, https://www.nytimes.com/2017/11/12/us/whitefish-energy-holdings-prepa-hurricane-recovery-corruption-hurricane-recovery-in-puerto-rico.html.
18. Frances Robles y Deborah Acosta, "Puerto Rico Cancels Whitefish Energy Contract to Rebuild Power Lines", *The New York Times*, 29 de octubre de 2017, https://www.nytimes.com/2017/10/29/us/whitefish-cancel-puerto-rico.html.
19. Frances Robles, "Puerto Rico's Health Care Is in Dire Condition, Three Weeks After Maria", *The New York Times*, 10 de octubre de 2017, https://www.nytimes.com/2017/10/10/us/puerto-rico-power-hospitals.html.
20. "EPA Hurricane Maria Update for Wednesday, October 11th", comu-

nicado de prensa de EPA, 11 de octubre de 2017, https://www.epa.gov/newsreleases/epa-hurricane-maria-update-wednesday-october-11th.

21. John Sutter, "EPA: Water at Puerto Rico Superfund Site Is Fit for Consumption", *CNN*, 31 de octubre de 2017, https://www.cnn.com/2017/10/31/health/puerto-rico-water-epa-superfund-test-results/index.html.
22. Mary Williams Walsh y Alan Rappeport, *op. cit.*
23. Luis Ferré-Sadurní, "Higher Puerto Rico Death Toll Reflects Survey Across Island", *The New York Times*, 4 de octubre de 2017, https://www.nytimes.com/2017/10/04/us/puerto-rico-death-toll-maria.html.

CAPÍTULO 6: LISTO PARA CONSUMO

1. Lisa Burgess, "MRES: It Could Be Worse (And It Was)", *Stars and Stripes*, 16 de marzo de 2008, https://www.stripes.com/lifestyle/mres-it-could-be-worse-and-it-was-1.77097.
2. Peggy Mihelich, "Grub, Chow, Mystery Meat – Combat Food 2.0", *CNN*, 13 de septiembre de 2007, http://www.cnn.com/2007/TECH/09/13/combat.food/index.html.
3. "Meal, Ready-To-Eat", página web manejada por la Agencia de Logística de Defensa, http://www.dla.mil/TroopSupport/Subsistence/Operationalrations/mre.aspx.
4. Nathaniel Weixel, "Trump Officials Allow Puerto Ricans to Use Food Stamps for Hot Food", *The Hill*, 3 de octubre de 2017, http://thehill.com/blogs/blog-briefing-room/353685-trump-admin-denied-puerto-rico-request-to-let-hurricane-victims-use.
5. "Update: US Northern Command Continues Puerto Rican Relief Efforts", comunicado de prensa del Comando Norte de Estados Unidos, 9 de octubre de 2017, http://www.northcom.mil/Newsroom/Press-Releases/Article/1337668/update-us-northern-command-continues-puerto-rican-relief-efforts/.

CAPÍTULO 7: ROJO DE RABIA

1. "FEMA Expands Leadership Team in Puerto Rico", comunicado de prensa de FEMA, 11 de octubre de 2017, https://www.fema.gov/news-release/2017/10/11/fema-expands-leadership-team-puerto-rico.

2. "Can I Quit Now? FEMA Chief Wrote as Katrina Raged", *CNN*, 4 de noviembre de 2005, http://www.cnn.com/2005/US/11/03/brown.fema.emails/.
3. "Speaker Ryan Visits Puerto Rico, Pledges Continued Support", comunicado de prensa de la Oficina de Prensa del Vocero Ryan, 13 de octubre de 2017, https://www.speaker.gov/press-release/speaker-ryan-visits-puerto-rico-pledges-continued-support.
4. Alexia Fernández Campbell, "Puerto Rican Officials Claim the Water Crisis Is Under Control. Reports on the Ground Tell a Very Different Story", *Vox*, 25 de octubre de 2017, https://www.vox.com/policy-and-politics/2017/10/25/16504870/puerto-rico-running-water.
5. Actualización después de tres meses del huracán María, página web de la Cruz Roja de Estados Unidos, enero de 2018, http://embed.widencdn.net/pdf/plus/americanredcross/vfimlniity/hurr-maria-three-month-update.pdf?u=0aormr&proxy=true.

CAPÍTULO 8: TRANSICIONES

1. Tim Carman, "After Maria, José Andrés and His Team Have Prepared More Hot Meals in Puerto Rico than the Red Cross", *The Washington Post*, 18 de octubre de 2017, https://www.washingtonpost.com/news/food/wp/2017/10/18/post-maria-jose-andres-and-his-team-have-served-more-meals-in-puerto-rico-than-the-red-cross/?utm_term=.7b83eac80581.
2. Jake Gibson, "FBI in Puerto Rico Investigating If Corrupt Local Officials Are 'Withholding' or 'Mishandling' Crucial Supplies", *Fox News*, 12 de octubre de 2017, http://www.foxnews.com/us/2017/10/12/fbi-in-puerto-rico-investigating-if-corrupt-local-officials-are-withholding-or-mishandling-fema-supplies.html.
3. "An Update to US Northern Command's Support to Puerto Rico", comunicado de prensa del Comando Norte de Estados Unidos, 19 de octubre de 2017, http://www.northcom.mil/Newsroom/Press-Releases/Article/1349856/an-update-to-us-northern-commands-support-to-puerto-rico/.
4. Centro Nacional de la Constitución, *op. cit.*
5. Adrian Carrasquillo, "Chef José Andrés and the Trump Administra-

tion Are Fighting Over Puerto Rico", *BuzzFeed*, 6 de noviembre de 2017, https://www.buzzfeed.com/adriancarrasquillo/chef-jose-andres-and-the-trump-administration-are-fighting?utm_term=.inAqY8nRk#.puyK6xzDy.

6. Mahita Gajanan, "'The American Government Has Failed.' Celebrity Chef José Andrés Slams FEMA's Puerto Rico Response", *Time*, 16 de octubre de 2017, http://time.com/4981655/José-andres-fema-trump-puerto-rico/.

EPÍLOGO

1. Tim Sullivan, "Embracing Complexity", *Harvard Business Review*, septiembre de 2011, https://hbr.org/2011/09/embracing-complexity.
2. "Keeping Faith with Our Fellow Americans by Alice Thomas", Refugees International, 18 de diciembre de 2017, https://www.refugeesinternational.org/press-releases-2/2017/12/18/keeping-faith-with-our-fellow-americans-in-puerto-rico-meeting-the-urgent-needs-of-hurricane-maria-survivors.
3. Jonathan M. Katz, *op. cit.*, p. 105.
4. "Using Checklists to Prevent Failure", *Harvard Business Review*, enero de 2010, https://hbr.org/2010/01/using-checklists-to-prevent-fa.html.
5. Richard Parker, "The Military Was Ready in Texas and Florida. What Went Wrong in Puerto Rico?", *Politico*, 2 de octubre de 2017, https://www.politico.com/magazine/story/2017/10/02/us-military-puerto-rico-215668.
6. Tami Abdollah, "Emails Show FEMA Silent as Puerto Rico Sought Generator Fuel", *US News*, 21 de marzo de 2018, https://www.usnews.com/news/politics/articles/2018-03-20/emails-show-fema-silent-amid-chaos-after-hurricane-maria.
7. Testimonio de Brock Long, administrador de FEMA, cuestionado por el Comité de Seguridad Nacional de la Cámara de Representantes, "Preparedness, Response and Rebuilding: Lessons from the 2017 Disasters", 15 de marzo de 2018, https://www.youtube.com/watch?v=GRA51-EZX58.
8. Director regional de Oxfam en Haití admitió usar prostitutas en su villa de Oxfam y se le permitió renunciar sin repercusiones discipli-

narias, "Oxfam Releases Report Into Allegations of Sexual Misconduct in Haiti", comunicado de prensa de Oxfam, 19 de febrero de 2018, https://www.oxfam.org/en/pressroom/pressreleases/2018-02-19/oxfam-releases-report-allegations-sexual-misconduct-haiti.

9. Justin Elliott, Jesse Eisinger y Laura Sullivan, "The Red Cross' Secret Disaster", *ProPublica*, 29 de octubre de 2014, https://www.propublica.org/article/the-red-cross-secret-disaster.
10. Carta de Richard Rieckenberg a Trevor Riggen, 18 de noviembre de 2012, https://www.documentcloud.org/documents/1346529-letter-to-trevor-riggen-nov-18-2012.html#document/p1/a184560.
11. Milton Carrero Galarza, "Puerto Rico Deaths Related to Hurricane Maria Continued for Months After the Storm, Data Suggest", *Los Angeles Times*, 28 de febrero de 2018, http://www.latimes.com/nation/la-na-puerto-rico-death-toll-20180228-story.html.
12. Taylor Rock, "José Andrés Is Feeding Californians Displaced by Violent Wildfires", *Los Angeles Times*, 7 de diciembre de 2017, http://www.latimes.com/food/sns-dailymeal-1860436-eat-jose-andres-feeds-california-fire-120717-20171207-story.html.